21세기 선교와 종교현상학

Phenomenology of Religion for the Christian Missions in the 21th Century

개정판

21세기 선교와 종교현상학

Phenomenology of Religion for the Christian Missions in the 21th Century

이수환 지음

한국학술정보㈜

서 문

본서는 21세기 세계 선교를 함에 있어서 영적 종교현상의 형태론과 성경선교신학적인 평가에 대하여 살펴보았다. 영적 종교현상에 대해 연구하는 것은 효과적으로 복음을 전달하는 데 있어서 먼저 종교현상을 이해하기 위한 겸손한 태도라고 할 수 있다. 선교사나 목회자 혹은 선교에 헌신한 분들은 이러한 영적 종교현상의 형태론을 관찰하여 그들이 무엇을 믿고 있는지, 또 어떻게 신앙생활을 표현하고 있는지에 대한 객관성을 가지고 연구할 필요가 있다. 그래서 영적 종교현상에 대한 종교현상학적 연구를 통하여 그들에게 복음이 전파될 때, 그들에게 효과적으로 적합하고 의미 있는 복음의 전달이 가능하게 될 것이다. 이러한 선교의 목적을 가지고 효과적인 영적 종교현상을 위해 성경선교신학적으로 평가하는 것이 필요하다.

본서는 제1장에서 연구의 필요성과 목적을 통하여 효과적인 영적 종교현상을 위한 성경선교신학적 평가가 반드시 필요함을 드러내었다. 그리고 영적 종교현상의 연구에 대하여 종교현상학적 방법론과 성경선교신학적 방법론, 그리고 사례연구 방법론의 입장을 설명하였다. 여기서 종교현상학적 방법론은 프리드리히 하일러(Friedrich Heiler)

의 종교현상학에 관한 것으로 영적 종교현상에서 일어나는 현상들을 제시하였으며, 복음을 올바르게 해석하는 관점인 성경선교신학적 방법론은 선교문화 상황을 잘 이해하도록 하였다. 그리고 영적 종교현상의 주제에 대하여 분석하는 사례연구 방법론은 특정한 사례를 탐구하였다. 다음으로는 객관적인 검토를 위해 관련된 제목의 박사학위논문들을 선행 연구하였다. 그리고 영적 종교현상의 용어에 대하여 '성경적인 개념의 영적 종교현상'과 '선교신학적인 개념의 영적 종교현상', 그리고 '민간종교 개념의 영적 종교현상'과 '행태론 개념의 영적 종교현상'을 정의하였다. 여기서 성경적인 개념의 영적 종교현상은 영적인 싸움을 가리키는 성경적인 개념에 기초하며, 선교신학적인 개념의 영적 종교현상은 여러 선교신학자들의 영적 종교현상의 개념들을 보강하였다. 또한 민간종교 개념의 영적 종교현상은 기독교와 그 외에서 발견되는 종교 실천 형태를 올바르게 판단하는 기준이 되었다. 그러나 많은 영적 종교현상에 대한 선교 전략들이 있겠지만 성경선교신학적인 관점에서 평가하였다.

제2장에서는 영적 종교현상에 대한 네 가지의 이해들을 정리하였

다. 영적 종교현상의 정신의학적 이해, 심리학적 이해, 종교학적 이해, 선교신학적 이해로 서술하였다. 이러한 영적 종교현상에 대한 이해를 가지고 영적 종교현상의 형태론을 서술하였다.

제3장에서는 종교현상학자인 프리드리히 하일러(Friedrich Heiler)의 종교현상학적인 연구 방법론, 즉 영적 종교현상의 형태론을 토대로 영적 종교현상의 시간, 영적 종교현상의 장소, 영적 종교현상의 대상, 영적 종교현상의 행동, 영적 종교현상의 말과 글, 영적 종교현상의 사람과 공동체, 영적 종교현상의 경험 등에 대한 사례 연구들을 분석하였다.

제4장에서는 제3장의 영적 종교현상에 대한 사례 연구를 바탕으로 해서 첫째, 성경선교신학적 문화 상황화의 원리를 통한 평가를, 둘째, 성경선교신학적 계시의 원리를 통한 평가를, 셋째, 성경선교신학적 진리의 원리를 통한 평가를, 넷째, 성경 선교해석학의 원리를 통한 평가를, 다섯째, 성경선교신학적 성령의 원리를 통한 평가 등으로 영적 종교현상에 대한 성경선교신학적 평가를 실시하였다.

결론에서는 영적 종교현상의 형태론과 그에 대한 사례를 중심으로 해서 성경선교신학적 평가에 대하여 다섯 가지로 살펴보았다.

첫째, 성경선교신학적 문화 상황화의 원리를 통한 평가에서는 영적 종교현상의 시간과 장소, 그리고 물에 대하여 살펴보았다. 둘째, 성경선교신학적 계시의 원리를 통한 평가에서는 영적 종교현상의 경험에 대하여 살펴보았다. 셋째, 성경선교신학적 진리의 원리를 통한 평가에서는 진리를 표현하는 말과 글에 대하여 살펴보았다. 넷째, 성경선교신학적 해석학의 원리를 통한 평가에서는 사람과 공동체에 대하여 살펴보았다. 다섯째, 성경선교신학적 성령의 원리를 통한 평가에서는 불과 안수에 대하여 살펴보았다. 이러한 성경선교신학적 성령의 원리를 통해 평가함에 있어서 긍정적인 면과 부정적인 면에서 성령의 역사가 왜곡된 경우가 많다. 따라서 인간적인 수단에 대한 것을 성경선교신학적인 성령의 원리로 바로잡을 필요가 있다.

본서는 영적 종교현상의 형태론과 성경선교신학적 평가에 대한 논문을 마치면서 몇 가지 제언을 하였다. 첫째, 영적 종교현상의 형태론에 대한 바른 이해는 신비주의로 나가면 안 될 것이다. 둘째, 영적 종교현상의 형태론은 성경과 계시, 그리고 진리가 중심이 되어야 할 것이다. 셋째, 예언이나 입신 등 영적 현상에 대하여 지도 방법론을 제시해야 할 것이다. 마지막으로 넷째, 교회는 영적 체험을 경험한 사람들에게 성결의 복음을 삶의 진리와 세계를 향하여 복음을 전하는 선교로 연결할 수 있도록 지도해야 할 것이다. 본 연구를 통해 21세기 영적 종교현상에서 세계를 선교하는 한국교회는 이러한 성경선교신학적인 평가를 통해 기독교의 영성, 곧 성결의 복음을 온 세계로 전파하는 위대한 하나님의 지상 대명령을 잘 감당해야 할 것이다.

외롭게 혼자 시작한 신학과 목회에 끊임없이 응원해 주시고, 격려해 주신 하나님의 은혜에 감사를 드린다. 경제적 어려움에 학업을 쉴 때가 여러 번 있었지만 학업의 끈을 놓지 않게 하시며, 그때마다 주님은 저를 기도하게 하셨다. 이 모든 것이 하나님의 은혜요 하나님께 영광을 올려 드린다.

2011년 8월
성결대학교에서
이수환 박사(Ph.D.)

차 례

제1장

들어가면서

1. 연구의 필요성과 목적

선교인류학자인 폴 히버트(Paul G. Hiebert)는 21세기 초에 세계 선교의 주요 추세로 도시화, 글로벌화, 서구의 기독교 쇠퇴, 한국과 중국을 비롯한 아시아와 아프리카, 그리고 라틴 아메리카 지역의 급속한 기독교 성장 등을 들었다.[1] 또 후기 현대주의와 그 이후에 대해서도 관심을 기울이고 있다. 따라서 세계 선교학계는 복음과 상황 간의 관계를 다루는 상황화, 글로벌 교회와 선교의 관계를 다루는 에큐메니즘, 타 문화권 지도력과 리더십 훈련, 종교다원주의, 영적 전쟁, 미전도 종족 선교와 10/40창, 세계관 변형, 선교 파트너십, 도시화, 세계화와 지역화, 선교와 부흥 등에 대해서 활발하게 논의 중이다.[2] 최근

---

1) 폴 히버트(Paul G. Hiebert)는 데이비드 헤셀그레이브(David J. Hesselgrave), 데렐 화이트맨(Derer Whitman) 등과 함께 하나님의 말씀과 문화, 선교학적 심황화 상관 연구로 유명하다. 인도 선교사의 아들로 태어난 히버트는 6년간 인도에서 선교사로 활동했다. 미국 미네소타대학교에서 인류학 박사학위를 취득한 그는 11년간 워싱턴대학교 인류학과 교수를 거쳐 1977년부터 풀러신학교 교수로 인류학과 남아시아 문화를 강의했다. 또한 그는 트리니티복음주의신학대학원 선교전도학 과정으로 왕성하게 활동하였으며, 번역된 저서로는 『선교와 문화인류학』, 『인류학적 접근을 통한 선교현장의 문화이해』 등이 있다.

2) 국민일보 2005년 1월 10일자 신문. 폴 히버트(Paul G. Hiebert)는 문상철 한국선교연구원(KRIM) 원장과 인터뷰를 통해, "타 문화와 세계관에 대한 깊은 이해가 뒷받침될 때만이 한국교회가 선교대국이 될 수 있을

선교신학은 다양한 영역의 주제를 다루면서 보다 다변화되고 총체적으로 발전하고 있다.[3]

현재 세계 선교를 통해서 하나님께로 돌아오는 통계를 보면, 세계 인구의 성장률과 비교해 볼 때 점차적으로 간격이 벌어지는 상태이다.[4] 이것은 선교의 어두운 상황을 직시하게 하며, 세계 선교의 가속화를 위해서 새로운 운동이 일어나야 할 필요성을 느끼게 한다.

이러한 상황에서 닐 앤더슨(Neil T. Anderson)은 미래의 세계 선교전략을 수립하는 데 있어서 우선적으로 고려해야 할 분야로 '영적 전쟁'을 언급하였다.[5] 영적 전쟁의 목적은 전 세계 대부분 사람들이 이 땅에 오신 예수 그리스도의 복된 소식을 듣게 하는 데 있다. 그것은 영적 전쟁에서의 사상자 수가 생각보다 많다는 사실 때문이다. 따라서 세계 선교의 목표는 악한 세력들이 거짓으로 얽매고 있는 사람들을 구해내기 위해 영적 전쟁에 대한 종교현상학적 형태가 필요한 시점이다.

종교현상학은 학문 분야에 있어서 종교현상의 객관적 이해를 돕는 데 목적이 있다. 이러한 영적 종교현상학적 연구가 매우 필요하며, 성경선교신학에 있어서 종교현상학의 연구는 매우 유용한 방법론으로 선택되고 있다.[6] 풀러신학교(Fuller Theological Seminary)의 선교신학 교

것이다."라고 지적하였다.

3) 노윤식, "20세기 부흥운동과 선교", 『선교신학』 제16집 (2007. 10월), 108 – 113.

4) UN, "World Population Prospects", http://www.un.org/esa/population/unpop.htm, 2009년 세계 인구현황 보고서 자료에 따르면, 2009년 세계 인구는 68억 3천만 명이지만 2050년에는 91억 5천만 명에 이른다고 한다. 중국이 13억 5천만 명으로 인구가 가장 많은 국가이지만 2050년에는 인도가 16억 1천만 명으로 인구가 가장 많은 나라가 될 전망이다. 장기적으로 우리나라의 인구는 줄어들고 고령화는 세계 최고 수준이라고 하며, 2009년 한국의 인구는 4천9백만 명이지만 2050년에는 4천6백만 명으로 줄어들 것이라고 전망하였다.

5) Neil T. Anderson & Timothy M. Warner, *The Beginner's Guide to Spiritual Warfare* (California: Regal Books, 2000), 4 – 5.

수 딘 길리랜드(Dean S. Gilliland)는 종교현상학 방법론을 선교신학 방법론으로 채택해야 한다는 주장을 이미 30년 전에 "선교방법론으로서 현상학"(Phenomenology as Mission Method)이라는 그의 논문을 통해 세계 기독교 선교학계에 제안한 적이 있었다.7)

이러한 영적 종교현상학을 연구하는 태도는 바람직한 것이며, 종교현상학을 이해하기 위한 겸손한 태도라고 본다. 그래서 영적 종교현상의 형태론을 관찰하여 그들이 무엇을 믿고 있는지, 어떻게 신앙생활을 표현하고 있는지에 더하여 객관성을 가지고 기술할 필요가 있다. 이러한 영적 종교현상학적 연구를 통하여 그들에게 복음이 전파될 때, 그들에게 효과적으로 적합하고 의미 있는 복음의 전달이 가능하게 될 것이다.8)

뿐만 아니라 영적 종교현상의 형태론을 위해 성경선교신학적으로 평가하는 것이 필요하다. 왜냐하면 선교는 사람들을 사단의 권세에서 하나님에게로 옮긴다는 점에서 항상 능력을 병행하기 때문이다(행 26:18). 그래서 그리스도인의 삶 전체가 영적 종교현상의 형태론으로 나타나기 때문에 그것은 개인과 지역, 그리고 국가와 세계를 변화시킨다.9) 이러한 영적 종교현상이 나타나고 있는 현장에서, 선교를 함에 있어서 영적 종교현상의 구체적인 사례 연구와 분석, 그리고 이해와 전략이 준비되어야 할 것이다.

그러므로 이 연구의 목적은 영적 종교현상에 대한 정신의학적 이

---

6) 노윤식, "기독교 선교의 영적 전쟁 연구 방법론", 『聖潔神學硏究』第19輯 (2009년 12월), 162.

7) Dean S. Gilliland, "*Phenomenology as Mission Method*", Missiology: An International Review, Vol.Ⅶ, No.4 (Oct. 1979), 451 – 459.

8) 노윤식, "기독교 선교의 영적 전쟁 연구 방법론", 162 – 163.

9) 명성훈, 『부흥뱅크』(서울: 규장문화사, 1999), 179.

해, 심리학적 이해, 종교학적 이해, 선교신학적 이해에 대하여 살펴보고, 영적 종교현상의 형태론을 기술하며, 이에 대하여 성경선교신학적인 평가를 하려는 것이다.

2. 연구방법과 내용

이 연구는 영적 종교현상에 대한 연구로 종교현상학적 연구 방법론과 성경선교신학적 연구 방법론, 그리고 사례 연구 방법론을 통해 평가하려고 한다.

1) 종교현상학적 연구 방법론

종교현상학적 방법론은 진화론적 관점을 가진 종교 발달론과 종교 간의 우열을 매기는 비교종교학 방법론에 정반대로 나타난 새로운 비교종교학 방법론이다. 이것은 영국의 인류학자인 에드워드 타일러(Edward Tylor)가 주장했던 애니미즘(Animism)이 종교의 기원이라는 가설을 받아들인 다음 사물에 영이 있다는 가설과 함께 출발한 종교 발달론이다. 그러나 종교 발달론은 종교현상을 과학적으로 연구하는 데 적합하지 못하기 때문에 모든 종교현상들은 열등과 우월의 상태로 비교되는 것이 아니라 종교 간의 공통된 구조들을 중심으로 범주나 유형별로 분류되어야 한다.[10]

네덜란드의 개신교 신학자요 종교학자인 샹뜨삐 드 라 쏘쌔이(Chantepie

---

10) 노윤식, 『종교현상학 이론과 실제』 (서울: 한울림, 2000), 28.

de la Saussaye)는 1887년 그의 책 『종교학 편람』(Manual of the Science of Religion)의 첫 장에서 종교현상들을 그룹별로 묶고 분류하는 것을 '현상학적'(phenomenological)이라고 표현하였다.[11] 이러한 종교현상학적 방법론은 기존의 역사적 종교현상들을 넘어서 주제별로 연구할 수 있는 가능성을 열어 놓았다. 이것은 종교 해부학적 방법론으로 식물학이나 동물학에서처럼 이제 종교학에서도 종교현상들을 각기 종류별로 이름을 짓고 구체적으로 연구하게 되었다. 20세기 종교현상학자들은 기존의 비교나 분류의 방법을 넘어서 분류된 종교현상의 유형들의 의미를 찾기 위해서 좀 더 발전된 방법론을 시도한 것이다.[12]

특히 프리드리히 하일러(Friedrich Heiler)는 종교현상적인 범주를 크게 첫째는 종교 경험의 세계, 둘째는 종교 개념의 세계, 셋째는 종교현상의 세계로 나누었다. 그리고 개별적으로는 종교현상의 형태들을 구분하고 있다. 즉 가장 바깥쪽에 있는 종교현상의 세계에는 성스러운 대상, 시간, 장소, 숫자, 행위, 말, 침묵, 글, 사람, 공동체 등이 속하고, 좀 더 내부에 들어가 있는 성스러운 개념의 세계에는 신, 창조, 계시, 구원, 영생 등이 속한다. 마지막으로 가장 깊은 곳에 있는 종교 경험의 세계에는 평범한 경험들과 비범한 경험들이 속한다.[13]

피터 맥켄지(Peter Mckenzie)는 이러한 프리드리히 하일러(Friedrich Heiler)의 종교현상학적 범주들을 응용하여 서구 기독교의 모습을 이

---

11) 쏘쌔이(Saussaye)는 숭배의 전형적인 대상들을 돌, 나무, 하늘, 땅, 해, 달, 불, 조상, 성인, 영웅, 그리고 신들로 분류하였다. 종교 행위로는 신탁, 제사, 기도, 성스러운 춤과 음악, 행진, 정화 의식, 성스러운 시간과 장소 등으로 나누었다. 그 외에도 사제, 경전, 공동체, 신화, 그리고 신학 등의 범주를 나누고 통 문화적인(cross-cultural) 사례를 들고 그 현상들을 요약하였다.

12) 노윤식, 『종교현상학 이론과 실제』, 28-29.

13) Friedrich Heiler, *Erscheinungsformen und Wesen der Religion* (Stuttgart: W. Kohlhammer Verlag, 1961), 1-21. 재인용.

해하려고 시도하였다.[14] 종교는 종교를 믿는 사람들과 떨어져서 생각할 수 없기 때문에 종교현상을 연구하는 일은 특정 종교현상이 그 종교의 사람들에게 어떠한 의미가 있는지를 밝혀내야 한다. 이제 21세기 종교현상학적 방법론은 사람들의 직접적인 종교경험들을 이해하는 데 최종의 목적을 두고 있다. 그래서 종교현상학자들은 종교 현장에 직접 들어가 그 사람들과 만나고, 종교 행위에 참여하여 관찰할 뿐만 아니라 종교현상에 대한 종교인들의 경험에 대하여 인터뷰함으로써 그 연구를 심도 있게 진행해야 할 필요성이 있다.[15]

21세기 이전에 세속주의의 발흥에도 불구하고 많은 사람들은 종교적이라는 사실에 존재하고 있다. 종교현상학적인 차원은 많은 사람들의 세계관과 문화 속에서 종교에 의해 행해진 주도적인 역할에 통합되어 가는 것을 보면서 유능한 선교사는 분명히 인간의 삶에 관한 이런 양상들에 대해 적절한 이해를 가지고 있어야 했다.[16] 예를 들면, 선교사들은 종교현상학적 방법론에서 나타나는 사람들이 가지고 있는 종교학적 전통의 특징들을 이해해야 한다. 그것은 실행·가치·신앙·전설·신성한 글이나 제도 등으로 선교사는 전통을 이해할 뿐만 아니라 올바른 인식으로 특수한 문화 안에 있는 신앙과 의례, 그리고 제도의 의미와 심각성을 이해하려는 것이 중요하기 때문이다.

이 연구는 종교현상학적 방법론을 적용함에 있어서 프리드리히 하일러(Friedrich Heiler)의 종교현상학적인 틀을 이용하여 현재 선교 현

---

14) Peter MacKenzie, *The Christians: Their Practices and Beliefs* (Nashville: Abingdon Press, 1988), 1 – 11. 자세한 내용들은 이 책에서 참고하라.

15) Walter H. Capps, *Religious Studies: The Making of a Discipline* (Minneapolis: Fortress Press, 1995), 105 – 156. 자세한 내용들은 이 책에서 참고하라.

16) Edward Rommen & Harold Netland, 『기독교와 타종교』, 정흥호 역 (서울: 도서출판 서로사랑, 1998), 326 – 327.

장이나 목회 현장에서 수많은 경우에 피할 수 없는 영적 종교현상에서 일어나는 현상을 시간, 장소, 대상, 행동, 말과 글, 사람과 공동체, 경험 등으로 나누어 연구하였다.

2) 성경선교신학적 연구 방법론

성경선교신학적 연구 방법론은 성경을 선교신학적 관점으로 본다는 것이다. 이러한 관점은 선교문화 상황을 잘 이해해야 할 뿐만 아니라 그에 따라 복음을 해석하는 관점을 말한다. 또한 이러한 관점은 이원론적이지 않고 통합적이고 일원적이다. 그래서 종교문화 상황에서 복음이 해석될 수 있도록 선교적 상황으로 이해하는 것이다. 그것뿐만 아니라 선교문화 상황 속에서 직접 교리와 성경을 재해석하는 일종의 선교적 해석학의 차원에까지 확대되는데, 조직신학이나 성서신학이 발견해 낸 주제들을 전달하는 방법에 머무르지 않는다. 다시 말하면, 선교신학적 관점은 직접 종교문화와 상황 속에서 교리와 성경을 연구하는 일을 포함하는 것이다.[17]

성결대학교 선교신학과 노윤식 교수는 성경선교신학적 관점에 대하여 말하기를, "우리 자신의 관점(our own point of view)이나 하나님의 관점(God's perspective)으로 성경을 읽는 것이 아니라 타자의 관점으로 성경을 연구하는 것이다. 성경에 나타난 하나님의 구원 메시지는 확실하지만 하나님의 관점으로만 성경을 해석하다 보면, 죄악 된 인간들의 비현실성과 이타성, 그리고 피안적인 세계에 접근하는 데

---

17) 노윤식, 『새천년 성결선교신학』 (안양: 성결대학교 출판부, 2001), 19.

어려울 수 있다. 하나님의 복음을 듣는 사람들의 입장에서 생각해 보
는 관점이다."라고 하였다. 이 관점은 다른 사람들의 입장에서 말하
는 '일반화된 타자'(generalized other)나 '보편적 타자'(universal other)로
서 '이상화된 인간'(idealized human beings)의 관점에서 성경을 읽는다
는 것이 아니라, 우리가 구체적인 삶의 현장에서 살아가고 있는 '특
별한 타자의 관점'(a specific other's point of view)으로 고통당하고 있는
사람들의 입장, 하나님을 믿지 아니하는 사람들의 입장에서 읽는다는
것이다.18)

이 연구에서는 성경선교신학적 관점에서, 영적 종교현상이 성경에
나타난 사례를 분석하고자 한다. 예를 들면, 엔돌의 무당과 가나안의
종교, 그리고 바알숭배 등의 사례들을 중심으로 균형 있게 맞추어 평
가하는 것이다. 단순한 하나님의 영적 승리를 결론짓는 성경 신학적
평가가 아니라, 복음을 듣는 사람들 입장에서 더 나아가 하나님을 믿
지 아니하는 사람들의 입장에서 성경선교신학적인 영적 종교현상을
다시 분석하고 평가하는 것이다.

3) 사례 연구(Case Study) 방법론

사례 연구 방법론은 개인과 집단, 그리고 기관이나 다른 사회적 단
위의 상세한 연구를 의미한다. 이러한 방법론을 수행하는 연구는 영
적 종교현상에 대한 연구의 주제에 대하여 관련되는 변수를 분석하
기 위하여 사례 연구를 수행하고자 한다. 사례 연구와 다른 연구 간

---

18) 노윤식, 『성경에 선교가 있는가』 (서울: 한들출판사, 2005), 9- 10.

의 주요한 차이는 주의의 초점이 개별적인 사례이지 전체의 사례가 아니라는 것이다.[19] 대부분 연구는 무엇이 상식적이고 보편적인가를 탐구한다. 그러나 사례 연구는 그 초점이 일반화에 있지 않고 복잡성에 있는 특정한 사례를 이해하고자 한다. 사례 연구는 보통 자연적인 조건하에서 그 시스템이 그 자체의 서식지에서 이해될 수 있도록 경계를 가진 영역의 체제에 대하여 집중한다.[20]

이 연구에서는 변승우와 큰믿음교회, 그리고 이초석과 예수중심교회, 이재록과 만민중앙교회 등을 중심으로 영적 종교현상에 대한 사례를 분석하고자 한다. 이러한 사례를 분석한 것은 신비주의 운동으로 인해 한국교회와 선교 현장에서까지 영적 종교현상의 혼란을 일으키기 때문이며, 영적 종교현상에서 일어나는 특별한 상황에서 선교 전략을 펼치기에 앞서 먼저 영적 종교현상에 대한 복음주의의 입장에서 성경선교신학적 평가를 우선적으로 필요로 하기 때문이다.

이러한 연구 방법론을 사용하여 영적 종교현상에 대한 종교문화현상을 연구하고자 한다. 이 연구의 내용으로 먼저 제2장에서 영적 종교현상에 대한 이해로 정신의학적, 심리학적, 종교학적, 선교 신학적 이해를 연구하고자 한다. 제3장에서는 영적 종교현상의 형태론에 있어서 영적 종교현상의 시간, 영적 종교현상의 장소, 영적 종교현상의 대상, 영적 종교현상의 행동, 영적 종교현상의 말과 글, 영적 종교현상의 사람과 공동체, 영적 종교현상의 경험 등을 고찰할 것이다. 제4장은 영적 종교현상에 대한 성경선교신학적 평가를 제시하고자 한다. 마지막으로 제5장 결론에서는 이러한 연구에 대한 평가와 제언을

---

19) 이종규, 『질적 연구방법론』 (서울: 교육과학사, 2006), 114.
20) 이종규, 『질적 연구방법론』, 114.

하고자 한다.

3. 선행연구

영적 종교현상은 성경선교신학에 있어서 중요한 관건이다. 본 연구를 위한 객관적인 검토를 위해 관련된 제목의 박사학위논문들을 중심으로 선행연구를 하였다.

윤석호의 "영적 전쟁: 가계에 흐르는 저주론에 대한 선교문화인류학적 비판"이라는 선교신학의 논문은 '가계에 흐르는 저주론'을 범위로 그 배경에 있어 영적 종교현상과 관련하여 영적 종교현상에 대한 역사적 배경과 흐름에 대하여 간략하게 연구하였다. 그리고 '가계에 흐르는 저주론'을 주장하는 신학자와 사역자를 중심으로 그들의 주장을 논술하고, 문화인류학적 입장에서 '가계에 흐르는 저주론'이 어떤 의미를 가지고 있는지를 살펴보았다. 또한 이 주제에 대하여 성경적 입장과 복음주의 선교 신학적 입장에서 이 주제를 다루고 비판하였다. 윤석호는 영적 종교현상을 민간의 종교적 관점에서 본 것이 아니라 선교 신학적 관점에서 죄인을 구속하기 위한 것으로 진리의 강조와 성육신적 사역, 그리고 통합적 접근과 목회적 돌봄으로 보려고 하였다.21) 이러한 시도는 좀 더 적극적으로 영적 종교현상을 서구 정복신학에서 나타나는 영적 종교현상 개념의 소유물로 인식하고 있는 능력대결을 지적하고, 동양의 귀신 문화에 대하여 지적하였다. 왜냐하면 영적 종교현상은 싸우는 것에서 끝나는 것이 아니라 하나님께

---

21) 윤석호, "영적 전쟁: 가계에 흐르는 저주론에 대한 선교 문화인류학적 비판", 『박사학위논문』(양평: 아세아연합신학대학교 대학원, 2006).

서 죄인을 구원하기 위한 십자가를 지는 것이다. 이러한 관점에서 보면, 성경선교신학의 분명한 입장을 가지고 선교적 대응과 전략에 대해 충분하게 설명하지 않은 게 아쉬운 점이 있다.

이영택의 "영적 전장의 통합적 이해와 실천적 접근"이라는 선교신학의 논문은 그리스도인으로 하여금 개인에게 침투한 귀신들을 어떻게 분별하고 축출할 것인가와 함께 지역을 장악하고 있는 지역의 악한 영들의 실체를 발견하여 축출하는 통합적 영적 종교현상을 수행함으로써 그리스도인과 지역 교회가 선교적 사명을 효과적으로 감당해야 한다고 강조하였다. 이영택은 성경과 함께 여러 학자들의 연구 결과인 저서를 참고하는 문헌연구방법을 주로 사용하여 사람과 장소에 대한 사례도 사용하였고, 영적 지역조사에 있어서는 '임자도'라는 지역적인 부분의 현장 조사방법도 병행하였다. 사단의 기원과 귀신의 기원에 대한 여러 학설을 비교 연구하는 것을 배제하고 연구 목적에 부합하도록 여러 가지 경로를 통해 침투한 귀신과 지역을 잡고 있는 지역 영을 파악하여 어떻게 축출하는가에 대한 부분으로 한정을 다루었고, 영적 종교현상을 비판하는 자들의 견해가 필요한 경우만 언급하였다. 특별히 지역을 잡고 있는 지역 영을 파악하는 영적 지역조사에 있어서는 피터 와그너(C. Peter Wagner)의 연구 결과를 인용하였다.[22]

조광성의 "전략적 수준의 영적 전쟁에 대한 연구"라는 선교신학의 논문은 영적 종교현상어 대한 성경적 근거와 주석적 근거를 분명히 제시할 뿐만 아니라 목회사역 현장에서 나타나는 영적 종교현상의 결과를 제시함으로써 영적 종교현상이 일부 신비주의자들이 주장하

---

22) 이영택, "영적 전쟁의 통합적 이해와 실천적 접근", 『박사학위논문』 (부천: 서울신학대학교 신학전문대학원, 2007).

는 영적 트렌드가 아니라는 것을 증명하고 있다. 더 나아가 복음 전파에 어려움을 겪고 있는 한국교회에 복음 전파의 새로운 방법을 제시하였다. 영적 종교현상을 보통 지상적 수준의 영적 종교현상과 주술적 수준의 영적 종교현상, 그리고 전략적 수준의 영적 종교현상으로 나누고 있다.[23] 이러한 관점에서 조광성은 전략적 수준의 영적 전쟁을 통해 목회의 발전적 대안과 목회적 적용, 그리고 영적 도해의 이론적 배경을 가지고 인천광역시를 영적으로 도해하였다.

함영옥의 "영성교육 프로그램 개발에 관한 연구"라는 영성 교육신학의 논문은 영성 교육에 대한 이해를 도모한 후 영성 교육의 개념 설정을 위해 성경적 고찰과 역사적 고찰을 시도하였다. 또한 영성 교육의 역할과 내용, 그리고 과정을 정리하고 예상되는 결과와 기대 효과를 정립하려고 하였다. 이를 통해 영성 교육에 대한 일반적 이론을 기반으로 전략적이며, 구체적인 영성 교육 프로그램의 요소들을 축출한다. 영성 교육 프로그램 개발을 위해 교육을 구성하는 교사와 교수법, 그리고 학습자에 대한 연구와 프로그램 개발에 고려되는 요소를 정리하였다. 이러한 영성 교육의 결과로 첫째, 내적 변화에는 믿음의 성장, 내적 강함과 담대함, 내적 부흥과 내면적 관계 회복 등이 있다. 영성 교육의 결과로 둘째, 외적 변화에는 성령의 열매와 믿음의 도, 영적 종교현상의 승리, 외적 부흥과 외견적 관계 회복 등이 있다. 마지막으로 셋째, 실제적인 사례를 예로 들고 있다. 특히 함영옥은 영성 교육의 결과에 대한 외적 변화에 학습자는 눈에 보이지 않는 영적 종교현상에서 하나님의 능력을 믿고 적과 원수가 출몰하는 영적 종교

---

23) 조광성, "전략적 수준의 영적 전쟁에 대한 연구", 『박사학위논문』 (부천: 서울신학대학교 신학전문대학원, 2004).

현상의 터로 돌진해야 한다고 말했다.[24]

최종인의 "도시교회의 특수 선교전략에 관한 연구: 평화교회를 중심으로"라는 선교신학의 논문은 도시인을 접근하는 평화교회를 중심으로 특수 선교의 이론과 전략을 제시하여 실제 수행하고 있는 사역을 분석한 후 그 문제점이나 간점을 파악하여 앞으로 교회가 추구해야 할 특수 선교의 활성화 방안을 모색하고, 특수 선교전략을 제시하였다. 특히 5장에서는 평화교회의 주변 지역을 연구 조사하여 얻어진 결과를 토대로 선교전략을 찾았다. 그러한 연구 가운데 지역의 영적 도해는 단순히 지역 순화 차원에서의 접근이 아니라 악한 영향의 근거가 되는 장소들을 구체적으로 발견하여 영적 종교현상에서의 접근으로 보았다. 이러한 영적 종교현상의 교훈은 기도의 표적을 정확하게 알게 되었을 뿐만 아니라 구체적으로 표적 기도를 할 수 있게 되었다고 제시하였다.[25]

김호환의 "신비적 연합(Unio-mystica)의 관점에서 본 카리스마틱 영성(Charismatic Spirituality)에 대한 통시적, 공시적 연구"라는 조직신학의 논문은 현대 카리스마 운동의 특징으로 기독교인 각자의 성령 경험으로부터 교회 경험으로 더 나아가서 새로운 영적 세계관의 지평으로 확장되는 자기 실천적 논리가 있음을 파악하였다. 그리고 실천적 작업은 언제나 끊임없이 논의를 통해 영성적 연합 운동의 성격으로 확장되어 가고 있음을 역시 발견하였다. 이러한 연구는 현재 일어나고 있는 전 세계 기독교에서 다양하게 발견되고 있는 모든 영성

---

24) 함영옥. "영성교육 프로그램 개발에 관한 연구", 『박사학위논문』 (양평: 아세아연합신학대학교 대학원, 2007).

25) 최종인. "도시교회의 특수선교 전략에 관한 연구: 평화교회를 중심으로", 『박사학위논문』 (부천: 서울신학대학교 신학전문대학원, 2005).

운동 중 하나의 지류를 찾아 가파르고 좁은 길을 찾아 나서는 통시적인 역사적·신학적 작업이며, 또한 과거사가 어떻게 현재를 형성하게 했는지, 그리고 어떻게 적용되었으며, 또한 어떻게 적용되어야만 바람직한지에 대한 답변을 구하는 실천적인 공시적 연구를 하였다. 그리고 표적과 이적의 은사를 통한 복음전도가 가능해지며, 하나님의 음성을 듣는 가능성이 열린다는 점이다. 그리고 성령체험을 통하여 개인 혹은 집단 상호 간에 일치감과 연합정신이 발생한다고 정리하였다.26)

김용태의 "삼중기도를 통한 영적 전투"라는 목회신학의 논문은 어업을 주 생업으로 하는 지역에서 목회를 하면서 영적 종교현상에 대한 필요성을 심각하게 느꼈을 뿐만 아니라 실제적인 영적 종교현상으로 시작해서 성도들과 함께 영적 전쟁을 하고 있다. 일반적으로 어민들의 삶에는 미신과 우상 섬김이 많을 수밖에 없다. 이러한 목회현장에서 중보기도와 통성기도, 그리고 합심기도 세 가지 유형의 삼중기도를 통한 영적 종교현상을 수행해 온 결과 지역 주민들의 의식에 변화가 일어났음을 발견하게 되었으며, 우상제사가 사라졌음을 확인하였다. 김용태는 효과적인 영적 종교현상의 방법을 모색함에 있어 기도가 최선의 방법이라고 보았다. 또한 목회현장에서 영적 종교현상을 위한 기도는 단순한 기도가 아니라 능력과 권세가 있는 기도가 되

---

26) 김호환, "Unio-mystica의 관점에서 본 Charismatic Spirituality에 대한 통시적 공시적 연구", 『박사학위논문』(양평: 아세아연합신학대학교 대학원, 2006). 특히 3장의 '현대 카리스마적 영성 운동의 시대적 패러다임(paradigm)의 구조와 성격: 통시적 지평'의 신 카리스마운동과 제3의 물결의 신학적 패러다임에서 첫째, 능력복음과 하나님의 나라, 둘째, 하나님의 나라의 도래와 치유, 셋째, 영적 전쟁과 세계 구도화 작업의 내용과 의미, 넷째, 영적 전쟁과 그 실천적 기능 등으로 나누었다. 특히 김호환은 현대 카리스마 영성운동의 영적 전쟁을 시대적 패러다임으로 강조하였다. 이러한 영적 전쟁의 카리스마운동을 긍정적으로 보아야 성령의 체험을 통해 예수 그리스도와의 관계성을 새롭게 하고, 능력적인 사역이 가능하고, 성령을 통한 감사하는 마음과 더불어 찬양이 있으며, 또한 성령으로 담대한 기도를 드릴 수 있다.

어야 하기 때문에 성경에 나타난 영적 종교현상의 기도인 삼중기도를 전개했던 것을 연구하였다.[27]

따라서 이 연구는 한국교회가 21세기의 위대한 세계 선교를 위해서 지역 교회의 선교적 사명에 대한 올바른 영적 종교현상의 이해가 절실하다고 본다. 한국교회는 지금보다 활동적인 선교 사역을 위해서 지역 교회와 선교와의 관계성을 강조해야 한다.[28] 오늘날 지역 교회 안에서 혹은 선교 현장에서 일어나고 있는 영적 종교현상의 형태론에 대해서 성경선교신학적 관점에서의 연구가 절대적으로 필요하다고 본다. 그래서 영적 종교현상을 종교현상학적인 형태로 분류하고, 그 이후에 성경선교신학의 관점에서 평가하는 본 연구는 선교사와 목회자들이 선교 현장에서 하나님의 나라를 위한 명확한 복음 진리의 증거 활동에 기여할 수 있을 것이다.

4. 용어의 정의

1) 성경적인 개념의 영적 종교현상

영적 종교현상이란 죄악에 관한 논쟁이다. 즉 그리스도인과 사단과의 우주적인 전쟁이다.[29] 사도 바울은 영적 종교현상의 의미에 대하여, "우리의 씨름은 혈과 육을 상대하는 것이 아니요(Not against flesh and blood) 통치자들(against the rulers)과 권세들(against the authorities)과

---

27) 김용태, "삼중기도를 통한 영적 전투", 『박사학위논문』 (광주: 호남신학대학교 목회전문대학원, 2007).

28) 김성욱, 『하나님의 백성과 선교』 (서울: 기독교문서선교회, 1998), 15.

29) 채은수, "영적 전쟁", 『세계선교』 제28호 ('1996년 10월), 2.

이 어둠의 세상 주관자들(against the powers of this dark world)과 하늘에 있는 악의 영들을 상대함이라(against the spiritual forces of evil in the heavenly realms)"고 밝히고 있다(엡 6:12). 영적 종교현상의 개념은 하나님의 전신갑주를 입은 그리스도인과 정사와 권세, 그리고 어둠의 세상 주관자인 악한 영들과의 영적인 싸움을 가리키는 성경적인 개념이다.

'정사와 권세'의 전통적인 해석은 사회구조의 배후에 있으면서 인류에게 해를 끼치는 인격적이고 초자연적인 사단의 대리자들로 보는 견해이다. 하인리히 쉴리어(Heinrich Schlier)는 정사와 권세란 인격적이고 강력한 어떤 영적 존재들을 의미한다고 주장하였다. 쉴리어는 사도 바울이 사용했던 정사와 권세는 악의 영들을 가리키며, 그것들은 공관복음과 사도행전에 나타나는 영들과 사악한 영들, 그리고 불결한 영들과 귀신들을 동일하게 주장한 것이다.[30]

미국 바이올라대학교(Biola University)의 신약신학 교수 클린턴 아놀드(Clinton E. Arnold)는 영적 권세에 관한 그의 연구를 통해 사도 바울이 정사와 권세를 사단의 왕국에 속한 타락한 천사들의 존재로 파악한 사람이라고 보았다.[31] 아놀드는 정사와 권세에 대한 믿음이 신약 시대의 유대인들 사이와 이 시대의 이방 종교들 가운데에서, 그리고 초기 기독교와 사도 바울의 글들 가운데에서 어떻게 널리 퍼지게 되었는지를 보여 준다.[32]

세계적인 복음전도자 마이클 그린(Michael Green)은 정사와 권세들

---

30) Heinrich Schlier, *Principalities and Power in the New Testament* (New York: Herder and Herder, 1961), 67.

31) Clinton E. Arnold, *Ehpesians: Power and Magic* (Cambridge: Cambridge University Press, 1981), 174.

32) Clinton E. Arnold, *Ehpesians: Power and Magic*, 72.

의 의미에 대한 접근을 하인리히 쉴리어(Heinrich Schlier)를 인용하면
서 복음서에 나타난 악령들과 사도 바울의 서신에 나타난 권세들이
분리될 수 없다고 말했다.[33] 그린은 신약 가르침의 중요한 요점은 이
러한 권세들을 초자연적인 세계의 영적인 존재들로 본 것이다.[34]

정사와 권세를 영적 존재들로 보는 이러한 입장은 피터 와그너(C.
Peter Wagner)와 찰스 크래프트(Charles H. Kraft), 그리고 탐 화이트
(Tom White), 존 도우슨(John Dawson)의 견해들로 신약의 정사와 권세
들은 인류와 인류의 조직들, 그리고 사회·정치적 체제에 영향을 미
치는 영적 존재들을 가리킨다. 정사와 권세들이 기관들과 사회, 그리
고 정치적 체제들을 통하여 자신들을 드러내는 것은 사실이지만 그
들은 그것들과 구분이 가능한 인격적인 영적 존재들이다.[35]

'이 어둠의 세상 주관자들'은 세상 지배를 꿈꾸는 영적인 세력들을
가리킨다. '하늘에 있는 악의 영들'은 귀신들의 처소를 가리키는데 귀
신들은 그곳에서 사람들의 삶을 지배한다. 미국 트리니티복음주의신
학교(Trinity Evangelical Divinity School)의 신약신학 교수 그랜트 오스본
(Grant Osborne)은 사도 바울이 악한 세력 집단의 등급을 매기거나 마
귀의 세력들을 분류하기 위해서라기보다 사단과의 영적 종교현상의
상황을 최대한 보여주기 위해서 그러한 이름을 사용했다고 보았다.[36]
따라서 오늘날 교회가 사단의 정사와 권세에 대항하여 싸워야 할 영
적 종교현상은 이러한 성경적인 개념의 영적 종교현상의 개념을 가

---

33) Michael Green, *I Believe in Satan's Downfall* (Grand Rapids: Eerdmans, 1981), 82.

34) Michael Green, *I Believe in Satan's Downfall*, 84–85.

35) 서종대, "정사와 권세의 본질에 대한 선교학적 고찰", 『기독신학저널』 5권 (2003년 11월), 182.

36) Grant Osborne, 『에베소서 주석』, 전광규 역 (서울: 한국성서유니온선교회, 2001), 245.

지고 그리스도인들이 복음을 증거 해야 하는 복음 전도의 사명과 다음 세대에 완수해야 할 세계 선교 사명과 밀접한 관계를 가지고 있는 것이다.[37]

2) 선교신학적인 개념의 영적 종교현상

영적 종교현상에 대하여 최초로 언급한 호주 선교신학자인 알렌 티펫(Alan R. Tippett)은 남태평양 제도에서의 집단개종운동을 설명하면서 '능력대결'(Power Encounter)이라는 용어를 처음 사용하였다. 이 용어는 그가, 선교사가 전하는 예수 그리스도의 새로운 메시지와는 다르게 그들의 신앙의 힘에 대한 확신을 가지고 있었던 남태평양의 사람들 사이에 일어났던 사건을 통해 보았던 결과에 대해 이름 붙인 것이다.[38] 그는 우상들과 영들의 힘을 의지하지 않고 기도로써 살아계신 하나님의 능력을 의지하는 능력대결을 통하여 현지인들이 변화를 받아 집단으로 개종하였음을 주장하였다.[39]

이러한 영적 종교현상에 대한 개념은 알렌 티펫(Alan R. Tippett), 피터 와그너(C. Peter Wagner), 티모시 워너(Timothy M. Warner), 찰스 크래프트(Charles H. Kraft), 에드워드 머피(Edward F. Murphy), 에드워드 롬멘(Edward Rommen), 닐 앤더슨(Neil T. Anderson) 등 여러 선교신학자들을 통해 보강되었다.

특히 '윌로우뱅크 보고서'(The Willowbank Report)로 알려진 1978년

---

37) 홍성철, 『사도 바울 그의 정사와 권세』 (서울: 은혜출판사, 2007), 12.

38) William Wagner, 『이슬람의 세계 변화 전략』, 노승헌 (서울: APOSTOLOS PRESS, 2007), 179.

39) 노윤식, "선교현장의 영적 전쟁에 대한 선교신학적 고찰", 『神學 · 自然科學篇』 제32호 (2003, 12월), 156.

세계 복음화를 위한 르잔위원회 보고서에서는 다음과 같은 개념을 채택했다. 비서구적인 세계에 있어서의 개종이라는 것은 능력대결을 통해서 이루어진다는 것이다. 즉 사람들은 한때 그들의 신에게 혹은 우상에게 충성하다가 그들이 구원을 통해서 악의 영으로부터 그리고 죽음으로부터 해방을 받게 된다. 이것을 가리켜 영적 종교현상이라고 말한다.[40)

3) 민간종교 개념의 영적 종교현상

민간종교의 영역에 있어서 종교의 내부를 두 가지로 구분하는데 고등종교와 민간종교로 나눌 수 있다. 고등종교는 우주의 생성과 종말, 신과 구원, 인간의 삶의 의미 등 주로 형이상학적인 교리와 도덕, 그리고 권위 등을 다룬다. 이에 비해 민간종교는 인간의 삶의 현장에서 비롯되는 현실적인 문제를 다룬다. 즉 아이의 출생, 성년, 결혼, 회갑, 칠순, 질병, 죽음, 빈곤, 건축, 개업, 이사, 취업, 자녀 교육, 입시 등의 삶의 전이 기간(transitional periods)에 민간종교는 실질적으로 관여하고 있다.[41)

따라서 민간종교 개념의 영적 종교현상이란 축귀나 신유 혹은 치유 현상에서 매우 빈번하게 나타나는 하나의 표현 양태로 전통적인 사제나 무당은 질병의 근원을 보이지 않는 세계의 영들에 의한 것으로 인식하고, 그들의 치유를 위해 악한 영들을 쫓아내고, 선한 영들을

---

40) C. Peter Wagner & F. Douglas Pennoyer, *Trends and Topics in Teaching Power Evangelism: in Wrestling with Dark Angels* (Ventura: Regal Books, 1990), 84.

41) Bruce Bradshaw, *Bridging the Gap: Evangelism, Development and Shalom* (Monrovia: MARC, 1993), 126.

달래어 인간과 영들과의 관계를 회복시키는 것이다. 육체적인 요인과 영적인 요인과의 상호 교통의 가능성, 그리고 이것을 통한 잃었던 관계의 회복(restoration), 개인이나 공동체 간에 상실된 관계의 조화(harmonization) 등의 사상은 민간종교의 긍정적인 측면이다.[42] 이러한 민간종교는 기독교 내에서도 발견되고 있다.

특히 사람들을 만나게 되는 전이의 기간(transitional periods)에 민중들은 통과 의례(a rite of passage)를 통해 그 과정을 무사히 잘 통과하려고 한다. 즉 개업이나 이사, 취직, 질병, 결혼, 출생 등의 인생의 주요한 전이 기간에 민중 기독교인들은 새벽기도나 금식기도 혹은 기독교 목사의 축복기도, 안수기도 등 기독교적 통과 의례를 통해 기독교의 최고 신 하나님과의 화해를 시도하고 있다. 그러므로 귀신들림이나 질병의 문제를 해결하려고 하는 민간종교의 중요한 종교 실천 형태인 영적 종교현상을 평가할 때, 고등종교의 입장에서 천박한 광신이라고 매도할 것이 아니라 하나의 민간종교의 잣대로 그것의 순기능과 공헌에 대하여 올바르게 판단해야 할 것이다.[43]

4) 형태론 개념의 영적 종교현상

무엇이 어떤 형태에 속한다는 것은 그것이 개별적으로는 상호 배타적이면서 집합적으로는 포괄적인 속성들을 드러냄으로써 다른 것과 구별된다는 의미이다. 이처럼 형태론을 가지고 영적 종교현상을 분류하는 목적은 현상들 사이에 한정된 관계를 확립하여 논증이나

---

42) Bruce Bradshaw, *Bridging the Gap: Evangelism, Development and Shalom*, 126.
43) 강남대학교 신학대학 편, 『종교와 영성』 (서울: 한들출판사, 1998), 101 - 102.

조사에 도움을 주기 위해서이다.

영적 종교현상의 형태론은 한 가지 또는 여러 가지 종류의 속성을 나타낼 수 있으며, 당면한 문제에 중요한 의미를 갖는 특징들만 포함할 필요가 있다. 하나의 유형은 한 가지 종류의 속성하고만 연관되기 때문에 형태론은 다양한 변종이나 변천 중인 상황들을 연구할 때 이용될 수 있다.[44]

5. 연구의 한계

이 연구는 영적 종교현상의 형태론과 성경선교신학의 평가 범위를 영적 종교현상에 대한 문헌과 케이스로 한다. 그러나 영적 종교현상의 형태론과 성경선교신학은 분명히 관련되어 있기 때문에 그 흐름에 대하여 연구하게 될 것이다. 이러한 관점에서 성경선교신학자들의 주장을 중심으로 영적 종교현상의 신학적인 이론을 서술하고, 이 주제에 대하여 복음주의의 성경선교신학적인 입장에서 평가하게 될 것이다. 그러나 문헌과 케이스로만 평가한다는 것이 본 연구의 한계라고 할 수 있다.

---

44) 브리태니커, "typology", http://enc.daum.net/dic100/contents.do?query1=b17a1901a.

제2장

영적 종교현상에 대한 이해

영적 종교현상은 선교사역에 있어서 가장 강조되는 영역이다. 만일 선교사들이 새로운 선교지에 들어갈 때 현지인들의 종교적인 실제와 신념에 대해서 잘 알지 못한 상태로 새로운 문화권으로 들어간다면, 분명히 여러 가지 복잡하고 어려운 문제들이 발생하게 된다. 그것은 신학과 문화, 그리고 실천과 역사의 문제들에 관계된 것이다. 그래서 선교사가 무엇을 준비해야 하는지에 대한 균형 잡힌 영적 종교현상에 대한 지식이 있어야 한다.[45] 따라서 본 연구에서 영적 종교현상에 대한 체계적인 전(全) 이해를 돕기 위해 정신의학적, 심리학적, 종교학적, 선교신학적 이해를 제시하고자 한다.

1. 영적 종교현상의 정신의학적 이해

정신의학(精神醫學, Psychiatry)은 정신질환을 연구하고 치료하는 의학의 한 분야를 말한다.[46] 한양대학교 의과대학 박용천 교수는 정신

---

45) A. Scott Moreau, Gary R. Corwin, Gary B. McGee, 『21세기 현대 선교학 총론』, 김성욱 역 (고양: 크리스찬출판사, 2009), 453 – 454.

의학에 대하여, "정신의 장애를 치료하는 과학이다."라고 정의하였다.[47] 정신질환이 하나의 의학적 질병으로 인식된 것은 불과 지난 200년 전의 일이다. 초기에는 정신의학이 단순히 정신병을 치료하는 의학으로 인식되어 왔지만 근대 의학이 발전함에 따라 개인의 인격, 행동, 주관적 생활, 대인관계 및 사회적응 등에 영향을 주는 정상과 이상 사이의 다양한 스펙트럼의 인격 장애들이 정신의학의 대상이 되고 있다. 더 나아가 정신현상이 아래로는 유전, 분자 생물학 및 대뇌기능 등 개인의 신체적 요인과 위로는 가족적 및 사회·문화적 요인들과 상호 관련됨이 밝혀져 있다. 이제 정신의학의 대상은 정신적 원인에 의한 신체적 장애와 신체적 요인에 의한 정신적 장애, 그리고 사회·문화적 요인과의 관련성, 지역사회 정신의학 및 정신보건 문제에 이르기까지 확대되고 있다. 정신의학의 목적은 단순히 정신질환을 치료하는 데 그치지 않고, 가족과 사회, 그리고 종교까지 포괄적으로 이해하고 다루는 데 있다.[48] 정신질환을 잘 이해하려면 심리학, 사회

---

46) 위키백과, "정신의학", http://ko.wikipedia.org/wiki/%EC%A0%95%EC%8B%A0%EC%9D%98%ED%95%99 정신의학의 기원자는 18세기의 안톤 메스멜(Anton Meamer)로 의학과 주술, 그리고 정신주의의 결합을 시도하였다. 채은수, 『통문화 상담』 (서울: 총신대학교 선교대학원, 1996), 1. 영어 'psychiatry'는 '정신'(mind) · '치유'(healing)를 뜻하는 그리스어에서 유래되었다.

47) 박용천, 『한국교회와 정신건강: 정신의학 분야에서 본 정신건강의 실태』 (서울: 장로회신학대학교 출판부, 1998), 87.

48) 민성길, 『최신정신의학』 (서울: 일조각, 2004), 1. 18세기까지만 해도 정신질환이나 이상증세를 주로 마귀에게 사로잡힌 것으로 보았으나 그 이후 점차 치료를 필요로 하는 질환으로 이해하게 되었다. 근대 정신의학의 많은 이론들은 프랑스의 필립 피넬(Philippe Pinel)과 영국의 J. 코늘리(J. Connolly)에 의해 정립되었는데, 그들은 정신질환의 치료에 보다 인도적인 접근을 주장했다. 19세기에 이르러 정신질환에 대한 연구, 분류, 치료가 가속화되었다. 정신치료는 영적인 치료법에서 기원하여 발전되었다. 지그문트 프로이트(Sigmund Freud)와 그의 동료들에 의해 제안된 정신분석이론은 다년간 이 분야에서 지배적인 이론이었으며, 20세기 중반에 전개된 행동요법과 '인간성의 심리학'에 기초한 치료법들이 등장하기까지는 별다른 이론적 도전을 받지 않았다. 현재도 정신분석과 같이 환자의 내면적 갈등에 대한 인식을 중요시하는 병식요법(insight therapy)이 여전히 정신과 치료에서 우세하게 행해지고 있다. 의과대학을 졸업하고 정신과 전공의 과정을 이수한 정신과 의사들은 정신치료와 약물요법을 병행하는 것이 보통이다. 전두엽절제술이라는 것은 뇌의 앞면을 가로지르는 신경섬유를 절단하는 수술인데, 증세가 심한 환자에게만 시술되며 치료방법으로서는 잘 쓰이지 않는다. 충격요법이라고도 부르는 쇼크 요법은 심한 우울증이나 몇몇 정신병 치

학, 인류학을 비롯한 사회과학, 그리고 법학, 철학, 신학 등 정신의학과 관련 있는 학문에서나 문학과 예술에서도 도움을 받아야 할 것이다.[49]

미국 트리니티복음주의신학교에서 20년간 기독교 상담을 강의하였던, 현재 미국 리버티대학교(Liberty University)의 심리학과 상담학 교수 게리 콜린스(Gray R. Collins)는 『뉴 크리스천 카운슬링』(Christian Counseling 3rd edition)이라는 책에서 정신의학적 이해에 대하여, "불안, 불쾌감, 고독, 공포, 우울증, 죄책감, 이기심, 애정결핍, 거부감, 적개심, 분노 등이 포함된다."라고 보았다.[50]

불안(不安, Anxiety)은 특정한 원인 없이 미래에 겪을지도 모를 상처와 고통들에 대한 두려움이다. 예를 들면, 상실, 난처함, 괴로움, 불편함, 장래에 당할지도 모르는 것에 대한 두려움과 죽음에 대한 공포를 의미한다.[51] 그래서 실존주의 심리학자인 롤로 메이(Rollo R. May)는 불안에 대하여 말하기를, "이 시대의 가장 절박한 문제들 중에 하나이다."라고 하였다. 불안은 정신질환의 핵심을 이루는 한 증후이기 때문에 인간 행동의 연구에 있어서 매우 큰 비중을 차지하고 있다.[52] 불안의 개념은 인간에게 여러 행동을 설명해 주는 중요한 요인으로

로에 지금도 쓰이고 있다. 의학적으로 가장 많이 사용되고 있는 것은 약물요법이다. 1950년대에 발견한 항정신성(向精神性) 약물들은 정신병 환자의 치료에 일대 혁신을 가져왔다. 다른 의학적 방법들처럼 약물요법도 남용될 수 있지만 적절히 사용하면 환자의 회복 전망을 밝게 하며 사회의 일원으로 환원시키는 데 크게 도움이 된다. 현대의 정신과 의사들은 임상심리학자와 사회사업가로 이루어진 정신건강 팀의 한 구성원으로 일하고 있는 것을 자주 볼 수 있-. 이 팀을 구성하는 각 분야의 전문가들은 치료과정에서의 담당영역이 명확히 구분되지 않기 때문에 때로는 치료의 방향과 치료기술의 적용에 이견이 있을 수 있다. 브리태니커. "정신의학". http://enc.daum.net/dic100/contents.do?query1=b19j1259a.

49) 박용천, 『한국교회와 정신건강: 정신의학 분야에서 본 정신건강의 실태』, 87.

50) Gary R. Collins, 『뉴 크리스천 카운슬링』, 한국기독교 상담 & 심리치료학회 역 (서울: 도서출판 두란노, 2008), 706–709.

51) 옥한흠, 『전쟁을 모르는 세대를 위하여』 (서울: 국제제자훈련원, 2003), 76–78.

52) 박윤수, 『치유상담의 이론과 실제』 (서울: 도서출판 경성기획, 1994), 219.

이르기까지 현대 정신의학계의 대표라고 할 수 있는 지그문트 프로이트(Sigmund Freud)의 공로가 컸다. 프로이트는 노이로제를 설명하는 핵심적인 개념으로 불안이라는 단어를 사용하였는데 프로이트 이전에는 불안이라고 부르는 것이 신경쇠약에 포함되어 있었다.[53]

이러한 정신의학적인 차원의 두려움이나 고립감 이상의 불안은 자기 고백과 감정, 그리고 신체적인 현상이 한데 어우러져 나오는 아주 복합적인 것이다.[54] 사람들은 불안이 느껴질 때마다 즉각 벗어날 수 있는 여러 가지 방법을 모색한다. 그것은 술과 운동을 함으로써 해소하고, 아니면 불안의 원인을 찾아 문제해결이나 환경의 변화를 시도한다. 불안이 장기적인 병으로 지속될 때 신경안정제를 복용하기도 하지만 정신의학의 도움을 받기도 한다. 물론 신경안정제가 급한 상태를 가라앉히기도 하지만 근본적인 치료는 힘들며 정신의학적으로 낫는 사람은 극히 제한되어 있다.[55] 지그문트 프로이트(Sigmund Freud)나 칼 융(Carl Jung), 그리고 알프레드 애들러(Alfred Adler)는 성경에 나타난 영적 종교현상에 대한 문제에 대해선 전혀 무관심하여 그런 영적 존재의 실존 자체를 부인한다.[56]

불쾌감(不快感, Displeasure)은 침착하지 않은 상태 또는 감정을 말한다.

고독(孤獨, Loneliness)은 깊은 상처로 자아의 핵심까지 상처를 입는 경우를 말한다.[57] 이러한 고독은 주위에 마음을 나눌 사람이 없어 혼자 동떨어져 있음을 느끼는 정신의학적인 질환이다. 지구상에는 많은

53) 박현순, 『공황장애』 (서울: 학지사, 2000), 38.

54) William Bakers, 『부정적 감정을 치유하는 자기 고백 워크북』, 김재서 역 (서울: 도서출판 예찬사, 1994), 195.

55) 이만홍, 『아스피린과 기도』 (서울: 도서출판 두란노, 1991), 21–22.

56) 유화자, 『영적 전쟁과 치유』 (서울: 기독교개혁신보사, 2005), 28.

57) David W. Augsburger, 『문화를 초월하는 목회상담』, 임헌만 역 (서울: 도서출판 그리심, 2005), 584.

사람들이 살고 있지만 사람들은 점점 외로움을 느끼고, 그것 때문에 고통을 받고, 심지어 자살하는 경우들이 많아졌다.

미국 전 대통령 로널드 레이건(Ronald Reagan)은 말년에 알츠하이머(Alzheimer) 병 때문에 힘든 시간을 보낸 것으로 알고 있다. 이 세상에서 가장 고독한 사람들이라면, 치매를 앓는 가족을 돌보는 가족과 친척일 것이다. 해가 거듭할수록 상태가 악화된다면, 간병인의 고독은 더해질 것이고, 우울증이 나타나거나 몸은 악화되기 마련이다. 그래서 많은 사람들이 이러한 어려움 때문에 고통을 겪게 될 것이다.

공포(恐怖, Proclamation)는 괴로운 상태가 현실적으로 다가옴으로 인해 일어나는 불쾌한 감정을 바탕으로 일어나는 정신적인 질환의 반응이다.

인간이 느끼는 공포의 종류는 약 250여 가지로 공포라는 용어 앞에 붙을 수 있는 대상은 셀 수 없을 정도로 많다고 한다. 이런 경우 사람이 공포를 느끼면 교감 신경계의 활동 증가로 인해 이유 없이 호흡이 곤란하고 심장 박동이 빨라져 긴장하게 된다. 심지어 떨리고 가슴이 조여드는 등 여러 가지 통증까지 유발하게 된다. 또한 땀이 나고, 현기증이 생기며, 기절할 것만 같고, 배 속이 거북하고, 몸이 저리고, 차갑거나 달아오르는 것 같고, 갑자기 미칠 것만 같은 증상을 보이는 경우도 있다.[58] 이러한 공포에 인간이 노출될 경우 발생하는 또 다른

---

58) 전요섭, 『부정적인 감정 45가지 심리치료와 회복을 위한 심리상담 – 마음다스리기』 (서울: 쿰란출판사, 2007), 122–123. 인간이 느끼는 대표적으로 높은 곳에 대한 두려움으로 고소공포(acrophobia)가 있다. 넓은 곳에 대한 비정상적인 두려움을 광장공포(agoraphobia), 좁은 장소에 갇혀 있을 때 누구라도 좋은 느낌을 가질 수 없지만 빈번히 두려움을 느낀다면 폐소공포(claustrophobia)라고 한다. 그 외에 어두운 장소에 대한 두려움을 갖는 암흑공포(nyctophobia), 죽음에 대한 극도의 두려움을 갖는 죽음공포(thanatophobia), 시체공포(necrophobia), 대인공포(anthropophobia), 동물공포(zoophobia), 항공공포(aerophobia), 공황공포(panic disorder), 혈액공포(hematophobia), 독처공포(kenophobia), 건강공포(hypochondriasis), 불결공포(mysophobia) 등이 있다.

정신의학적인 부작용은 우상숭배이다. 그래서 공포는 기독교인들을 포함하여 수많은 사람들을 괴롭히는 정신의학적인 질병이라고 할 수 있다.

우울증(憂鬱症, Depression)은 조절되지 않는 우울한 상태로 함께 동반하는 것으로 의욕 상실, 집중력 장애, 입맛의 저하, 수면장애, 죄책감, 자살 등 여러 가지 고통스러운 경험을 하게 되는 정신질환이다.[59] 세계 전체 인구의 10% 정도가 앓고 있는 심각한 정신의학적 문제가 바로 우울증이다. 이러한 수치는 국가에 따라 다르지만 정치적 변동과 경제적인 불안정한 시기에 발병률이 더욱 높아지고 있다. 물론 개인의 나이나 성향에 따라 다른데 특히 노인들의 우울증은 정신적인 문제를 지니고 있는 노인들 사이에 만연되어 있다.[60] 그래서 우울증은 일반인들이 가장 흔히 직면하는 정신질환 중에 하나이기 때문에 이것을 진단하고 치료하기 전에 우울증을 대부분의 사람들이 생각하는 통상적인 슬픔과 구분하는 것이 중요하다.[61] 우울증은 단순히 우울한 기분 상태만을 뜻하지 않고, 우울한 기분에서 수반되는 다양한 정서적인 표현이다. 동시에 이것은 생각을 우울하게 만들 뿐만 아니라 행동의 장애도 가져온다. 그리고 한 개인이 전체적인 사회관계를 맺어 가는 데에 많은 어려움을 초래한다.[62]

한 예로 남편이 심한 우울증에 빠져서 사역을 할 수 없었기 때문에 본국으로 돌아가야 했던 선교사 부부의 경우, 2년 동안 정신적인 치

---

59) 이현주, 『이상 행동의 심리학』 (서울: 대왕사, 1978), 114-126.

60) Anne Derouin and Terrill Bravender, "*Living on the Edge: The Current Phenomenon of Self-Mutilation in Adolescents*", The American Journal of Maternal Child Nursing 29 (January-February 2004), 12-18.

61) 박두병, 『알기 쉬운 일반정신의학』 (서울: 도서출판 하나의학사, 1996), 117.

62) 심수명, 『인격치료』 (서울: 학지사, 2004), 279.

료를 받았지만 아무런 진전이 없었다. 그러나 상담자는 그가 원한의 문제를 품고 있다는 사실을 알게 되자 그 사람들의 명단을 만들어 올 것을 요청하고 한 사람씩 다루어 나갔는데 그들과 화해할 것을 동의하고 용서하였다고 한다.[63] 이러한 현상은 발달적·심리적·대인 관계적·영적인 요인들과 다른 비신체적 요인들의 영향이 우울증의 증상에 내재되어 있음을 암시하고 있다.

죄책감(罪責感, Sense of Guilt)은 사람이 죄를 범했을 때나 혹은 개인이 도덕적 기준을 위반했을 때, 어떤 일을 한 것에 대한 책임감을 느낄 때 생기는 정신적·감정적 고통을 말한다. 그래서 죄책감은 고통스러운 감정이기 때문에 사람들은 자신도 모르게 이 감정을 숨기려하고, 생각조차 하지 않으려고 한다.[64] 이러한 정신적인 질환은 다음과 같은 후유증의 결과로 나타난다.[65]

첫째, 사람의 에너지를 고갈시켜서 육체적·정신적·영적으로 병들게 하여 마음의 상처를 남긴다. 사실 죄는 마치 운석과 같은 것이어서 작아도 땅에 떨어지면 그 자리에는 큰 자국이 남는다. 인간은 죄를 지으면 죄책감으로 인해 괴로워할 뿐만 아니라 자신을 학대하고 미워한다.

둘째, 두려움이 생겨 자신이 '어떤 죄에 합당한 대가를 받지 않을까?' 하는 걱정을 하게 된다. 이때 만약 좋지 않은 일이 생기면 하나님이 자신을 벌하신 것으로 생각할 뿐만 아니라 두려움에 떨게 되어 자신의 죗값을 자신이 갚으려고 한다.

---

63) Timothy M. Warner, *Spiritual Warfare* (Illinos: Crossway Books, 1991), 105.

64) Bruce Narramore & Bill Counts, 『죄책감으로 고통 받는 이를 위하여』, 권명달 역 (서울: 보이스사, 1994), 14.

65) Joyce Meyer, 『슬픔 대신 화관을』, 최기운 역 (서울: 베다니출판사, 1997), 106-107.

셋째, 하나님과의 교제를 가로막아 자신이 '혹시 하나님으로부터 버림받지 않을까?' 하는 걱정과 함께 고민에 빠지거나 열등감과 자학으로 인해 하나님의 은혜를 받아들이지 못하고 거부하게 된다. 그래서 하나님이 나를 사랑하신다는 말을 의식적으로는 생각하지만 급한 일이 생기면 하나님을 찾지 않고 오히려 자기가 취할 수 있는 방법을 먼저 행동으로 옮긴다. 그리고 하나님을 대신하여 자기 자신을 의지하도록 노력한다.

마지막으로 넷째, 엄청난 스트레스와 압박을 가하여 다른 사람들과의 정상적인 관계를 어렵게 만든다.

그러나 성경은 인간이 죄로부터 자유로워졌기 때문에 죄를 범해도 된다는 것이 아니라 자유로워졌기 때문에 풍성한 삶을 살 수 있는 방법을 배울 수 있다고 말한다.[66] 따라서 잘못된 죄책감에서 진정한 자유에로 나아가도록 처벌과 훈련의 차이, 그리고 율법과 은혜의 차이에 대한 올바른 인식을 가져야 한다. 예수 그리스도를 믿게 되면, 하나님은 결코 인간을 처벌하시지 않는다는 사실을 깨달아야 한다. 그것은 죄인인 인간을 대신하여 예수 그리스도를 처벌하셨기 때문이다.

이기심(利己心, Selfishness)은 자기 자신의 이익만을 꾀하는 마음이다. 이러한 마음은 개인주의적 성향이 매우 지나쳐 상대방에게 피해를 입히는 수준까지 도달할 정도로 심각한 성격적 결함이다. 이런 성격을 가진 사람은 이기주의자로 다음과 같은 특징을 가지고 있다. 첫째, 다른 사람과의 의견 중에 자신의 의견과 조금이라도 맞지 않을 경우 무조건 무시한다. 둘째, 자신의 의견을 관철시키기 위해 죽을 힘

66) Paul Tournire, 『죄책감과 은혜』, 추교석 역 (서울: 한국기독학생회출판부, 2001), 232.

다하기 때문에 고집이 매우 세다. 셋째, 좋은 것과 싫은 것을 극단적으로 가린다. 좋은 것은 매우 좋아하지만 자신에게 싫은 것은 아무리 세상에 이롭다 하여도 이를 갈며 증오한다. 이러한 이기심은 그 증세가 심할 경우 범죄와 연결되기도 한다.[67]

애정결핍(愛情缺乏, Love Deficiency)은 사랑의 정이 부족하여 생기는 일종의 질병이다. 예를 들면, 어린 시절에 부모의 사랑을 다 받지 못하였거나, 정신적 성숙기에 이성에게 겁탈을 당하거나 안 좋은 기억이 남아 있을 때 사랑을 주기간 하고 받지는 못하는 사람의 경우 애정결핍의 증세가 나타난다.

거부감(拒否感, Repulsion)은 거부하는 마음이나 느낌을 말한다. 다시 말하면, 거부감은 단지 불쾌감을 나타내는 것인데 속마음이 들켰을 때에 당혹감을 감추기도 한다.

적개심(敵愾心, Hostility)은 고통스러운 감정들이 고질적으로 억눌리게 될 때, 정신적 질환 혹은 심리적 질환으로 표면상에 나타나는 것이다. 이러한 적개심은 깊은 상처뿐만 아니라 인간 개성 발달의 장애물로 등장한다. 그 다음으로 통제력을 잃게 되고 폭발하게 되어 개인의 경우 깊은 실의에 빠지게 된다.[68] 이러한 적개심은 영적 종교현상에 있어서 마이너스로 침식해 들어가는 독약과도 같은 것이다. 그것은 악한 결과로 자기 정죄에 속박시킨다.

현대 정신의학의 이론을 떠받치고 있는 중요한 주제들 가운데 하나인 분노(忿怒, Anger)는 일반적으로 강한 적개심이나 의분의 감정으로 정의될 수 있다. 이러한 자기 존재가 수용되지 않다고 느껴질 때

---

67) 위키백과, "이기심", http://enc.daum.net/dic100/contents.do?query1=10XX355506.

68) Bruce Thompson & Barbara Thompson, 『내 마음의 벽』, 허광일 역 (서울: 도서출판 예수전도단, 1993), 130.

일어나는 감정은 모욕, 멸시, 좌절감, 가상적인 위협이나 실제적인 위협, 부당한 처사로 인한 강렬한 불쾌감 때문에 생기는 흥분된 감정이다.[69] 분노는 신체적인 대응상태를 만들어 화가 나면 신체부위와 연결될 뿐만 아니라 얼굴이 붉어지고, 몸에 열이 나며 혈압이 높아져 맥박이 빨라지고 가슴이 두근거리고 생각이 마비된다. 그리고 화가 지속될 경우에 얼굴이 타거나, 고혈압, 근육수축, 대장장애, 두드러기, 습진, 축농증, 비염, 천식, 편두통, 요통, 화병 등으로 나타나기도 한다. 그래서 담배를 피우거나 술을 마시기도 하며, 그 외에도 분노는 인체 내에서 일어나는 아드레날린의 생화학 반응과 그 밖의 많은 감정들을 불타오르게 하는 연료가 된다.[70] 이러한 분노가 잘못 표현될 때 많은 개인과 가장은 아픔을 겪게 된다. 또한 배우자와 부모, 그리고 자녀를 향하여 분노가 표현되어 거친 말이 오가고 주먹질하다가 마침내 자살이나 타살로 끝내는 경우도 있다.[71] 분노는 어린이로부터 노인에 이르기까지 모든 사람들에게 나타나는 보편적 감정으로서 가볍게 약이 오르는 정도에서 격노에 이르기까지 다양한 강도로 발생한다.

이렇게 분노의 감정을 부정적으로 보게 된 이유는 인류의 종교문화적 가치관에서 기인한다. 예를 들면, 유교에서는 성숙하고 건강한 사람은 화를 내지 않는다고 가르치지만 불교에서는 모든 화가 다 욕

---

69) 심수명, 『인격치료』, 186.

70) Mark P. Cosgrove, 『분노와 적대감』, 김만풍 역 (서울: 도서출판 두란노, 1997), 39.

71) 심수명, 『인격치료』, 187. 분노는 행동으로 유발할 경우 여러 형태로 나타나게 된다. 첫째, 신체적인 학대이다(때리기, 상처 입히기, 죽이기). 둘째, 언어적인 학대이다(소리 지르기, 모욕 주기, 신랄한 빈정거림). 셋째, 자기에 대한 학대이다(자신을 냉대하는 행위). 이러한 분노의 공통적인 태도는 상처 입은 자아의 공격적인 방어이다. 분노는 한 사람의 존엄성에 대한 공격과 자존감에 대한 위협, 그리고 지위 상실에 대해서 반응하는 것이다. Donald Capps, 『인간 발달과 목회적 돌봄』, 문희경 역 (서울: 도서출판 이레서원, 2001), 46-47.

심에서 일어난다고 말한다. 이러한 주장 때문에 분노는 감정을 억압하게 된다. 물론 전통적으로 기독교는 분노를 치명적인 죄로 보기에 중세로부터 현대에 이르기까지 분노가 금지된 것이다.[72] 그러나 한국 샤머니즘(Shamanism)의 경우는 분노에 대해 자유롭게 표출하도록 하는데 그것은 죄로 인식하지 않기 때문이다. 이런 의미에서 샤머니즘의 굿은 일종의 치료적인 역할을 하는 경향이 있어서 억압된 한을 풀기도 하였다.

이러한 분노의 대상이 하나님이 되기도 하며, 이것은 자기에게 피할 수 없는 운명을 씌워 준 강자라고 생각하여 오는 약자의 분노인 것이다.[73] 성경에는 분노에 대하여 어떻게 표현되어 있는지 찾아볼 수 있다. 구약성경에는 분노라는 낱말이 450회 이상 나오는데 그중에 375번이나 하나님의 분노와 관련해서 사용하고 있다. 그 가운데 시편 7:11은 "하나님은 의로우신 재판장이심이여 매일 분노하시는 하나님이시로다"라고 말한다. 신약성경에서도 예수님은 외식하는 바리새인들을 향해 "뱀들아, 독사의 새끼들아"라고 분노하셨다(갈 1:6, 4:21). 이러한 분노가 하나님이 인간에게 주신 감정이라는 사실을 사도 바울은 알고 있었을 것이다.

그러나 하나님의 분노와 인간의 분노는 분명히 차이가 있다. 하나님의 분노는 죄를 지을 가능성이 전혀 없는 공의에서 나온 분노이지만 인간은 자신의 죄성에 근거해서 분노를 표출할 가능성이 많다는 것이다. 따라서 자신의 분노를 억압하거나 부정할 때 분노가 내면화되기 때문에 삶은 더욱더 어려워지는 것이다. 그래서 성경은 분노에

---

72) Carroll Saussy, *The Gift of Anger: A Call to Faithful Action* (Kentucky : Westminster John Knox Press, 1995), 109.
73) 손석원·김오복, 『현대 사회복지선교의 이해』 (군포: 도서출판 잠언, 2005), 382.

대하여, "분을 내어도 죄를 짓지 말며 해가 지도록 분을 품지 말라"고 권면하고 있다(엡 4:26).

사단은 이러한 정신적인 영역에 공격을 가할 수 있다. 에베소서 6:12는 이것을 사람의 정신 속에 일어나는 영적 종교현상이라 말한다. 그래서 사단은 과거의 범죄한 정신적 경험을 멍에(bondage)로, 공격의 근거로 삼을 수 있을 것이다.[74] 오늘날 많은 그리스도인들 가운데서 죄를 용서받고 난 뒤에 과거의 죄의식(guilty sense) 속에서 괴로워하는 이들이 많이 있다. 이런 행동은 하나님의 약속의 말씀을 불신하는 죄의 행위가 되고, 또한 사단은 그 멍에를 이용하여 다른 범죄로 발전시켜 나가게 할 수 있다.[75]

사단은 선교사 혹은 사역자들이 그들의 사역을 수행하지 못하게 하기 위해서 모든 방법을 사용할 것이다. 선교 현장에서 주민들이 분명히 사단의 소행으로 인식하는 영적 종교현상에서 선교사가 어찌할 줄 모를 때, 아무리 그 타격이 없다 하더라도 복음 전파에 방해가 되는 것은 분명하다. 그러나 선교사들이 영적 종교현상에서 이기지 못할 때, 사람들은 귀신들의 능력이 선교사가 섬기는 그리스도의 능력보다 더 큰 것으로 생각할 수 있다.[76] 그러나 오히려 이러한 영적 종교현상의 도전 앞에 싸워서 이기는 것은 복음을 강하게 증거 하도록 할 것이다.

---

74) 강승삼, "영적 전쟁의 신학적인 기초와 실재", 『세계선교』 제28호 (1996. 10월), 24.

75) 강승삼, "영적 전쟁의 신학적인 기초와 실재", 24.

76) Timothy M. Warner, *Spiritual Warfare*, 95.

2. 영적 종교현상의 심리학적 이해

심리학(心理學, Psychology)은 인간의 마음과 행동을 연구하는 학문을 말한다.[77] 심리학은 영어로는 Psychology(사이컬러지)라고 하며, 마음 혹은 영혼을 의미하는 헬라어 프쉬케(ψυχη)를 영어로 음역한 Psyche (프시케)에서 온 말이다. Psyche(프시케)와 연구를 의미하는 logos(로고스)의 두 단어가 합성되어 심리학(Psychology)이 되었다. 물론 심리학은 인간의 육과 혼, 그리고 영에 역사하시는 하나님의 존재나 그 능력을 인정하지 않기 때문에 온전히 이해하는 데 그 한계를 드러낼 수밖에 없다.

심리학이 연구대상이라고 간주하고 있는 현상들은 아주 광범위하다. 어떤 현상은 생물학과 겹쳐 있고, 또 다른 현상들은 인류학이나 사회학과 같은 사회과학과 관계된다. 어떤 것들은 동물의 행동과, 많은 다른 현상들은 인간의 행동과 관계되어 있다.[78]

심리학의 주된 연구 분야는 감각, 정서, 대인관계, 동기, 성격, 인지, 행동 등으로 나눌 수 있다.[79]

감각(感覺, Sensation)은 일반적으로 감각기관의 자극에 의하여 생겨난 지적 상태를 말한다. 어떤 감각 경험이 있기 위해서는 외부세계의 물리적 에너지가 감각기관에 작용하여 신경계의 활동인 신경에 흥분

---

77) 위키백과, "심리학", http://ko.wikipedia.org/wiki/%EC%8B%AC%EB%A6%AC%ED%95%99. 영어에서 심리학에 해당하는 단어인 psychology는 영혼, 정신을 뜻하는 헬라어 ψυχη(psykhē, breath, spirit, soul)와 학문을 뜻하는 헬라어 -λογια(-logia, study, 의)의 합성어로 크리스티안 볼프의 시대에서부터 쓰이기 시작하였다.

78) Henry Gleiman, 『심리학』, 장현갑·안신호·이진환·신현정·정봉교·이광오·도경수 공역 (서울: 시그마프레스, 1999), 3.

79) 위키백과, "심리학", http://ko.wikipedia.org/wiki/%EC%8B%AC%EB%A6%AC%ED%95%99.

을 일으키고 이것이 감각 경로를 거쳐 뇌로 전달되어야 한다.[80]

정서(情緒, Emotion)는 가장 넓은 의미에서 느낌을 말한다.[81] 정서는 인간의 희로애락을 느끼는 기능으로 사고방식과 밀접한 관계를 맺고 있다. 정서가 타락하면 의심뿐만 아니라 부정적인 정서를 초래하고 만다. 인간에게는 정적인 요소가 강해서 슬픈 것을 보면 눈물이 나오고, 감동을 받고, 아울러 정서에 상처를 받기도 한다.[82] 이처럼 정서는 세 가지 조각으로 첫째, 생리적 활성화로 심장박동이 빨라진다. 둘째, 표현 행동으로 행동이 빨라진다. 셋째, 사고와 감정을 포함한 의식적인 경험의 혼합이다.[83]

대인관계(對人關係, Interpersonal Relations)는 사람들이 사회생활 속에서 다른 사람들과 관계를 맺고 그 관계를 친구나 동료와 같은 친밀한 관계로 발전시키고 유지하면서 살아가는 것을 말한다. 다른 사람들과 친구관계를 맺거나 그 밖의 다른 친분관계를 맺는 것은 일상생활에서 매우 중요한 과정일 것이다.[84] 따라서 사람들은 대인관계를 통해서 자신의 욕구를 충족시키고, 편안함과 애정을 주고받고, 감정적 지지를 얻고, 충고를 듣거나 조언을 해 주고, 다른 사람에게 영향력을 발휘하고, 자아상을 발전시킬 수 있을 것이다.

동기(動機, Motivation)란 행동을 활성화하고, 어떤 목표를 향하게 행동에 방향을 제시하는 욕구 혹은 욕망을 말한다.[85]

---

80) 김원형 · 남승규 · 이재창, 『인간과 심리학』 (서울: 학지사, 2003), 45 - 46.

81) Ken Wilber, 『통합심리학』, 조옥경 역 (서울: 학지사, 2008), 169.

82) 전요섭, 『부정적인 감정 45가지 심리치료와 회복을 위한 심리상담 - 마음다스리기』, 20.

83) David G. Myers, 『심리학의 탐구』, 김유진 · 민윤기 역 (서울: 시그마프레스, 2007), 274.

84) 김원형 · 남승규 · 이재창, 『인간과 심리학』, 169.

85) David G. Myers, 『심리학의 탐구』, 254. 동기의 개념은 심리학자들이 정의하기에 어려운 것 중의 하나이다. 그것은 인간에 대한 개개인의 심리학자 방향에 의하여 변하는 것처럼 보이기 때문이다.

성격(性格, Personality)이란 사고와 느낌, 그리고 행동에 관한 패턴을 말한다. 다시 말하면, 개인이 환경에 적응해 가는 방법을 결정해 주는 독특한 사고방식이나 이에 따른 일관된 행동양식이라 할 수 있다.[86] 그래서 사람들은 행동 패턴이 매우 분명하고 일관성이 있다면 강한 성격을 가졌다고 말한다.[87]

인지(認知, Recognition)는 의식의 흐름 가운데 있는 언어적 혹은 심상적 사상(事象)을 말한다. 사람들의 인지는 과거 경험으로부터 발전된 어떤 태도나 가정에 기초를 둔다. 예컨대 어떤 사람이 자신의 모든 경험을 자신이 유능한지 아닌지의 관점에서만 해석한다면 그 사람의 사고는 내가 모든 일에 완벽하지 못하면 나는 실패자라는 도식에 의해 지배되고 있을 것이다.[88]

행동(行動, Behavior)이란 전형적으로 유기체에 의한 어떤 반응이나 활동을 말한다. 이러한 정의는 범위가 매우 넓기 때문에 심리학자들은 방대한 현상을 연구한다는 것을 의미한다.[89]

이러한 기초적인 연구를 통해 노동, 교육, 가족, 회사 등의 일상생활 속에서 일어나는 다양한 인간 행동에 대해 심리학적 지식을 적용하고 정신 건강상의 질병을 치료하는 것을 목적으로 한다. 또한 심리학은 대상에 따라 교육, 발달, 건강, 산업, 법률, 종교 등과 관련해 다양한 하위 전문 분야를 두고 있다.[90]

오늘날 심리학자들은 다양한 주제들에 많은 관심을 가진다. 현대

---

86) 김원형 · 남승규 · 이재창, 『인간고 심리학』, 96.
87) David G. Myers, 『심리학의 탐구』, 308.
88) 김예식, 『생각을 바꾸기를 통한 우울증치료: 인지치료의 목회상담 적용』 (서울: 한국장로교출판사, 1998), 127.
89) Wayne Weiten, 『심리학』, 김시업 역 (서울: 문음사, 1994), 27.
90) 위키백과, "심리학", http://ko.wikpedia.org/wiki/%EC%8B%AC%EB%A6%AC%ED%95%99.

심리학의 다양한 내용들을 살펴보면, "첫째, 각 개인의 그 나름대로의 특유한 면을 찾아내려는 심리학 영역으로 성격과 능력에 관한 연구이다. 둘째, 심리과정이나 행동의 형성과 변화에 관심을 갖는 영역으로 발달과 학습에 관한 연구이다. 셋째, 심리과정의 정의적인 측면으로 다루는 심리학의 연구로 정서와 동기에 관한 연구이다. 넷째, 의식 속의 경험적 사실들이 주어지는 과정에 관한 영역으로 감각과 지각, 그리고 인지 등의 연구이다. 다섯째, 심리적 사실이나 행동이 보존되고 직접 경험을 넘어서 처리되는 심리작용을 연구하는 영역으로 기억과 사고에 관한 연구이다."라고 주장하였다.[91] 그 외에 심리학을 통해 사회행동에 관한 심리학적 연구 등 많은 영역들이 있을 것이다. 그것은 심리학이 어떤 기준적인 구조를 갖춘 학문이라기보다는 앞으로 계속해서 모색 단계에 있는 학문이기 때문이다.

이러한 관점은 일선에서 사역하는 선교사들에게 힘든 생활환경과 피곤한 대인관계, 그리고 문화적 적응 속에서 정도에 차이는 있지만 영적인 압박을 경험한다.[92] 예를 들면, 이슬람 선교전문가인 필 파샬(Phil Parshall)은 32개국에서 일하는 37개 선교단체의 390명 선교사들을 대상으로 조사한 결과 응답자의 30% 이상이 경건의 시간을 규칙적으로 유지하는 것이 가장 큰 영적인 갈등이라고 말했다. 또한 대다수가 실망과 좌절을 자주 경험했으며, 응답자의 20%가 선교사가 된 후에 신경안정제를 복용한 일이 있다고 말했다.[93] 이러한 영적 종교현상의 최전선에 놓여 있는 모든 선교사들은 개인과 사역에 대한 심

---

91) Paul W. Pruyser, 『생의 진단자로서 목회자』, 이은규 역 (서울: 도서출판 동서남북, 2000), 201.
92) T. Lewis & B. Lewis, *Missionary Care* (Pasadena: William Carey Library, 1992), 110–122.
93) T. Lewis & B. Lewis, *Missionary Care*, 110–122.

리적 문제들을 솔직하게 나눌 수 있는 믿을 만한 안전한 탈출구가 필요하다. 따라서 선교사들은 영적 종교현상을 위한 선교를 위해 심리학을 통합적으로 연구할 필요성이 있다.

특히 영적 종교현상을 위한 심리학의 대상자들을 다섯 가지 계층으로 살펴보면, 다음과 같이 정리할 수 있다.[94]

첫째, 회개를 모르는 불신자들이다. 세계에서 네 사람 중 세 사람은 불신자들로서 그들은 신앙이 없는 것이 아니라 다른 신앙을 가진 자이다. 그들의 종교는 불교와 유교, 그리고 이슬람교과 정령숭배 등이다. 그들은 문화의 지배적 종교의 가치관과 세계관에 얽매여 있다.

둘째, 각성된 불신자들이다. 그들은 전통의 종교는 좋지 않고 부모의 종교도 아닌 다른 신앙이 요구된다고 여긴다. 이러한 일은 그들에게 하나님의 말씀이 전해진 곳, 전통적인 부모의 종교가 거절되는 곳에서 보이는 현상이다.

셋째, 명목적인 신자들이다. 그들은 이 세계의 기독교인 중 2/3 내지 3/4의 사람은 그리스도와 역동적 관계가 없다. 그들은 실제로 기독교인이 아니면서 스스로 그런 사실을 망각한다. 그들로 하여금 그것을 알게 하고 하나님께 헌신하도록 한다.

넷째, 미성숙 기독교인들이다. 그들은 기독교인들이지만 교리와 행동에 있어서 혼돈 가운데 있다. 그들은 사태를 분석할 만한 성경적 지식이 부족하다. 그들에게는 신앙의 용기와 인도, 그리고 충고가 요청된다.

마지막으로 다섯째, 성숙한 기독교인들이다. 그들은 하나님의 말씀

---

94) 채은수, 『통문화 상담』, 3.

을 알고 있을 뿐만 아니라 하나님과 관계를 형성하고 교제하는 삶을 산다.[95]

이러한 심리학적 논의는 영적 종교현상의 모든 영역과 연관되어 있기 때문에 그 모든 영역의 배후에 놓여 있는 것이 인간의 마음이다. 영적 종교현상이 일어나는 장소는 인간의 마음으로 사단은 하와에게 그랬던 것처럼 인간의 마음을 부패하도록 만들었다. 이러한 마음의 부패는 개인에게도 영향을 미칠 뿐만 아니라 선교사들조차도 실제의 문제에 부딪혔을 때, 사단의 희생물이 될 수 있다.[96]

따라서 선교사들은 자신의 마음에 대하여 정직하며, 예수 그리스도 안에서 새사람으로 살아가려는 믿음의 확신을 가지고 영적 종교현상의 취약점을 해결해야 한다. 물론 선교 현장에서 심리적 긴장이 아주 심하게 느껴지는 경우가 있다. 그러나 선교사는 좀처럼 그 원인을 사단에게서 찾으려 하지 않는 데에도 문제가 있는 것이다.

3. 영적 종교현상의 종교학적 이해

종교학(宗敎學, The Science of Religion)은 종교와 관련하여 객관적으로 서술될 수 있는 사회·문화적 현상들을 분석하여 종교 일반의 본질을 규명하려는 학문이다. 종교학은 구체적인 역사 속에 인류가 직접 추구한 종교현상들과 종교적 경험들, 그리고 다양한 제의 형태들

---

95) 채은수, 『통문화 상담』, 3. 성숙한 그리스도인들은 상담심리의 문제에서 네 가지 카테고리를 가지고 있다. 첫째, 복지에 관계되는 문제들이다. 둘째, 회심에 관계되는 질문들이다. 셋째, 기독교인의 성장과 삶의 스타일에 관계되는 이슈들이다. 넷째, 기독교 봉사에 관한 질문들이다.

96) 폴 히버트(Paul G. Hiebert)는 영적 종교현상에 대하여 말하기를, "하나님과 사단이 서로 점령하려고 하는 인간의 마음속에서 영적 종교현상이 벌어진다."라고 하였다. Paul G. Hiebert, *Anthropological Reflections on Missiological Issues* (Grand Rapids: Baker Books, 1994), 211.

에 대한 문화인류학적·종교사회학적·종교심리학적·종교현상학적 접근을 통하여 종교의 본질을 규명하려는 학문을 말한다.[97] 종교학은 불교와 유대교, 그리고 기득교와 같은 역사적 전통을 분석하는 데 멈추지 않고 모든 종교 전통에 공통적으로 나타나는 신화나 신, 의례와 희생 제의와 같은 종교적 언어, 즉 성스러운 언어를 탐구한다.[98]

이러한 종교학의 이해에 있어서 세계 곳곳의 사람들은 영적 세계와 영적인 일상생활에 대한 영향에 대해 강하게 느끼고 있다. 많은 사람들은 지상과 천상에 많은 존재들인 신들, 지상의 신적 존재들, 조상들, 유령들, 악령들, 인간과 동물의 영들, 그리고 자연 영들의 권력과 개인적 이득을 위해 관계를 맺는다고 본다. 그리고 서로 속이고 위협하며, 서로 싸운다고 본다. 그래서 그들은 서로 섬기고 아첨하는 자들을 도울 뿐만 아니라 욕구에 반대하는 자들에게는 해를 입힌다.[99]

물론 이러한 신들은 전지전능하고 옳고 그름의 최종적인 판단자이지만 많은 전통 종교들에서는 직접적으로 경배되지 않는다. 대부분 제사장이 없고, 그에게 바쳐진 사원도 없다. 사람들은 희생제 때마다 희생 제물을 바치지만 전적으로 그 신에게만 희생 제물을 바치는 경우는 드물다. 이러한 신들의 개념은 기독교, 유대교, 이슬람, 힌두교, 소승불교 등을 포함해서 대부분의 고등종교에서 발견된다. 소위 고등종교의 대부분에서 하나님은 유일한 분이고, 궁극적 실재이며, 모든 것들의 창조주이며, 전능하고 의로운 분이다.[100]

---

97) 김진, 『종교란 무엇인가』 (울산: 울산대학교 출판부, 2008), 13. 종교학은 종교적 상징, 신비적인 현상, 제의 형태, 그리고 문화적 전통 및 교의학적 언어 사용 등에 대한 조사 및 기술, 그리고 역사적 연구를 수행하기 때문에 주관적이고 고백적인 신학보다 훨씬 더 학문적인 객관성을 가지고 있다.

98) William E. Paden, 『비교의 시선으로 바라본 종교의 세계』, 이진구 역 (서울: 도서출판 청년사, 2004), 15 - 16.

99) Paul G. Hiebert, R. Daniel Shaw, Tite Tienou, *Understanding Folk Religion* (Grand Rapids: Baker Books, 1999), 51 - 52.

세계에 많은 사람들은 지상의 신적 존재들을 믿는다. 그들은 자신들을 돕고 먹이고 돌보는 친절한 영들로 생각한다. 그래서 그들의 신들이 화가 났을 때는 비위를 맞추어야 한다. 일정 기간 땅에 내려오지만 천상에 사는 하늘의 영들과 달리 이 땅의 영들은 인간들처럼 땅에 산다. 땅의 영들에 대한 믿음은 농경 사회에서 흔한 것으로 필리핀 농부들은 하나의 최고의 창조주 바달라(Badala)를 믿는데 그는 천상에 거하며, 그 밖에 달과 별, 그리고 전쟁의 신과 인간 영혼의 수호신들과 같은 다른 고등 신적 존재들이다.[101] 이슬람의 상징 가운데 초승달(the crescent)과 별(star)이 있는데 여기에는 여러 설이 있지만 무엇보다 이것은 무함마드가 받은 계시와 연결되어 있다. 무함마드가 신의 계시를 들었을 때, 초승달과 새벽별이 떠 있었다고 한다. 초승달은 무함마드가 계시를 받은 첫날을 상징하고, 별은 주권과 신성을 의미하며, 이슬람의 5계를 상징하기도 한다. 현재 초승달과 별은 이슬람교에서 가장 신성시되는 문양으로 터키, 모리타니아, 알제리, 파키스탄 등 여러 이슬람 국가의 국기에 새겨져 있다. 이슬람에서는 앰뷸런스의 표시로 십자가 대신에 초승달 기호를 사용하고 있다.[102]

조상들은 지상의 영적 존재로 사람들이 보이지 않는 영혼을 가지고 있다고 믿는 것이 널리 퍼져 있다. 서부 호주인들과 캘리포니아 인디언들은 이것을 '숨' 혹은 '영혼'이라고 부른다. 이 영혼들은 보편적으로 꿈과 황홀경 속에서 몸을 떠나 멀리 있는 친척들을 방문한다고 믿었다. 예를 들면, 뉴아일랜드의 사람들은 사람이 죽으면 그 시신

100) Paul G. Hiebert, R. Daniel Shaw, Tite Tienou, *Understanding Folk Religion*, 52.

101) Paul G. Hiebert, R. Daniel Shaw, Tite Tienou, *Understanding Folk Religion*, 54–56.

102) 양창삼, 『세계종교와 기독교』 (파주: 한국학술정보, 2008), 184–185.

이 묻힐 때까지 그 영이 곁에 있다고 믿는다.[103]

　대부분 인간들은 조상들을 포함함에 있어서 일반적으로 가족의 삶의 일상적인 활동에 참여하는 것으로 생각한다. 음식을 먹을 때는 조상과 함께 나누어 먹어야 하며, 여행을 할 때 조상들에게 알려야 한다는 것이다. 그들은 신부의 부, 추수, 사냥 수확물 등을 나누어 가져야 한다. 그러나 조상을 등한시하는 것은 그들뿐만 아니라 전체 확대 가족에게 해로운 죄가 된다고 믿는다. 그래서 조상들은 화를 내고 불행을 초래하거나 복을 보류시키며, 부모들은 죽은 다음 이 세상에서의 마지막 날들에 잘못 취급당한 것으로 인해 자손들에게 저주를 퍼부을 수도 있다고 믿는다. 그래서 많은 사람들은 조상들을 달래기 위해 공들여 의식을 행한다.[104] 그들은 인간 세상과 조상들의 영의 세상의 중간에 살며, 인간의 몸을 찾아서 들어가려고 하며, 그들의 사악한 활동을 통해서 그 사람을 병들게 하려 한다고 생각한다.

　아울러 악령들은 바벨론, 이란, 인도, 아랍, 그리고 이슬람 세계에서 일반적으로 믿어지는 영적 존재로서 쉼 없이 떠도는 죽은 자의 영혼들, 숲과 땅의 두려운 영들, 재난과 질병, 죽음과 시련을 안겨 주는 악령의 세력들이 여기에 속한다. 성적인 악한 생각을 주는 중세의 인큐비(Incubi)와 수쿠비(Succubi) 등의 악령들은 결혼한 부부들에게 결합과 임신을 방해하기도 한다.[105]

　인간은 보이지 않는 영과 혼의 존재로 이 세계의 보이는 존재들로의 전환을 하게 한다. 전 세계적으로 발견되는 한 가지 믿음은 어떤

---

103) Paul G. Hiebert, R. Daniel Shaw, Tite Tienou, *Understanding Folk Religion*, 59-60.
104) Paul G. Hiebert, R. Daniel Shaw, Tite Tienou, *Understanding Folk Religion*, 61-62.
105) 노윤식, 『종교현상학 이론과 실제』, 102.

인간들이 마법사의 영을 가지고 있어서 그 영을 몸 밖으로 외출하게도 하고 해를 끼치기도 한다는 것이다. 어떤 사회는 다른 마법사들에게 견습해서 배우거나 몰래 그러한 능력을 전수받는다고 생각한다.106) 어떤 마법사들은 반사회적이며 보통 인간들과는 반대로 사는 사람들로 보인다. 그들은 밤늦게까지 잠을 자지 않고, 물구나무를 서며, 공중을 난다. 또한 늑대와 고양이, 그리고 다른 동물들로 모양을 변화시킬 수 있으며, 순식간에 먼 거리를 여행할 수 있으며, 부엉이와 뱀, 하이에나, 비비 등과 관련되어 있는 것으로 생각한다. 마법사는 한 문화에서 적절하고 규범적인 것의 정확한 반대를 축약적으로 나타낸다.107) 동물과 식물들은 모든 사회에서 일상생활의 일부이지만 대부분의 사회에서 그것은 단순히 자연적인 존재가 아니다. 많은 사람들은 인간 및 신들과 상호작용을 하는 영들을 가진 것으로 믿고 있다. 동물들은 종종 신성한 것으로 여겨진다.108) 어떤 경우는 악하게 간주되는 동물도 있다. 또한 자연 자체는 종종 살아 있는 것으로 생각되기 때문에 해와 달은 인간 삶에 영향을 주는 강력한 영들로 폭넓게 믿어진다. 하늘의 영들은 농작물에 비를 공급하도록 달래기도 한다.109) 이러한 보이지 않는 영적 존재로서의 악령은 사단의 대리자로 보는 영적 종교현상의 종교학적 견해가 있는 것이다.110)

---

106) Paul G. Hiebert, R. Daniel Shaw, Tite Tienou, *Understanding Folk Religion*, 62–63.

107) Paul G. Hiebert, R. Daniel Shaw, Tite Tienou, *Understanding Folk Religion*, 63.

108) 특히 인도의 경우 소와 원숭이를, 아프리카에서 악어를, 동 아프리카의 줄루와 마사이족은 뱀을, 미국 원주민들은 수리매를, 남아프리카공화국의 칼라하리 사막의 부쉬맨들은 사마귀를 신성시한다.

109) Paul G. Hiebert, R. Daniel Shaw, Tite Tienou, *Understanding Folk Religion*, 63–64.

110) Heinrich Schlier, *Principalities and Power in the New Testament*, 67.

4. 영적 종교현상의 선교신학적 이해

선교신학(宣敎神學, Theology of Mission)은 기독교 신앙의 관점에서 세계 선교의 동기, 메시지, 방법, 전략, 그리고 목표를 결정하는 기본 전제와 근본적 원리들로 모든 세상에 온전한 복음을 전하려는 모든 교회의 공동 증거로서 이해되는 것을 말한다.[111]

선교신학의 목적은 지상의 모든 민족을 전도하여 예수 그리스도의 제자로 삼고 그들로 하여금 온전한 교회를 세우는 데 있다(마 28:18-20). 이를 위해 여러 나라에서 파송된 선교사들이 나가서 사역을 하고 있는 것이다. 선교신학이란 하나님의 사랑이 동기가 되고, 예수 그리스도의 지상위임이 명령이 되어 땅 끝까지 하나님의 나라를 확장하기 위하여 수립된 영적 종교현상의 계획과 실천이다. 1989년 제8차 로잔 세계 복음화 국제대회에서는 영적 종교현상에 대한 문제들이 세계 선교학계에서 비상한 관심을 불러일으키지 못했다. 그러나 선교 현장에서는 영적 종교현상의 일들이 벌어지고 있다.

특히 포르투갈 국가의 경우, 사회 전체 범죄의 80% 정도가 마약과 관계된 것으로 수도 리스본 시내는 하루 종일 돈만 있으면 얼마든지 마약을 사서 맞을 수 있는 거대한 마약촌이다. 이처럼 악한 영들이 마약과 에이즈로 포르투갈의 젊은 영혼들을 사로잡고 있다.[112] 또한

---

111) Stephen Neill, Gerald H. Anderson, John Goodwin, *Concise Dictionary of the Christian World Mission* (Nashville: Abingdon, 1971), 594. 오늘날 근대 선교신학의 아버지라고 불리는 구스타프 바르넥(Gustav Warneck)은 선교신학에 대하여, "비기독교 세계에 교회를 설립하기 위해 복음을 전파하는 것이다."라고 보았다. 김성태, 『현대 선교학 총론』(서울: 도서출판 이레서원, 1999), 32. 필리핀 유니온신학교(Union Theological Seminary)의 선교신학 교수를 역임한 제럴드 앤더슨(Gerald H. Anderson)은 선교신학에 대하여, "오늘날 선교에서 근본 문제는 선교의 본질과 의미를 규명하는 일이다."라고 주장하였다. 최정만, "선교란 무엇인가?", http://christiantoday.co.kr/view.htm?code=oc&id=150503.

112) 강병호, "포르투갈 사역보고(1)", 『한국 선교사 사역 현장 보고서』(2000, 2000년 세계선교대회 선교전

치앙라이는 태국의 불교 인구가 94%를 차지할 정도로 기독교 복음화율이 겨우 0.5%에 이르는 선교가 힘든 선교현장이다.[113] 이러한 어둠의 영이 사로잡고 있는 영적 종교현상의 상황은 선교 현장에서 흔한 일이다. 이러한 관점에서 선교신학자들의 영적 종교현상에 대한 이해를 검토해 보려고 한다.

1) 알렌 티펫(Alan R. Tippett)의 영적 종교현상

티펫은 우상들과 영들의 힘을 의지하지 아니하고 기도로써 살아계신 하나님의 힘을 의지하는 능력대결(power encounter)을 통한 현지인의 변화, 즉 집단개종운동을 설명하였다.[114] 그는 정령숭배자들(animists)의 경우 영적 종교현상을 통해서 하나님의 권능을 체험하기 전에는 참된 회심이 일어나지 않는다고 주장하면서 영적 종교현상을 선교전략으로 제시하였다. 이후 풀러신학교를 중심으로 피터 와그너(C. Peter Wagner)와 존 윔버(John Wimber), 그리고 찰스 크래프트(Charles H. Kraft) 등이 오순절 운동과 은사주의 운동의 맥을 이어서 복음주의적 성령운동이라고 지칭하는 제3의 물결 운동을 일으키게 되었다.[115] 이러한 영적 종교현상은 선교 현장에서 커다란 영향을 미치는 선교전

략회의 자료집), 403 – 407.

113) 김문수, "태국 사역보고(2)", 『한국 선교사 사역 현장 보고서』 (2000, 2000년 세계선교대회 선교전략회의 자료집), 115 – 117.

114) Alan R. Tippett, "*The Evangelisation of Animists*", in The Earth Hear His Voice (World Wide Publications: Minneapolis, 1975), 848.

115) 이현모, 『현대선교의 이해』 (대전: 침례신학대학교 출판부, 2000), 284. 피터 와그너(C. Peter Wagner)는 20세기 성령운동을 3기로 나누어 제1, 제2, 제3 성령의 물결로 표현하였다. 리차드 리스(Richard M. Riss)는 제1의 물결은 성령의 물결로 주요 재(再)각성운동이라 불렀다. 제1의 물결은 오순절 운동이요, 제2의 물결은 은사갱신 운동이며, 제3의 물결은 오순절 운동과 카리스마적 운동(신은사운동)을 말한다.

략이지만 복음주의 내에서 적지 않은 지적을 받고 있는 것 또한 사실이다.

2) 피터 와그너(C. Peter Wagner)의 영적 종교현상

1990년대는 전 세계적으로 영적 종교현상에 대해 큰 관심을 가졌던 시기였다. 그때 와그너는 이 세상에는 수많은 전쟁이 있다고 주장했다. 와그너는 세 가지 수준의 영적 종교현상을 다음과 같이 구분하였다.

첫째, 지상전 수준의 영적 종교현상이다.

이것은 어떤 사람들 중 개인들에게서 귀신을 쫓아내는 단계를 말한다.[116] 이러한 축귀 사역은 예수님이 열두 제자들을 보내실 때 더러운 귀신을 쫓아내며, 모든 병과 모든 약한 것을 고치는 권능을 주셨다(마 10:1). 또한 예수님이 보내신 70명의 제자들이 돌아왔을 때 그들은 "주여 주의 이름으로 귀신들도 우리에게 항복하더이다"라고 말했다(눅 10:17). 그리고 빌립이 사마리아성에서 복음을 전했을 때 "많은 사람에게 붙었던 더러운 구신들이 크게 소리를 지르며 나갔다"라고 기록하고 있다(행 8:7). 그러나 에베소에서는 큰 능력이 넘쳐서 "심지어 사람들이 사도 바울의 몸에서 손수건이나 앞치마를 가져다가 병든 사람에게 얹으면 그 병이 떠나고 악귀도 나가"는 일이 일어났다(행 19:12).

이 모든 일이 지상전 수준의 영적 종교현상을 말해 준다. 신약은

---

116) C. Peter Wagner, 『여신과의 영적 대결』, 권지영 역 (서울: 쉐키나 출판사, 2008), 16.

물론 오늘날에도 가장 보편적인 형태의 영적 종교현상이다. 축귀 사역에 종사하는 사람들 모두가 지상전 수준의 영적 종교현상을 치르고 있다고 할 수 있다. 특히 선교 현지에서 이러한 영적 종교현상의 체험에 간증들이 많이 있다. 중국, 네팔 같은 아시아 지역은 물론 미국 및 남미의 일부 은사주의자들 사이에서는 축귀 사역이 가장 효과적인 선교사역 중의 하나이다.[117]

둘째, 주술적 수준의 영적 종교현상이다.

사단의 역사는 무당, 뉴에이지 운동가, 주술사, 사단 숭배자 등을 통해 이루어진다. 또한 샤머니즘, 프리메이슨, 티베트 불교 또는 기타 신비주의 활동들이 있다.[118] 그들을 대적하는 단계가 주술적 수준의 영적 종교현상이다.[119] 이러한 종류의 악령은 두통, 결혼 파괴, 알코올 중독 등을 야기하는 보통 종류의 귀신과는 다르다. 사도행전 16:16 - 24는 빌립보에서 점하는 귀신 들린 여종이 사도 바울을 괴롭혀서 사도 바울은 마침내 예수의 이름으로 그 귀신을 쫓아냈다. 이 귀신이 보통 귀신과 다른 이유는, 이 사건으로 인해 그 지역에 큰 소동이 일어났고 사도 바울과 실라는 옥에 갇히게 되었다.

미국 사람들은 주술적 수준의 영적 종교현상에 대해 무지하여 과거 레이건 대통령과 낸시 여사가 중요한 국사를 점성술사와 상의한다는 사실에 대해 아무런 관심도 갖지 않았다. 매사추세츠 주의 마이클 두가커스 주지사가 어떤 여인을 주(州) 지정 마녀로 임명했다고 해

---

117) C. Peter Wagner, *Warfare Prayer*, 17.

118) 미르치아 엘리아데(Mircea Eliade)는 샤머니즘에 대해 시베리아, 중앙아시아, 북아메리카, 남아메리카, 동남아시아, 오세아니아 그리고 그 외에 지역에서도 발견되는 하나의 종교 체계라고 보았다. Mircea Eliad, *Shamaism: Archaic Techniques of Ecstasy* (New York: Bollingen Foundation, 1964), 4 - 5.

119) C. Peter Wagner, 『여신과의 영적 대결』, 17.

서 보수주의 신자들이 그에게 표를 던지지 않은 것은 아니다. 독일에서 등록된 마녀가 등록된 목사 수보다 많다는 사실은 놀라운 일이 아닐 수 없다. 불란서 지역의 선교사에 의하면, 그들은 병이 났을 때 의사보다는 무당과 상의하는 사람이 더 많다고 한다. 물론 정확한 통계는 없지만 여러 가지 정황 증거를 고려해 볼 때 심각한 문제가 아닐 수 없다.[120)

마지막으로 셋째, 전략적 스준의 영적 종교현상이다.

이것은 더 악한 영인 지역의 귀신(territorial spirits)과의 영적 종교현상을 말한다. 요한계시록 12:7에서 "하늘에 전쟁이 있으니 미가엘과 그의 사자들이 용과 더불어 싸울새 용과 그의 사자들도 싸우나"는 전략적 수준의 영적 종교현상을 가장 잘 묘사하는 곳이다. 이것은 보통 귀신이나 주술적 악령들을 대하는 것과는 전혀 다르다. 전략적 수준의 영적 종교현상은 지상적 수준의 영적 종교현상 그리고 주술적 수준의 영적 종교현상과 완전히 분리되지는 않는다. 여기서 이 세 가지 수준의 영적 종교현상은 서로 상호관련성이 있을 뿐만 아니라 서로 영향을 주고 있다. 전략적 수준의 영적 종교현상은 다른 말로 하면 우주적 수준의 영적 종교현상 혹은 중보기도(intercession)라고도 부른다.[121)

와그너는 영적 종교현상을 궁극적인 목적으로 보지 않고 단지 잃은 자를 찾아 구원하는 목적의 수단으로 보았다(눅 19:10). 예수님은 인간이 하나님께로 돌아오기를 소원하셨고, 그 목적을 위해 십자가에서 죽으신 것이다. 예수님의 초점은 인간이지 사단이 아니었다. 사단은 인간을 구원하는 일에 최대의 장애물이었다. 따라서 영적 종교현

---

120) C. Peter Wagner, *Warfare Prayer*, 17.

121) C. Peter Wagner, *Warfare Prayer*, 18-20.

상은 인간을 살리는 사역이다. 영적 종교현상의 목적은 곧 전도와 선교, 그리고 교회성장이라고 볼 수 있다.

와그너의 영적 종교현상을 통해 정사와 권세에 대항하고 복음을 단지 선포하는 것 이상으로 불신자들을 사로잡고 있는 영적 감옥의 간수인 사단에게 선전포고를 하는 것이다. 여기서 기도는 영적 종교현상에 있어서 가장 강력한 무기로, 선교사들은 전도하기 전에 먼저 그 도시 전체를 위해 기도해야 한다. 또한 그 지역을 덮고 있는 어둠의 영적 권세자들이 묶임을 받았다고 느낄 때까지 기도해야 하며, 그 후에 복음을 전파하는 것이다.[122]

따라서 선교에서 가장 중요한 것은 사람들을 예수님께로 인도하는 일이다. 복음 전파는 의(義)의 영들과 영적 종교현상의 결과에 의해 좌우될 것이다. 이러한 와그너의 영적 종교현상은 사단을 물리치는 가장 중요한 무기가 있다면 전투적 기도일 것이다.

3) 티모씨 워너(Timothy M. Warner)의 영적 종교현상

워너는 원하든 원하지 않든, 그리스도인들은 영적 종교현상 가운데 있는 군사이며, 이 영적 종교현상에서 피할 수 없다는 것이다. 그

---

122) C. Peter Wagner, *Warfare Prayer*, 45. 선명회의 존 롭(John Robb)은 이러한 영적 종교현상에 대한 지식을 가지고 있는 사람들을 동원해서 1990년 2월 12일 미국 캘리포니아의 파사데나에서 첫 모임을 가졌다. 여기에 참석한 사람들은 래리 리(Larry Lea), 게리 클라크(Gary Clark), 존 도우슨(John Dawson), 신디 제이콥(Cindy Jacobs), 딕 버널(Dick Bernal), 에드가르도 실보소(Edgardo Silvoso), 메리 랜스 시스크(Mary Lance Sisk), 그웬 쇼(Gwen Shaw), 프랭크 해먼드(Frank Hammond), 바비 진 머크(Bobbie Jean Merck), 잭 헤이포드(Jack Hayford), 조이 도우슨(Joy Dawson), 빈 엘브스(Beth Alves), 에드워드 머피(Edward F. Murphy), 탐 화이트(Tom White), 찰스 크래프트(Charles H. Kraft) 등 30명의 저명인사들이다. 이 모임은 '영적 전투 조직'(The Spiritual Warfare Network)이라는 이름으로 불렸고, '2차 로잔회의 이후의 전략적 수준의 영적 싸움을 연구하는 집단'이라는 부제가 덧붙여졌다. 이 분야의 전문가들은 세계 복음화를 위한 싸움은 영적 종교현상이라는 사실과 함께 배우면 배울수록 모든 족속으로 제자 삼으라는 분명한 예수님의 지상명령을 효과적으로 완수할 수 있다는 사실에 동의하였다.

는, 영적 종교현상은 긍극적으로 세계 복음화와 직결된다고 보았다. 이러한 워너의 영적 종교현상에 대한 개념은 전도와 연결하여 현존하는 하나님의 능력이 인간을 사단의 능력으로부터 벗어나게 하는 하나님의 능력에 대한 현실성을 강조하였다. 그래서 영적 군사인 그리스도인들은 하나님의 영광과 하나님의 나라 확장을 위해 앞장서야 한다. 영적 종교현상은 성공적인 전도와 교회 개척에 있어서 필수적인 요소로 제시된다.

특히 교회는 여러 가지 기능을 갖고 있는데 그중에 사람들을 흑암의 권세에서 그의 사랑하는 다들의 나라로 옮기는 전도야말로 교회의 가장 기본적인 기능이라 할 수 있을 것이다. 교회의 전도는 일종의 영적 종교현상이며, 사단의 영역으로부터 하나님의 영역으로 옮기는 것이다.[123]

이러한 워너의 영적 종교현상의 성격은 그리스도인과 사단과의 싸움으로 정의한다. 창세기 3:15의 이후로 인간이 피할 수 없는 한 부분이 되었다. 여기서 중요한 것은, 예수 그리스도는 십자가와 부활을 통하여 사단을 패배시켰으나 하나님의 선하신 뜻에 따라 적에 대한 최후의 심판을 아직 유보하고 계신다는 점이다.[124]

따라서 앞으로 교회는 영적 종교현상의 실상을 바로 인식하고, 예수 그리스도가 이 땅에 다시 으실 때까지 영적 종교현상이 끝났음을 알려 주실 때까지 하나님의 명령인 복음을 전하기 위해서 하나님의 능력을 사용해야 할 책임이 있다는 것을 기억해야 할 것이다.

---

123) Timothy M. Warner, *Spiritual Warfare*, 113-120.
124) Timothy M. Warner, *Spiritual Warfare*, 11-12.

4) 찰스 크래프트(Charles H. Kraft)의 영적 종교현상

1950년대 나이지리아 선교사로 활동하며 영적 종교현상의 실체를 실감한 크래프트는 선교 활동이 영적 종교현상과 긴밀한 관계가 있다는 것을 알고 연구하기 시작했다. 또한 풀러신학교의 교수로 선교사 후보생들과 신학생들에게 사단의 정체를 알고 대적하도록 훈련하는 것을 병행했다. 그래서 선교사들은 영적 종교현상 분야에서 훈련을 받아 실제로 영적 종교현상을 감당할 수 있어야 한다고 강조하였다. 이러한 영적 종교현상은 하나님의 나라와 사단의 나라 사이 전쟁이다.[125]

크래프트의 영적 종교현상이라는 개념을 이해하기 위해서는 무엇보다도 하나님의 나라와 사단의 나라에 관한 성경적인 가르침을 폭넓게 이해할 필요성이 있다. 크래프트는 영적 종교현상을 타락 이래로 성경에서 하나님의 나라와 사단의 나라가 계속해서 서로 싸우는

---

125) 국민일보, "최근 방한한 美 내적 치유 전문가 찰스 크래프트 박사", http://news.kukinews.com/article/-view.asp?page=1&gCode=kmi&arcid=0000765640&cp=du. 사단은 '이 세상의 악한 신'이자(고후 4:4), '이 세상 임금'이다(요 14:30). 만약 '온 세상은 악한 자 안에 처한 것'이면 우리는 모두 적의 진영에서 살고 있다(요일 5:19). 그러므로 사단이 "이 모든 권세와 그 영광을 내가 네게 주리라 이것은 내게 준 것이므로 나의 원하는 자에게 주노라"라고 주장한 것은 단순한 허풍이 아니다(눅 4:6). 그러나 사단의 권세는 위임된 것이지만 동시에 제한되어 있다. 사단은 그가 다스리고 있는 것에 대해서조차 궁극적인 통치는 행사하지 못한다. 하나님을 대적함으로 인해 하늘에서 쫓겨난 사단은 땅과 모든 인류의 주가 되고자 하였다. 비록 그가 속임수로 그 지위를 얻었을지라도 사단은 메시야가 와서 그의 머리를 상하게 하리라는 그 약속을 알고 있었다(창 3:15). 그래서 수 세기 동안 사단은 그의 대적이 오는 통로가 될 이의 자손의 계보를 파괴하려고 애썼다. 그는 예수님이 탄생한 즉시 헤롯왕을 충동하여 베들레헴에 사는 두 살 아래 모든 남아들을 죽이게 함으로써 예수님을 죽이려고 계략을 꾸몄다(마 2:13-18). 예수님께서 성령을 받으시고 능력을 입게 된 후, 그는 사단의 나라에 훨씬 더 큰 위협이 되었다. 그리고 그 싸움은 치열해져 갔다. 광야의 유혹에서, 사단은 예수님을 유인하여 그에게 절하게 함으로써 그를 파멸시키고자 하였다(눅 4:1-13). 겟세마네 동산에서 그 원수는 예수님 자신의 고뇌와 그의 제자들의 불성실을 통하여 그를 죽이려고 시도하기도 했다(눅 22:39-46). 그리고 사단의 빅게임은 십자가에서 이루어졌고, 그는 마침내 그가 이겼다고 생각하였다. 그러나 제 삼일에 성부 하나님께서 그의 아들을 다시 살리셨고, 그를 '정사와 권세들'의 세력으로부터 자유롭게 하셨다(골 2:15). Charles H. Kraft, Tom White, Ed Murphy & Others, 『영적 전투에서 승리하라』, 장미숙 역 (서울: 도서출판 은성, 1995), 22-24.

것으로 지상과 천상에서 일어난다고 보았다. 지상에서 그 전쟁들은 종종 명백하게 나타난다. 특히 크래프트는 욥기 2장의 하나님과 사단 사이에 대화를 예로 들었다. 여기서 하나님은 욥을 의인이라고 하면서 사랑하신다. 그러나 사단은 그를 시험하도록 허락해 줄 것을 요구한다. 그래서 하나님은 사단에게 욥으로부터 그의 생명을 제외한 모든 소유물을 빼앗도록 허락하신다(욥 1:12, 2:6). 욥은 불평하지 않았으며 끝까지 신실함을 지킨 것을 볼 수 있다. 결국 영적 종교현상에서의 승리는 하나님께로 돌아가는 것인데 욥은 그의 억울함을 푸는 동시에 하나님께로부터 그가 잃었던 모든 것을 열 배로 받았다.[126)

하나님의 나라는 예수님의 사역에 일관된 주제였다. 그는 그것에 대하여 말씀하셨는데, 그것을 입증하여 예시하셨고, 제자들에게 삶의 우선순위에 두도록 명령하셨다(마 6:33). 그리고 예수님의 부활 이후, 그는 성령의 인도와 능력하에 땅 끝까지 그것을 확장하도록 그를 따르는 자들에게 그 나라를 넘겨주셨다. 이 일을 위해 그는 그들을 세상에 다시 말하면, 적진의 배후에 남겨 두셨다. 그리고 우리를 그의 권세로 무장시키고, 우리에게 그가 돌아오기 전에 하나님의 나라를 위해 가능한 한 많은 영토를 회복하도록 명령하셨다. 이것은 하나님이 아담에게 주신 명령으로 그에게 순종하고 의지하려는 명령을 기꺼이 수행하고자 하는 구속받은 자들의 나라이다.[127)

크래프트의 하나님 나라에 대한 특징은 사단의 나라와 특징이 완전히 반대된다. 하나님은 원수가 부과한 속박 대신에 자유를 주신다(눅 4:18-19). 그 자유는 사랑의 하나님께 대한 순종에서 나온다. 그

---

126) Charles H. Kraft, Tom White, Ed Murphy & Others, 『영적 전투에서 승리하라』, 22.
127) Charles H. Kraft, Tom White, Ed Murphy & Others, 『영적 전투에서 승리하라』, 25.

것이 영적인 문제로부터든지 정서적인 문제로부터든지 혹은 신체적인 문제로부터든지 간에, 하나님은 사단의 굴레에서 자유를 주시기 원하신다. 그리고 사람이 예수 그리스도께 나와 신체적 혹은 정서적 치유를 받거나 또는 귀신의 영향에서 해방될 때 진영은 사단의 나라에서 회복되어 하나님의 것이 된다.[128]

하나님의 나라는 선한 반면 사단의 나라는 악하며, 또 사단의 나라가 기만적인 데 반하여 하나님의 나라는 진실하다. 그러나 하나님의 나라와 사단의 나라는 이 세상 안에 나란히 병존하고 있다. 반면 두 나라는 그 행위를 통해서 분명하게 구별된다(요 3:19-21). 하나님의 아들이신 예수 그리스도는 바로 사단의 나라를 쳐부수기 위해 이 땅 위에 오셨다(요 12:31). 그리고 예수님께서 오셨다는 사실로 인해 마귀들은 두려워 떨게 되었다. 왜냐하면 사단은 예수님에게서 하나님의 능력과 권세가 흘러넘침을 느낄 수 있었기 때문이다. 그리고 그들이 그때까지 누릴 수 있었던 행동의 자유를 더 이상 하나님께서 허용하시지 않을 것임을 알았다(막 1:23-24). 여기서 우리는 이미 예수님께서 보여 주신 영적 종교현상의 모습을 발견할 수 있다.[129]

---

128) Charles H. Kraft, Tom White, Ed Murphy & Others, 『영적 전투에서 승리하라』, 25-26.

129) Charles H. Kraft, 『능력 그리스도교』, 이재범 역 (서울: 도서출판 나단, 1992), 179-184. 현재 미국 풀러신학교에서 인류학과 'Intercultural Communication' 과목을 가르쳤던 찰스 크래프트는 예수님의 하나님 나라에 대한 관점을 이와 같이 주장하고 있다. 첫째, 예수님께서는 하나님의 존재를 굳게 믿고 계셨으며, 하나님의 본성과 활동에 관하여 분명한 입장을 취하고 계셨다. 예수님은 하나님을 다음과 같은 분으로 보셨다. 당신의 자녀들에 대한 절대적인 권위를 지니고 계시며, 그들에게 순종과 신실함을 요구하시면서도 항상 자비를 베푸시는 아버지, 당신의 피조물에게 적극적으로 관여하시는 분, 압제자들(바리새인들과 같은)을 대항하시는 분, 아가페 사랑으로 사람들을 소중히 대하시는 분, 겉으로 나타난 행동이나 상태가 아니라 근본적으로 동기를 보고 사람들을 이해하고 관계를 맺으시는 분이라는 것이다. 둘째, 예수께서는 또한 영적인 세계가 존재한다고 믿으셨다. 그분께서는 천사(마 4:11, 25:31)나 마귀나 사단의 존재를 믿으셨다. 셋째, 예수께서는 두 개의 나라, 즉 하나님의 나라와 사단의 나라가 존재한다고 믿으셨다. 마가복음 12:22-29가 분명히 보여 주듯이, 이 두 나라는 서로 전투를 벌이고 있는 중이다. 그러나 예수님의 죽음과 부활을 통해 이제 하나님 나라의 승리가 확증되었다(골 2:15; 요일 3:8). 넷째, 예수님께서 또한 능력과 능력의 대결을 믿고 계셨던 것 같다. 그분께서는 우리가 해방시켜야 할 사람들에 관하여 사랑을 많이 강조하셨지만, 사단에 대한 관계는 능력과 능력의 대결로 보셨다. 또한 능력과 권세로

크래프트는 영적 종교현상을 수행하는 데 있어 예수 그리스도의 사랑과 능력을 나타낼 수 있는 다양한 방법을 모색할 필요가 있다고 말했다. 그리고 토속 종교의 무당과 제사장과 같은 민속 혹은 사교술객(animistic practitioners)들이 예수 그리스도의 사랑과 능력을 목격하게 될 때 그들이 예수님께 돌아온다고 말했다. 이른바 영적 종교현상이 공적으로 행해질 때 비신자들은 예수님의 능력이 어떤 주술적 능력보다 크다는 것을 몸소 체험하게 된다는 것이다.

이와 관련해서 크래프트는 최근 많은 무슬림들이 치유와 축사사역을 통해 회심하고 있다고 말하면서, 무슬림들은 능력에 대해 지대한 관심을 갖고 있기 때문에 예수 그리스도의 사랑과 능력에 상당한 매력을 느끼고 있다고 말했다. 이는 수많은 개종자들이 꿈과 환상, 그리고 치유 속에서 참하나님과 예수 그리스도를 알고 있다는 이슬람권 선교사들의 보고와 무관치 않다.

크래프트는 하나님이 그의 능력을 과시하도록 하나님과 동역하는 법을 배워야 하고, 하나님이 주시는 꿈과 환상들을 전도의 수단으로 활용하는 법을 배워야 한다고 강조하였다. 그는 이슬람권 선교를 하는 데 기도의 중요성을 역설함에 있어 무슬림들이 꿈과 환상을 받아 예수님의 임재를 강하게 경험할 수 있도록 기도할 것을 조언했다. 또한 그리스도인들은 어둠의 세력과 영적 종교현상 중에 있고, 이러한 영적 종교현상에 영향을 받는다는 인식을 통해 삶의 많은 부분들을

가르침(눅 4:32)과 치유(눅 4:36, 39)를 베푸시는 가운데 줄기차게 사단의 세력에 대항하셨다. 다섯째, 예수님과 제자들은 모두 성령께로부터 능력을 받았다(눅 3:21-22, 24:49; 행 18, 10:38). 예수님께서는 분명히 하나님께서 성령과 능력을 부어 주시기 전에 초자연적인 역사를 일으키지 않으셨다. 여섯째, 예수님께서는 단지 아버지께서 하시는 일을 보고, 그 일을 그대로 하실 따름이었다(요 5:19). 따라서 우리들 역시 하나님께서 하시는 일을 보고 그대로 할 수 있을 뿐이다. 일곱째, 예수님에게 있어서 믿는 것이 곧 보는 것이었다(눅 8:9-10). 하나님의 나라에 관한 지식과 지혜는 오직 그 나라의 임금이신 주님을 믿고 신뢰하는 사람들에게만 주어진다.

재해석할 필요가 있다고 말했다.[130]

5) 에드워드 머피(Edward F. Murphy)의 영적 종교현상

머피는 『영적전쟁의 핸드북』(The Handbook for Spiritual Warfare)이라는 책에서 영적 종교현상에 대하여, "우주에서 일어난 반란이다."라고 주장하였다.[131] 이러한 영적 종교현상에 가담하고 있는 영은 마귀, 정사, 권세, 이 어둠의 세상 주관자들과 악의 영들이요, 이들에게 대항하여 싸우는 것이 영적 종교현상이라고 정의할 수 있다.

전 세계의 초자연적인 악은 두 가지로 대표하는데 종교에서 명백히 나타난다. 힌두교는 그들의 전통적인 평화주의에서 탈피해서 이제 호전적인 선교에 힘쓰는 종교가 되어 가고 있다. 이 종교는 서구에 뉴에이지 운동이라는 형태로 번성하고 있다. 또한 이슬람교도 성장하여 선교에 주력하는 점차 기독교를 용납하지 않는 모습을 보이고 있다. 여기서 이슬람교는 여전히 종교적으로 기독교의 가장 강력한 영적 종교현상의 경쟁자라고 할 수 있다. 특히 힌두교와 이슬람교 내에서 귀신들의 활동이 아주 활발하다. 그런데 오늘날 영적 종교현상에 관한 많은 책들이 나왔지만 안타깝게도 교회는 여전히 영적 종교현상에 대해 무지하다는 것이다. 그래서 그리스도인은 영적 종교현상의

---

130) 국민일보, "최근 방한한 美 내적 치유 전문가 찰스 크래프트 박사", http://news.kukinews.com/article/−view.asp?page=1&gCode=kmi&arcid=0000765640&cp=du.

131) Edward F. Murphy, *The Handbook for Spiritual Warfare* (Tennessee: Thomas Nelson Publishers, 1992), 17. 머피는 영역에서의 훈련과 상담 사역으로 세계적으로 알려진 사람이다. 그의 가르침은 미국과 아프리카, 아시아, 캐나다, 유럽, 남아메리카, 오세아니아에 이르기까지 많은 지역에서 교회 지도자들과 다른 그리스도인들에게 큰 혜택을 주었다. 그는 선교사로 세계적인 선교사 파송 단체인 국제 해외 십자군(OC International, 전 Overseas Crusades)의 힐리스 전임 연구원, 캘리포니아 주 새너제이 크리스천대학에서 성경 및 선교학 부교수로 재직하고 있다.

관계에 있어서 올바른 균형을 유지함으로써 악한 영으로부터 오는 해악을 피할 뿐만 아니라 선한 영으로부터 도움을 받아야 할 것이다.[132]

머피는 영적 종교현상과 능력대결을 구분하고 있다. 영적 종교현상은 악한 영과 사단과의 직접적인 능력대결을 포함할 뿐만 아니라 그리스도인이 자신의 육체적 욕망과 세상의 잘못된 구조와 싸우는 모든 것을 포함하는 포괄적인 전쟁임을 주장하였다.[133] 하나님은 오늘날 교회가 이러한 악한 영과 영적 종교현상 가운데 있음을 알기 원하셨다. 우리가 싸우는 악은 비인격적인 존재가 아니다. 사단은 인격을 갖고 있으며, 사단의 왕국을 형성하고 있는 초자연적인 존재들이다. 그래서 믿음의 투사이신 예수님께서 그리스도인들이 십자가 군병이 되기를 원하신다. 그리스도인은 하나님의 전신갑주로 무장하고 악의 세력을 물리쳐야 하며, 예수 그리스도 안에서 하나님의 말씀을 선포하고 기도하는 것을 통해 사람을 사단의 노예로 삼는 악한 세력에게 도전해야 한다(행 26:18).

또한 머피는 성적 유혹에서 영적으로 승리하려면, 사도 바울의 교훈에 따라 성적 유혹을 피하고, 예수 그리스도 안에서 경건의 자기훈련을 하는 영적 종교현상의 방법이 최선책이라고 하였다.[134]

6) 에드워드 롬멘(Edward Rommen)의 영적 종교현상

롬멘은 어둠의 세력에 대한 정면적인 영적 종교현상에 대하여, "기

---

132) Edward F. Murphy, *The Handbook for Spiritual Warfare*, xiii-xiv.
133) Edward F. Murphy, *The Handbook for Spiritual Warfare*, 341-342.
134) Edward F. Murphy, *The Handbook for Spiritual Warfare*, vi-128.

독교의 전 역사 속에서 한 부분을 차지하고 있다. 또한 고대 교회는 초자연적인 상대를 현실로 인정하는 축귀사역자(exorcist)를 사용하여 단호하게 대처하였다."라고 주장하였다.[135] 영적 종교현상은 중세 시대의 선교에 있어서 보통의 형태였으며, 종교개혁 당시는 사단의 세력에 대한 응전으로 중요한 역할을 담당하였다. 이러한 영적 종교현상의 관심은 기독교 전통 가운데 폭넓게 자리 잡고 있었다. 그래서 롬멘은 영적 종교현상에 있어서 성경이 그리스도인에게 어떻게 정의하고 있는지를 물어보아야 한다고 말한다. 특히 하나님 나라의 확장을 위해 영적 종교현상에 대한 주제들을 다루는 것은 매우 중요하다고 언급하였다.[136]

롬멘은 현대의 영적 종교현상에 대하여 최소한 네 가지 관점으로 교회사와 선교역사, 그리고 교회성장전략과 교회갱신에서 함께 흘러들어옴으로써 고대와 현대의 복합적인 관심사가 되었다고 보았다. 영적 종교현상은 크게 네 가지 역사적인 통로를 통하여 발전하였다.[137]

첫째, 일반적인 교회역사가 영적 종교현상에 대하여 이야기하였다. 초대교회로부터 현대에 이르기까지 비록 부분적이지만 치유나 귀신을 쫓는 사역이 계속되었다. 우리가 다른 어떤 대안을 가지고 있지 않으면 영적 기도와 능력대결, 그리고 축귀 및 치유에 대한 것들에 사람들이 관심을 가질 수밖에 없다.[138] 이것은 많은 성도들이 신앙생활을 하는 데 사단과 직면하고 살아가는 것이 영적 종교현상이라는

---

135) Edward Rommen, *Spiritual Power and Missions* (Pasadena: William Carey Library, 1995), 1-2. 유세비우스는 252년 안디옥의 감독에게 코넬리우스 감독으로부터 온 편지를 인용하였다. 여기서 코넬리우스는 로마의 교회가 여러 직임자들 가운데 52명의 축귀사역자들을 데리고 있었다고 말했다.

136) Edward Rommen, *Spiritual Power and Missions*, 2-7.

137) Edward Rommen, *Spiritual Power and Missions*, 2-4.

138) John Wimber, *Power Evangelism* (San Francisco: Harper and Row, 1986), 157-185.

현실에서 계속적으로 경험되는 것이다. 이러한 영적 종교현상에 대한 견해는 항상 조심스럽게 검토해야 할 필요성을 갖게 되었다.

둘째, 선교의 역사가 있는 곳에서 영적 종교현상이 진행되었다.

다른 종교 및 문화어 접촉하게 되는 선교사들은 더 심각하게 영적 종교현상의 적들을 만날 수박에 없었다. 그래서 알렌 티펫(Alan R. Tippett)은 정령신앙으로부터 기독교로 개종하도록 안전하고 지속적인 영향을 주는 유일한 방법으로 영적 종교현상의 필요성에 큰 관심을 가졌다. 티펫이 이런 용어를 사용하면서부터 선교사와 현장 사역자들은 흔히 현장에서 만나게 되는 사건과 더불어 영적 종교현상의 갈등을 이해하려는 하나의 시도가 되었다.

셋째, 사역에 대한 전략적 관심이 전개되면서 어떤 창조적인 힘과 효과적인 사역의 발전에 도움을 줄 수 있는지에 대한 문제제기였다.

어떻게 하면 가장 효과적으로 선교의 사명을 완성할 수 있는가? 이러한 문제에 대한 관심과 더불어 최근 교회성장운동에서도 성장에 영향을 줄 수 있는 수단으로 사회과학적 방법을 이용하면서 영적 종교현상의 수단을 강조하기 시작했다. 이것은 효과적인 선교의 사명을 완성하기 위하여 교회성장운동 측면에서 영적 종교현상의 흐름이다. 교회성장전략에 있어서 이적과 기적, 그리고 영적 종교현상을 다루고 있는데 대표적인 인물로 피터 와그너(C. Peter Wagner)를 예로 들 수 있다.139) 결국 전략에 대한 관심의 고조는 어떻게 영적 종교현상의 무기들을 효과적으로 성장을 위해 사용할 수 있는가에 대해 물어보게 되는 것이다.

---

139) C. Peter Wagner, *Signs and Wonder Today* (Altamonte Springs: Creation House, 1987).

마지막으로 넷째, 최근에 새로운 운동들이 나타나게 되었다.

이적과 기사를 강조하는 전통적인 오순절 계통의 갱신과 최근의 은사주의 운동을 통해 지속적인 주제가 되었다. 이러한 많은 관심들은 자연스럽게 '이적과 기사 운동'(the Signs and Wonder Movement)에 집중되고 있었다.

이러한 롬멘의 영적 종교현상은 현대화되는 과정에서 포스트모더니즘이란 시대적 사조에도 영향을 미치게 되었다. 시대적 변화와 함께 선교 현장에서 일어나는 영적 종교현상들은 선교적 이해를 위해서 매우 중요한 것이다.

7) 닐 앤더슨(Neil T. Anderson)의 영적 종교현상

사단은 두려움, 걱정, 좌절, 속임, 문화적 차이, 반항, 자만, 용서하지 못함, 부도덕, 조상들의 굴레 그리고 여러 가지 죄의 문제를 가지고 그리스도인들을 노린다. 이러한 사단의 능력 때문에 많은 그리스도인들이 그의 속임수에 넘어가고 있다.[140] 그러나 오늘날 그리스도

---

140) Neil T. Anderson, *Victory over the Darkness* (California: Regal Books, 1990), 106. 앤더슨은 사단의 속임수를 자신의 경험 속에서, "나는 농장에서 자랐는데 아버지와 형과 나는 농작물을 이웃에 나누어 주고 또 서로 품앗이로 일을 하기 위하여 이웃 농장을 자주 방문하곤 하였다. 내가 아주 어렸을 때, 그 이웃 농장에 요란하게 짖어대는 작은 개 한 마리가 있었는데 나를 놀라게 하곤 하였다. 그 개가 한쪽 구석에서 우리를 향하여 요란하게 짖어덜 때, 아버지와 형은 그 자리에 그대로 가만히 서 있었다. 그러나 나는 무서워서 달아났다. 그 개가 누구를 쫓아오겠는가? 나는 그 개가 요란하게 짖어대는 동안 짐 싣는 트럭 꼭대기로 얼른 도망쳤다. 그때 나를 제외한 모든 사람들은 그 개가 나를 해칠 만한 힘이 없다는 것을 알고 있었다. 그러나 나는 그 개가 무서웠다. 짐차 위로 도망간 나에게 개는 요란하게 짖어대는 일밖에 아무것도 하지 못했다. 돌을 던질 수도 없었다. 다만 그 개는 나의 마음, 감정, 의지 그리고 근육 곧 나의 모든 것을 공포심으로 몰아넣어서 나에게 두려움을 조장하고 나를 조종하였던 것이다. 이 사실을 알게 된 나는 마침내 용기를 내어서 짐차에서 뛰어내렸고 그 개를 향하여 조그만 돌을 발로 찼다. 그랬더니 놀랍게도 그 개가 도망치는 것이 아닌가?"라고 설명하였다. 그리스도들을 공격하는 사단은 마치 요란하게 짖어대는 개와 같다. 사단은 그리스도인들을 해칠 수 있는 권세나 위치에 있지 않다. 그러나 사단은 거짓으로 그리스도인들에게 두려움과 공포심을 불어넣으면서 마치 그가 대단한 능력과 권세를 가진 것처럼 속임수를 쓰고 있는 것이다. 그리스도인들은 어린 시절의 앤더슨처럼 짐 싣는 트럭 위에서

인들은 사단이 떠나가기를 바라면서 아예 묵살해 버리거나 존재하지 않는 것처럼 여기고 있다. 사단의 존재를 믿지 않는다고 해서 그가 떠나는 것은 아니다. 그리스도인들이 사단을 내버려 둔다고 해서 사단이 그리스도인들을 내버려 두지는 않는다. 사단은 그리스도인이 그리스도 안에서 주어진 자유를 깨닫고 누리지 못하도록 모든 수단·방법을 동원하여 속이려고 한다.[141]

그래서 앤더슨은 상담을 통해 진리에 대한 영적 각성의 결과 발생하는 악한 영으로부터의 해방을 강조하였다.[142] 사단의 괴롭힘으로 인한 영적 갈등과 고통으로부터의 해방은 어떤 영적 종교현상에 대한 능력대결이 아니라 진리대결(truth encounter)이다. 사단에 대한 영적 종교현상은 어떤 능력대결이라는 오해는 바로 사단의 전략이다.[143] 사단의 거짓말은 하나님의 진리 앞에서 위력을 잃게 된다.

앤더슨은 영적 종교현상에서 그리스도인의 할 일을 네 가지로 설명하고 있다.[144]

첫째, 마음을 새롭게 함으로 변화를 받아야 한다(롬 12:2).

하나님의 말씀을 마음에 가득 채워야 한다. 하나님의 진리가 마음속에 가득 차 있으면, 사단의 거짓말을 분별할 수 있어 그것을 물리칠 수 있게 된다.

둘째, 베드로는 합당한 삶을 살 수 있도록 마음을 준비하라고 말한

많은 시간을 보내야 할 것이다. 요란하게 짖어대는 작은 개를 쫓아내기 위해서 소리를 지르거나 땀을 뻘뻘 흘리면서 애쓸 필요가 없다. 다만 하나님 말씀의 진리를 적용하면 된다. 영적 종교현상에서 이 진리에 대한 확신과 선포는 절대적인 위력을 발휘한다. 유화자, 『영적 전쟁과 치유』, 115-116.

141) Neil T. Anderson, *Victory over the Darkness*, 106.

142) Neil T. Anderson, *The Bondage Breaker* (Eugene: Harvest House, 1990), 26-27.

143) 유화자, 『영적 전쟁과 치유』, 114.

144) Neil T. Anderson, *Victory over the Darkness*, 170-171.

다(벧전 1:13).

무익한 환상을 버리고, 아무것도 하지 않으면서 무엇을 하고 있는 것처럼 착각하는 것은 위험하다. 그러나 진리에 대해 순종하고 있다고 생각하면 그것은 열매를 맺은 생활에 큰 동기부여가 될 수 있다.

셋째, 모든 생각을 사로잡아 예수 그리스도께 복종해야 한다(고후 10:5).

모든 생각을 하나님의 진리에 비추어 생각하고, 사단에게 기회를 주지 말아야 한다.

마지막으로 넷째, 하나님께 돌아가야 한다.

하나님에 대한 헌신이 세상과 육신, 그리고 마귀로부터 오는 생각으로 계속 공격을 받기 때문에 기도하면서 하나님께로 돌아서야 한다(빌 4:6). 그래서 하나님을 인정하게 되고, 생각이 하나님의 진리로 향하게 될 것이다(빌 4:7).

따라서 그리스도인의 영적 생활을 방해하고 영적 성장을 가로막고 있는 사단의 정체를 바르게 인지하는 것은 사단과의 영적 종교현상에서 필수적이다. 그러나 많은 그리스도인들과 심지어 사역을 하고 있는 지도자들은 많은 부분에서 사단의 정체에 대해 오해를 하고 있다.[145] 사단에 대한 영적 종교현상은 어떤 능력대결이 아니라 하나님의 말씀인 진리대결이라는 사실을 잊지 말아야 할 것이다.

진리대결은 세상과의 영적 종교현상을 넘어 이념과 정신에 관한 것이다. 거짓 교리와 악한 이데올로기, 그리고 잘못된 신앙이 영적 종교현상의 적이기 때문에 하나님의 진리로 싸워야 한다.[146]

---

145) 유화자, 『영적 전쟁과 치유』, 106.

146) John MacArthur, 『진리전쟁』, 신성욱 역 (서울: 생명의말씀사, 2007), 67.

5. 요약

지금까지 영적 종교현상에 대하여 네 가지로 이해하였다. 첫째, 사단이 인간의 정신적인 영역에 공격을 가할 수 있는 영적 종교현상의 정신의학적 이해에 대하여 살펴보았다. 둘째, 인간의 마음에서 일어나는 영적 종교현상의 심리학적 이해에 대하여 살펴보았다. 셋째, 모든 종교에 나타나고 보이지 않는 영적 세계가 있는 영적 종교현상의 종교학적 이해에 대하여 살펴보았다. 마지막으로 넷째, 영적 종교현상의 선교신학적 이해에 대하여 살펴보았다.

티펫은 영적 종교현상의 목적을 집단개종운동으로 보고 영적 종교현상을 통하여 현지인들이 우상들과 어둠의 영들의 힘을 의지하지 않고 기도함으로써 살아 계신 하나님의 능력을 의지하는 기능으로 보았다. 와그너는 하나님의 능력과 하나님의 현존 통치를 강조하는 왕국신학과 맞물리면서 교회성장의 관점으로 영적 종교현상을 강조하였다.[147] 워너는 영적 종교현상에 대한 개념을 전도와 연결하여 현존하는, 인간을 사단의 능력으로부터 벗어나게 하는 하나님의 능력에 대한 현실성을 강조하였다. 크래프트의 영적 종교현상은 치유와 축귀 사역을 중심으로 선교와 긴밀한 관계가 있다고 보고, 문화를 적으로 보지 않지만 문화적인 상황 안에서 역사하는 적과 어떻게 싸워야 하는지를 배워야 한다고 강조하였다. 머피의 영적 종교현상은 사단과의 직접적인 능력대결을 포함할 뿐만 아니라 그리스도인이 자신의 육체

---

147) C. Peter Wagner, 『교회성장원리』, 권달철 역 (서울: 생명의말씀사, 1989), 10. 와그너의 교회성장이란 예수 그리스도와 아직 아무런 개인적인 관계를 가지고 있지 않는 사람들로 하여금 그와 더불어 교제를 가지도록 해 주며, 책임 있는 교회의 성도가 되도록 만들어 주는 데 모든 상황을 의미한다.

적 욕망과 세상의 잘못된 구조와 싸우는 모든 것을 포함하는 포괄적인 전쟁이라고 주장하였다. 롬멘은 영적 종교현상에 대해 교회사와 선교역사, 그리고 교회성장전략과 교회갱신에서 총체적인 관심사로 보았다. 앤더슨은 영적 종교현상을 상담을 통하여 하나님의 진리에 대한 영적 각성의 결과에 발생하는 악한 영으로부터 해방되는 것을 강조하였다.

이러한 영적 종교현상에 대한 선교신학자들의 주장들은 2000년대에 조심스럽게 연구되었다. 특히 폴 히버트(Paul G. Hiebert)는 기존의 영적 종교현상에 대한 이론들이 성경적 세계관의 관점보다 지역적인 종족 세계관의 관점에서 진행되었다며, 그는 영적 종교현상이 성경적 세계관과 다양한 문화적 세계관의 상호관계 안에서 상호보완적인 성경선교신학적 해석이 필요하다고 보았다.[148] 그러면 이러한 영적 종교현상의 형태론을 서술하고, 성경선교신학적인 방법으로 평가하고자 한다.

---

148) William Taylor, *Global Missiology for the 21st Century* (Grand Rapid: WEF, 2000), 165–166.

제3장

영적 종교현상의 형태론

본 연구에서는 기독교 신학자이자 종교현상학자인 프리드리히 하일러(Friedrich Heiler)의 종교현상학적인 연구 방법론, 즉 영적 종교현상의 형태론을 적용하여 영적 종교현상의 시간, 영적 종교현상의 장소, 영적 종교현상의 대상, 영적 종교현상의 행동, 영적 종교현상의 말과 글, 영적 종교현상의 사람과 공동체, 영적 종교현상의 경험 등에 대하여 서술하고, 그에 대한 사례들을 제시하고자 한다. 이러한 사례를 통하여 영적 종교현상을 분석하고 연구하면 영적 종교현상의 그릇된 이해뿐만 아니라 선교 현지의 어렵고 애매한 영적 종교현상 문제 상황 속에서 성경선교신학이 무엇을 해야 하는지를 결정하게 되는 것이다.

1. 영적 종교현상의 시간

힌두교 베다 문헌에서는 시간을 원초적인 신 중의 하나로 보고 하늘과 땅을 지은 창조자라고 부른다. 조로아스터교는 주르반 아카라나(Zurvan Akarana)로 창조되지 않는 시간이라는 원초적 신으로 본다. 크로노스(Chronos)는 그리스도인들에게 제우스의 아버지로 알려져 있다.[149] 이슬람교의 라마단 성월(聖月)은 경전인 꾸란(Quran)이 지상에 내려온 결정적인 시간을 재현하였다.[150] 이러한 영적 종교현상의 시간은 종교에 있어서 깊은 관련을 맺고 있다.

종교학에 있어서 영적 종교현상의 시간은 거룩한 시간과 세속적인 시간으로 구분하고 있다. 시간은 영어 표현인 '타임'(time)으로, 라턴어 '템푸스'(tempus)에서 유래된 것으로 어근은 '자르다'(to cut)라는 뜻의 '템네인'(temnein)에서 비롯되었다. 즉 순간순간마다 일상적인 사건들로 잘리는 것이 시간이기 때문에 특히 영적 종교현상의 시간은 인간 삶에 있어서 전이의 시간(time of transition)을 말한다.[151]

1) 새벽, 밤

한국교회에 전통적인 영적 종교현상의 시간은 3일, 21일, 40일, 100일, 새벽과 밤, 그리고 기독교가 적용하고 있는 각종 기도회와 특별예배로 구분한 새벽기도회, 금요심야기도회, 특별 작정기도회 등이다. 그리고 예수님이 부활하신 주의 날로 일요일은 예배하는 날로 지킨다.[152]

특히 한국교회의 새벽기도회는 1905년 을사늑약(乙巳勒約)과 1907년 정미 7조약으로 국운이 기울어져 갈 때, 민족과 국가의 운명을 염려하여 새벽에 교회로 나가 기도하기 시작한 것이 역사적인 배경이

---

149) 노윤식, 『종교현상학 이론과 실제』, 57.

150) William E. Paden, 『비교의 시선으로 바라본 종교의 세계』, 120.

151) Peter MacKenzie, *The Christians: Their Practices and Beliefs*, 61. 여기서 전이의 시간이란 삶의 한 단계에서 또 다른 단계로 전이되는 고난과 성숙의 시간으로서 악을 쫓아내고 복을 얻기 위한 통과 의례 (rite of passage)와 관련되어 있다.

152) 노윤식, 『종교현상학 이론과 실제』, 145.

다. 이러한 새벽기도회가 활성화되어 이듬해 정월에 부흥의 불길이 타오르게 된 것이다.[153] 새벽기도는 평양부흥운동에서 새롭게 나타난 한국교회의 독특한 영적 종교현상의 한 행태이다. 이러한 새벽기도회는 초기 한국성결교회의 영적 종교현상 가운데 성령체험으로 중생과 성결이라는 기독교의 본질적 신앙을 정립하는 데 큰 기여를 하였다. 그래서 철야기도와 통성기도, 그리고 중보기도 등이 자연적으로 발생하여 현재까지 한국고회의 중요한 신앙적 형태로 자리 잡았다.[154] 평양부흥운동을 통해 새벽기도회를 활성화시킨 길선주 목사는 기독교로 개종하기 전에 선도의 수행으로 도인의 칭호를 얻었을 정도로 기도에 심취하였던 인물이다. 이러한 종교적 심성이 결국 기독교의 신앙형태로 승화된 것이다.

전통 종교에서는 새벽이 신령한 존재와 영적 교류를 할 수 있는 거룩한 시간으로 알려져 왔다. 새벽기도는 이미 한국의 전통종교 속에서 행하여 오는 종교의식이었다. 이러한 종교 형태는 한국 여성들에 의해 새벽 정화수 기도의 행동에 잘 나타나고 있다. 이와 같은 새벽기도회는 초기 한국교회에 그 기도의 대상이 칠성신(七星神)에서 하나님으로 바뀌어 한국교회의 신앙 형태로 자리 잡게 된 것이다. 따라서 새벽기도회의 전통은 한국 전통 종교의 형태가 기독교의 신앙 형태로 승화된 영적 종교현상 형태론의 좋은 예라고 할 수 있다.[155]

---

153) 김인서, 『김인서 저작전집 제5권』 (서울: 신망애출판사, 1976), 68.

154) 새벽기도회는 1898년 2월 황해도 수안 강진교회 사경회에서 시작되어 다른 사경회에서도 시행하였다. 그리고 1904년 1월 평양 장대현교회에서도 사경회에서 공식적인 사경회 순서가 되었다. 이러한 근거는 평양 장대현교회에서 길선주와 박치록이 1905년부터 매일 새벽 때 교회에서 기도회를 개최하였다. 옥성득, "평양대부흥운동과 길선주 영성의 도교적 영향", 『한국 기독교와 역사』 제25호 (2006년 9월), 81-90.

155) 강명국, "1907년 대부흥운동이 한국교회의 신앙양태 형성에 끼친 영향", 『박사학위논문』 (안양: 성결대학교 신학전문대학원, 2007), 102-103.

1907년 부흥운동을 목격한 미국 부흥사였던 조지 데이비스(George T. B. Davis) 선교사는 초기 한국교회의 새벽기도회에 대하여, "한인들은 영혼을 위하여 매우 열심히 기도하고 있다. 그들의 강렬하고 단순한 신앙은 기독교국의 우리들을 부끄럽게 하고 있다. 지난 겨울날 송도에서 부흥회가 몇 차례 열렸는데 교인들은 의레 밤 집회 후에는 산에 올라가서 얼어붙은 맨땅에 엎디어 성신강림을 위하여 하나님께 울며 기도하였다. 재령에서는 매일 새벽 5시 30분이 되면 몇몇 사람의 한인들이 내가 유하고 있던 선교사 집에 찾아와 그 선교사와 같이 한 시간 동안 기도하였다. 평양에서는 길 목사와 장로 한 사람이 교회당에 와서 새벽기도를 드리는 습관을 가졌다. 다른 교인들도 이 소식을 듣고 같이 참여할 수 있도록 부탁하였다. 길 목사는 '누구든지 원하면 며칠 동안 새벽 4시 반에 모여 기도할 수 있다'라고 알렸다. 그 이튿날에는 새벽 1시 반부터 사람들이 모이기 시작하였고 2시에는 사람들이 더 많이 모이더니 4시 반에 가서는 4백여 명이 모였다." 라고 보고하였다.[156]

따라서 한국교회의 저력은 무엇보다도 새벽기도를 꼽을 수 있다. 새벽 종소리는 교회 상징으로 동네에서 새벽을 깨우는 외침이었다. 채운성결교회 김종례 권사(1923~2001)는 새벽 종소리의 증인이라 할 수 있다. 교회에 가는 길은 야산을 지나 공동묘지가 있어서 여자로 밤에 다닌다는 것은 쉬운 일이 아니었다. 몇 번을 놀라고 난 후에는 열두 살 먹은 막내아들 재정이를 깨워서 같이 다녔다. 그때마다 장래 주님의 종으로 쓰임받기를 소원하는 마음으로 아들을 위해 새벽에

---

156) 백낙준, 『한국개신교사』(서울: 연세대학교 출판부, 1973), 394-395.

기도하였다. 이후에 아들이 목회자가 되어 어머니에게서 물려받은 새벽기도의 영성으로 목회를 했다고 한다.[157] 특히 김삼환 목사가 담임하고 있는 명성교회의 경우, 새벽기도회에 4만 명에서 5만 명의 성도들이 참석하는 광경은 전 세계 어느 나라에서도 찾아보기 힘든 것이다. 그러면 영적 종교현상의 시간에서 특히 '새벽, 밤'에 대한 사례를 살펴보고자 한다.

사례 1

이재록은 『나의 삶 나의 신앙 (1)』이라는 책에서 영적인 시간에 대하여 말하기를, "나는 신학교에 입학한 후에도 3일, 7일, 15일, 21일 등 금식기도를 많이 하였다. 초신자 때에는 금식을 왜 해야 하는지도 모른 채 성령의 주관을 받아 금식기도를 했다. 집사 직분을 받았을 때는 왜 금식기도를 해야 하는지, 어떤 유익한 점이 있는지 알았기에, 내 안에 비진리가 발견되면 3일, 5일, 7일 금식을 하면서 버텨 힘썼다. 예를 들면, 내가 몸에 밴 습성 속에 대화할 때 거짓말을 하였다는 것이 발견되면 바로 그 자리에서 3일 금식에 들어갔다. 그러니 금식하는 것이 어려워서라도 거짓말이나 기타 내 마음속에 있는 비진리를 빨리 버릴 수 있게 된 것이다."라고 하였다.[158]

사례 2

서울 큰믿음교회 한 성도는 영적인 시간에 대하여 말하기를, "오늘 새벽기도 때 이상한 경험을 해서 질문합니다. 어떤 자매님이 기도를

---

157) 류재하 · 백수복, 『성결교회 인물 예화집』(서울: 도서출판 예찬사, 2008), 173.
158) 이재록, 『나의 삶 나의 신앙(1)』(서울: 크리스찬신문사, 2008), 127-128.

하는데 한이 맺혀 죽은 처녀 귀신이 한밤중에 내는 소리를 내는 겁니다. 처음에는 조그맣게 들리더니 점점 소리가 커져서 급기야는 온 예배당에 울릴 정도로 크게 곡하는 또는 흐느끼는 소리를 내면서 기도를 하는 거예요. 얼마나 기분 나쁘고 소름이 끼치던지 혼났습니다. 방언은 주로 입술과 혀를 움직여서 내는 반면 이 소리는 순전히 높은 여성 톤의 '흐흐흐흐' 하는 목으로 내는 소리더라고요. 제가 실수한 건지는 몰라도 오죽 오싹했으면 제 기도하다 말고 '예수 이름으로 명하노니 그 자매로부터 귀신은 물러갈지어다!'라고 선포를 다 했습니다. 어둠 속에서 기도 중에 얼굴을 들고 확인할 수는 없고 그냥 참고 기도를 계속 했습니다만 도대체 그 여성분이 한 기도가 뭐죠? 방언기도 같지가 않던데 참 희한하고 오싹한 경험을 다 했네요."라고 하였다.[159]

사례 3

예수중심교회 전 성도는 영적인 시간에 대하여 말하기를, "저는 1998년 10월에 교회를 예수중심교회로 옮겼습니다. 그리고 방언기도를 사모하게 되었습니다. 20년 넘게 교회를 다녔지만 저는 방언을 받지 못했습니다. 예수중심교회 예배에 참석하면 모든 사람이 방언으로 기도하는 것이 너무나 부러워 예수님께 방언 달라고 몸부림치며 매달렸습니다. 그러자 갑자기 러시아, 구라파 등 여러 방언이 터지기 시

---

159) 서울 큰믿음교회 카페, "방언인가, 마귀의 음성인가?", http://cafe.daum.net/Bigchurch. 이 내용에 대한 댓글은 말하기를, "우는 소리만 듣고서 판단하기는 그렇습니다. 실제로 큰믿음교회에서는 곡하면서 통곡하는 사람들이 많이 있습니다. 흐흐흐는 방언이기보다는 울면서 기도해서 그런 거 같네요. 주님의 심장 속에 들어가서 기도하는 사람들의 기도소리는 거의 비명에 가깝습니다. 기도하면서 그 심장의 고통 때문에 엄청난 통곡소리와 때로는 그 고통에 못 이겨서 실신할 정도로 비명을 지르면서 기도합니다. 마귀 방언을 하는 경우는 그렇게 울면서 기도하는 것이 아니라, 쇠를 가는 것처럼 날카로운 소리를 냅니다. 얼굴을 보면 눈이 뒤집혀 있거나 혓바닥을 내미는 등 오싹한 표정을 짓기 때문에 쉽게 알 수가 있습니다."라고 하였다.

작했습니다. 너무나 좋아서 매일 방언으로 기도했습니다. 집에서 가까운 곳에서 새벽예배를 드렸는데 방언을 받고는 너무 좋아 새벽 기도시간에 방언으로 기도를 했습니다. 그런데 예배가 끝난 후 사모님이 오시더니 '집사님, 방언을 잘못 받은 것 같아요, 귀신이 준 방언 같아요' 하면서 다시 받으라는 것이었어요. 저는 집에 돌아와 '하나님, 내가 방언을 어떻게 받은 선물인데 귀신이 준 방언이라니요' 하며 통곡을 했습니다. 방에 누워 가만히 생각하니 너무 분한 생각이 들어 다시 일어나 기도했습니다. '하나님, 방언 달라고 그렇게 부르짖었는데 왜 귀신 방언을 주어 나에게 망신을 주느냐'고 한참을 방성통곡했습니다. 얼마 후 어디에선가 음성이 너무나 또렷이, 정확하게 들리는데 '그 방언은 귀신이 준 방언이 아니다' 하는 것이었어요. 그때부터 하나님의 음성을 듣게 되었는데 '시간을 정해 놓고 하루에 8시간씩 기도하라'고 하셨습니다. 그래서 새벽 5시, 오전 8시, 오후 1시, 밤 10시 이렇게 두 달을 기도했습니다. 그때부터 저희 남편의 간질이 무섭지 않게 되었고, 오히려 담대히 귀신을 쫓기 시작했습니다. 그리고 약봉투를 쓰레기통에 버렸습니다. 지금은 깨끗하게 치료받고 하나님께서 직장까지 주셨답니다. 남편의 병을 고치겠다는 신념으로 포기하지 않고 문제 해결을 위해 뛰다 보니 영적으로 온 가족이 부자가 되었습니다."라고 하였다.[160)]

이와 같이 '새벽, 밤'에 대한 사례를 종합해 보면, 새벽과 밤을 중심으로 해서 금식하고, 방언을 받은 것으로 나타났다.

---

160) 예수중심교회, "전화위복(轉禍爲福)의 하나님", http://www.jcc.tv/html/paper.html?sec=confession&no-222&search=밤에.

2) 절기

전 세계의 영적 종교현상의 형태론을 살펴보면, 주기적인 절기와 정기적인 절기의 형태를 취하며 존재한다. 이러한 절기의 형태는 축제, 춤, 축일, 축하, 부활, 안식일, 캠프파이어 등이다. 이것은 마치 시간 속의 장소처럼 시간적 지리학(a temporal geography)을 형성한다. 절기는 모든 공동체와 모든 삶의 측면을 갱신하는 힘을 가지고 있다.161) 그래서 대부분의 종교들은 전통에 있어서 시간을 자연의 순환질서와 연결시키고 있다. 물론 기독교도 예외가 아니지만 성경에서는 이스라엘인이 제 칠 일째 되던 날을 안식일로 지키고 있으며, 일 년 중 세 차례의 절기인 무교절과 맥추절, 그리고 수장절을 하나님께 드린다. 이러한 세 절기는 이스라엘이 유목민 사회에서 가나안 농경사회로 넘어가면서 채택한 것인데, 각각 출애굽 사건과 연결되어 출애굽 원년을 기념하는 유월절과 시내산에서 하나님의 율법을 받은 오순절, 그리고 광야의 유랑생활을 기억하기 위한 장막절로 재해석하여 상황화가 이루어졌다.162)

1901년 미국 북 장로교회 선교사로 내한하여 평양 선교부에 부임하였던 윌리엄 블레어(William N. Blair, 邦偉良) 선교사는 한국교회의 사경회를 유대인들의 유월절 문화에 대하여 비유적으로, "마치 유대인들이 유월절을 지키듯 한국 교인들은 그때만 되면 모든 일상생활을 접어 두고 오직 성경 공부와 기도에만 전념합니다. 이같이 성경 공부에만 전념한 결과 교회 전체가 단합되어 사랑과 봉사로 이루어

---

161) William E. Paden, 『비교의 시선으로 바라본 종교의 세계』, 137 – 138.
162) 노윤식, 『종교현상학 이론과 실제』, 145.

지는 진정한 부흥이 가능케 되었습니다. 이 점에서만큼은 미국도 한국을 본받아야 할 것입니다."라고 증언하였다.[163] 이러한 한국교회의 사경회 열정은 영적 증교현상의 거룩한 시간으로 연결되었다.

초대교회 이후 절기들은 기독교에서 예수 그리스도의 삶과 죽음에 연결되어 재해석되었다. 게르만족의 경우에 겨울 쫓아내기 봄맞이 의식은 기독교 전통의 부활절과 연결되었고, 로마의 만월을 기념하는 추수제는 기독교의 추수감사절로 연결되었다. 또한 로마의 해를 숭상하는 축제인 '솔 인빅투스'(Sol invictus), 즉 정복할 수 없는 태양의 축제는 참빛이신 예수 그리스도의 탄생일인 성탄절로 상황화가 된 것이다.[164] 이러한 절기들은 한국교회의 상황 속에서 예수 그리스도 구원사의 차례와 농경 사회의 자연적 순환 질서를 모두 채택하여 성탄절·부활절·성령강림절·맥추절·추수감사절 등으로 지키고 있다.

더 구체적으로 말하면, 서구 사회의 전통과 구약의 전통이 모두 섞여 있는 복합적 절기 형태의 특징들을 가진 한국교회는 예수 그리스도의 탄생과 부활, 그리고 성령강림 등의 시간과 농경 사회의 자연 순환 주기와 일치하도록 상황화한 서구 교회의 전통인 성탄절과 부활절, 그리고 성령강림절을 지킬 뿐만 아니라 구약의 모든 절기로 이스라엘 농경 사회 전통인 맥추절과 수장절을 지키기 때문이다.[165]

절기(이드)는 이슬람교에 있어서 매우 중요한 위치를 두고 있다. 그

---

163) 이덕주, 『한국교회 처음이야기』 서울: 홍성사, 2006), 195. 블레어 선교사는 1937년 평양 부근 52개나 되는 지방교회를 관할하였다. 또한 평양신학교 교수로 취임하여 신학생을 양육하기도 하였고, 만주 홍경 선교부의 성경반을 운영하고, 성경학교 강사로 활동하는 등 자신이 속한 지방마다 하나님이 주시는 산지로 삼고 혼신의 힘을 다했다. 그는 1912년 전국 주일학교 연합회 총무를 역임하고, 1921년에는 전국 주일학교연합회 총무로 활동하면서 한국교회를 예수님의 한 지체로 섬기며 지도자로서 몸소 헌신하였다.

164) Peter MacKenzie, *The Christians: Their Practices and Beliefs*, 61-62.

165) 노윤식, "현대 한국 교회 성장에 대한 종교현상학적 이해", 『한국기독교신학논총』 제20집 (2001년 4월), 248-249.

것은 바로 사교적인 연합을 만드는 즐거운 시간이기 때문이다. 예를 들면, '이두 엘 피트로'(Idu-L-Fitr)는 금식을 깨는 절기로 라마단 금식월이 끝나자마자 시작되어 이때가 되면 많은 사람들이 서로의 가정을 방문하고 대접한다.[166] 그리고 '마우리드 엔 나비'(Maulidu-n-Nabi)는 무함마드의 생을 축하하는 절기로 이날을 즐기는 모습은 나라마다 다양하며, 대개 이날은 공휴일은 아니지만 종교적인 공동체는 선지자의 생애에 관한 특별한 세미나를 열며, 시를 낭독하면서 무함마드의 업적과 삶을 노래한다.[167] '샤브 이 바랏'(Shab-I-Barat)은 기록의 밤이라는 페르시아 말로 여덟째 달 샤반의 열넷째 날 밤에 지키는데, 무함마드는 매년 이날 밤 하나님께서 바랏(책)에 인간들이 그 다음 해에 수행해야 할 모든 행위와 태어나야 할 모든 자녀들, 그리고 그해에 죽어야 할 모든 사람들을 기록한다고 한다. 무함마드는 그를 따르는 자들이 그날 밤을 꼬박 새면서 특정한 기도문을 반복하고, 그 다음 날은 금식을 하도록 명했다. 젊은이들 편에서 적어도 종종 이 밤은 금식만으로보다는 금식과 함께 흥겹게 떠들며 즐기는 특징들을 가지고 있다.[168]

---

166) Phil Parshall, 『무슬림 전도의 새로운 방향: 상황화에 대한 복음주의적 접근』, 채슬기 역 (서울: 도서출판 예루살렘, 2003), 255.

167) Phil Parshall, 『무슬림 전도의 새로운 방향: 상황화에 대한 복음주의적 접근』, 255-256.

168) L. Bevan Jones, *The People of the Mosque* (Calcutta: YMCA Publishing House, 1939), 129. 이슬람 절기에 대해서 지켜야 하는 몇 가지는 다음과 같다. 첫째, 이 절기들은 모두 종교적인 성격을 가지고 있다. 이 종교의식들을 수행하는 사람들은 절기를 금식과 잔치, 그리고 자선과 동일시한다. 둘째, 절기는 사회학적 기능을 수행한다. 이 절기의 시기는 사회 전체가 매우 고대하는 시간이다. 명목상의 그리스도인들이 크리스마스를 축하하듯이 명목상의 이슬람도 이 절기들에 대해서 매우 열정적이다. 셋째, 그리스도인이 된 지 얼마 안 된 MBB가 이러한 축제에 전혀 참여하지 않는다는 것은 어려운 일이다. 이 절기 기간 중 이슬람 사회의 명령을 표면적으로나마 따라야만 한다고 느끼는 그러한 신자들을 향한 이해가 있어야 한다. 넷째, 외국인들은 이슬람 절기를 존중해야 한다. 예를 들면, 금식월 기간 중에 공공의 장소에서 먹는 것은 현명하지 않다. 주요 절기 날에는 사무실이나 기관 문을 닫는 것이 좋을 것이다. 다섯째, 크리스마스, 굿 프라이데이, 부활절들은 이슬람의 종교적인 날들을 기능적으로 대처하는 날들이 될 수 있다. 이날들은 문화적으로 적절한 방식으로 축하되어야 한다. MBB는 사회적 기준에 가능한 한 가깝게

또한 아브라함의 전통에 의한 성지순례달(Dhul Hajj) 10일 순례객들은 메카에서, 그리고 16억 무슬림들은 가정에서 양이나 다른 짐승을 신의 이름으로 도살한다. 이것을 '이둘 아드하'(Eidul al.Adha)라 하는데 허용된 짐승을 도살하여 신의 제단에 바치는 절기의 날이라는 뜻이다. 그래서 고기는 3등분하여 3분의 1은 이웃과 친지에게 주며, 3분의 1은 가족이 이스마엘의 번제 이야기를 되새기며 요리하여 먹기도 한다. 또한 3분의 1은 가난하고 어려운 사람들에게 분배하여 주기도 한다.[169] 이러한 형태의 절기는 서구 사회의 새해 분위기와 같아 새 옷이나 깨끗한 옷을 입는 모습이나 친지를 방문하여 선물을 교환하는 등으로 새해의 복을 기원해 주는 모습은 한국의 문화 전통인 설날과 다를 것이 없다. 그래서 무슬림들은 '꿀루 암 와 안툼 비카이르'(Kulu Am wa Antum bi Khair)라는 '당신에게 매년 좋은 일만 있기를 바란다'의 의미로 새해 인사를 교환한다. 또한 기독교인들이 12월 25일을 가장 큰 크리스마스 절기로 경축하는 것처럼 무슬림들은 이슬람력 12월 10일을 일 년 중 가장 큰 축제와 명절로 경축한다.[170] 따라서 예수 그리스도의 탄생일을 경축하는 기독교의 크리스마스 절기가 화려하게 치장을 하고 떠들썩하게 경축한다면, 아브라함의 아들 이스마엘이 신의 제단에 바쳐진 것을 기념하는 '이둘 아드하'는 아브라함의 모범적 신앙과 부모에 대한 자식의 순종에 관하여 이야기꽃을 피우면서

절기의 형태를 만들기 원할 것이다. 여기서 강조할 점은 특별히 준수하는 것이 왜 영적으로 중요한가 하는 점이다. 이슬람이 지배적인 나라에서 한 번은 기독교 현지인 아이들에게 산타클로스가 선물을 나눠 주는 것을 본 적이 있는데 그리 좋지 않게 보였다. 여섯째, 어떤 이슬람 국가에서 그리스도인들은 정부의 비용으로 특별 크리스마스 및 부활절 라디오 및 TV 프로그램을 방송하도록 허락받았다. 이런 경우는 문화적 및 영적 내용을 적절히 담아 예수 그리스도를 이슬람 사람들의 마음에 가장 잘 전달할 수 있도록 해야 한다.

169) 최영길, 『이슬람문화의 이해』(서울: 도서출판 신지평, 1997), 129.

170) 최영길, 『이슬람문화의 이해』, 129.

검소하고 조용하게 경축한다. 그리고 불교인들은 음력 4월 8일을 석가모니가 태어난 날로 잡고 그날을 절기로 삼고 있다. 그러면 영적 종교현상의 시간에서 '절기, 축제'에 대한 사례를 살펴보고자 한다.

사례 1

인천 예수중심교회는 2007년 성탄절의 절기에 대하여 말하기를, "이 목사가 전하는 짧은 성탄 메시지에 이어 뮤지컬이 이어진다. 인천교회에서는 중국인들이 나와 톨스토이의 작품인 '사랑이 있는 곳에 신은 있다'를 각색한 연극을 했다. 우리 교단은 한 손에는 복음을, 그리고 한 손에는 구제를 들고 그늘지고 구석진 곳을 찾아 나가려고 한다. 주님의 탄생을 기리고 기뻐하는 단계가 아니라 왜 하나님의 아들이 그 영화로운 자리를 버리고 여자의 몸에서 나셨는지를 깨달아 주님이 진정 원하시는 것을 실행하려고 한다. 바로 '153구제 운동'이다."라고 하였다.[171]

사례 2

만민중앙교회는 절기인 '2010년 만민하계수련회축제'에 대하여 말하기를, "본격적인 휴가철이 다가오는데 만민의 성도들은 특별한 은혜의 시간을 기다리고 있다. 바로 만민하계수련회는 하나님께서 만드신 대자연 속에서 성경상의 기사를 체험하며 영성을 키우고 기도와 말씀으로 성령의 충만함을 입을 수 있는 절호의 기회이다. 매년 8월, 연합회별로 특색 있게 개최하여 새 예루살렘에 대한 뜨거운 소망과

---

171) 예수중심교회, "하늘에는 영광, 땅에는 평화로다". http://www.jcc.tv/html/paper.html?sec=kyodan&no=-357&search=성탄절.

확신을 주는 교육의 현장, 하나님의 사랑과 권능을 체험하는 믿음의 현장, 주 안에서 친목을 도모하며 사랑을 나누는 축복의 현장으로 자리매김했다. 초교파적으로 국내는 물론 해외 성도들의 참여가 해를 더할수록 증가하는 가운데, 올해에는 미국, 캐나다, 벨기에, 카자흐스탄, 이스라엘, 볼리비아, 싱가포르, 일본, 필리핀, 인도네시아, 말레이시아, 대만, 중국 총 13개국에서 약 300명의 목회자 및 성도들이 대거 동참한다. 이스라엘 다니엘 로젠 목사(남, 40세)는 온 가족이 남녀장년수련회에 참석하기 위해 사모함으로 준비하고 있으며, 일본 로 시교 형제(남, 26세)는 '40일 작정기도로 준비하고 있어요. 하나님이 내려 주신 잠자리가 몸에 앉는 것과 강사님들의 은혜로운 말씀, 회중찬양 시간, 무안단물 터 방문을 사모하며 기대합니다'라고 전한다. 해외 성도들이 이토록 만민하계수련회를 사모하는 이유는 무엇일까? 성경 출애굽기에 이스라엘 백성이 만나와 메추라기를 경험했던 것처럼, 수련회 장소에 모기와 나방을 근접하지 못하게 하는 잠자리 떼를 볼 수 있음은 물론 성도들의 손과 몸에 살포시 날아와 앉는 신기한 잠자리 체험이다. 또한 열재앙에서도 이스라엘 백성이 거하는 고센 땅은 지킴 받은 것같이 주변 장소에는 장맛비가 쏟아져도 수련회 장소에는 비가 오지 않는 것과 무지개, 별의 이동, 다양한 구름의 형상 등 풍성한 기사를 볼 수 있다. 성도들은 이를 통해 섬세하신 하나님 사랑을 느끼는 것이다. 해외에서 온 성도들은 8월 4일, 바다의 짠물이 단물로 된 무안단물 터를 방문하여 하나님 권능의 현장을 목도할 수 있는 일정도 마련돼 행복을 더해 줄 것이다."라고 하였다.[172]

---

172) 만민뉴스 2010년 7월 18일자 신문.

이와 같이 사례를 종합해 보면, '절기, 축제'를 중심으로 하여 특별한 은혜와 잠자리와 무안단물의 기사를 통해 하나님의 사랑을 체험한 것으로 나타났다.

2. 영적 종교현상의 장소

네덜란드의 기독교 신학자였던 샹뜨삐 드 라 쏘쌔이(Chantepie de la Saussaye)는 오래전에 성스러운 장소에 대하여, "모든 종교 전통에는 공통적으로 성스러운 장소가 있으며, 종교적 인간에게 공간은 다 같은 것이 아니라 다른 부분과 다른 거룩한 공간이 존재한다. 거룩한 공간 혹은 성스러운 장소는 세상의 중심을 축으로 해서 질적으로 다른 현상을 경험하도록 한다."라고 지적하였다.[173] 많은 부족 종교와 전통 종교는 세계의 기원에 해당하는 장소를 가지고 있는데 서구적 신앙에서는 성스러운 도시인 예루살렘이 세계 지도의 중심이 되었다. 모든 종교에는 신화적 실재의 초점이 되는 성스러운 장소가 반드시 있게 마련이다. 예를 들면, 블라디미르 레닌(Vladimir Lenin) 동상은 소련 전역에 설치되어 있으며, 방부 처리된 몸을 전시하고 있는 레닌의 거대한 무덤은 성스러운 순례의 장소이기도 하다. 링컨 기념관(Lincoln Memorial)은 미국인에게 이와 유사한 성스러운 장소의 기능을 하고 있다.[174]

특히 구약성경에서 모세는 영적 종교현상의 거룩한 장소였던 호렙산에서 하나님을 만났으며, 그곳에서 세속적인 신을 벗었다(출 3:5).

---

173) Mircea Eliade, *The Sacred and the Profane: The Nature of Religion* (New York: Harper, 1956), 20.
174) William E. Paden, 『비교의 시선으로 바라본 종교의 세계』, 119-120.

이러한 영적 종교현상의 장소는 열린 공간(the open space)과 집이나 성전 등 닫힌 공간(the covered space)으로 나눌 수 있다.

1) 열린 장소

열린 장소는 가장 오래된 영적 종교현상의 성스러운 장소라고 하겠다. 이 장소는 산과 돌, 그리고 나무를 이용한 제단과 연결되어 있어 돌무더기로 원을 만들거나 나무에 여러 색깔의 천을 걸어서 세속적인 장소와 구분을 짓기도 한다.[175] 성경에는 영적 종교현상의 장소인 성막이나 성전에 마당 뜰이 있었고, 그곳은 울타리로 보호되었다.

(1) 산

종교현상학에서 산(mountain)은 신의 거처로 여기며, 기도나 명상하는 곳으로 유명하다.[176] 신과 만날 수 있는 가장 가까운 곳이 산이기 때문에 그 개념상 신을 만날 수 있는 '우주적인 산'(cosmic mountains)이라 할 수 있다.[177] 이러한 영적 종교현상의 장소인 산은 성경에서도 하나님을 만나는 곳으로 나타나는데 대표적인 영적인 장소가 엘리야의 갈멜산과 모세의 시내산, 그리고 예수님은 겟세마네 동산에서 하나님께 기도하셨다(출 19:3; 왕상 19:11; 마 26:36).

초기 한국교회의 역사를 살펴보면, 한국 감리교의 부흥사였던 이용도 목사는 통천에 부임하여 그곳에서 사역을 하는 동안 금강산 기

---

175) Peter MacKenzie, *The Christians: Their Practices and Beliefs*, 48.

176) Friedrich Heiler, *Erscheinungsformen und Wesen der Religion*, 36 – 37.

177) Mircea Eliade, *Shamaism: Archaic Techniques of Ecstasy*, 270.

숲에서 산 기도를 시작하였다. 그는 10일간 금식하고 하산한 후에 늘 기도하는 사람이 되었고, 장소에 구애받지 않고 새벽과 한밤중에도 엎드려 기도하기를 즐겨하였다.[178]

오늘날 한국 기독교는 산을 매우 중요한 의미로 여겨서인지 기도원들이 많이 있다. 그래서 기도원들마다 성경에 나오는 거룩한 산의 호칭들을 사용하고 있으며, 그곳에 가서 금식하고 기도를 한다. 세계에서 가장 큰 기도원이라고 하는 '오산리최자실기념금식기도원'은 수백 명의 사람들이 개인 기도굴이나 성전에서 금식하며 기도하는 모습들을 볼 수 있다. 따라서 산은 한국교회 성도들에게 하나님과 만나는 가장 중요한 자연물이 되고 있다. 그러면 영적 종교현상의 장소인 '산'에 대한 사례를 살펴보고자 한다.

사례 1

예수중심교회 대학부를 담당하고 있는 전도사는 하나님의 음성을 들은 산에 대하여, "3일 작정으로 청계산에 기도하러 떠날 때도 교구 승합차를 빌려 저의 승용차와 교환한 후 차에서 잘 마음을 가지고 떠났습니다. 청계산에서 기도할 때마다 저에게는 늘 하나님의 세밀한 터치가 있었습니다. 그런데 이번에는 너무나 큰 믿음의 음성을 들었습니다. 3일째 되는 마지막 날 새벽 꿈속에서 하나님의 음성을 들은 것입니다. '너희 대학부에 15인승 승합차를 주겠다. 무(無)에서 유(有)를 창조해 줄 테니 너는 믿음을 가지고 기도하라. 내가 이루겠다.' 저는 소름이 끼칠 정도의 생생한 하나님의 음성을 듣고 어찌할 바를 몰

---

178) 윤춘병, 『한국 감리교회 부흥운동사』 (서울: 기독교대한감리회 전국부흥단, 2001), 218–219.

랐습니다. 현실은 아무것도 없었습니다. 저는 그 자리에서 '주님, 저는 많은 은행 부채도 있는데 제가 할 수 있는 것이 무엇입니까?'라고 물었습니다. 하나님께서는 제가 선두에서 진두지휘할 것을 지시해 주셨습니다. 진두지휘란 다름 아닌 제가 믿음의 헌물을 다른 어떤 대학부 지체들보다 많이 그리고 먼저 드리는 것이었습니다. 아내도 '주님이 함께하는 대학부를 위해 손을 기회를 놓치지 않는 것이 우리의 축복'이라며 기뻐했습니다. 저는 이 일을 하나님께서 주시는 믿음의 증거로 모든 대학생들에게 보여 주기를 원했습니다."라고 하였다.[179]

사례 2

이재록은 『나의 삶 나의 신앙(1)』이라는 책에서 영적인 장소인 산에 대하여 말하기를, "정작 왜 금식을 해야 하는지 알지 못했지만 나는 성령의 주관 속에 7일 금식을 작정하고 담요와 성경을 가지고 청계산에 올라갔다. 당시 기도원에서 한참 올라가면 기도실로 꾸며진 작은 공간이 있었다. 이 기도실은 습지인데다가 구멍 뚫린 판자가 깔려 있어 바닥에 벌레가 기어 다녔다. 이곳에서 줄곧 부르짖어 기도하면서 작정한 7일 금식을 마치게 되었다."라고 하였다.[180]

사례 3

2002년 7월 자유 이주민으로 남한에 온 후 난생처음으로 송구영신예배(2005년 1월 1일)를 드렸다. 그 후 나라를 위한 중보사역자가 된

---

179) 예수중심교회, "믿음은 바라는 것의 실상이었습니다", http://www.jcc.tv/html/paper.html?sec=confess-ion&no=244&search=산에서 기도.

180) 이재록, 『나의 삶 나의 신앙(1)』, 128.

오 테레사 자매는 산 기도에 대한 경험에 대하여 말하기를, "2005년 6월 22일부터 7월 31일까지 40일간 24시간 릴레이 태백산 정상 산 기도의 일정을 마쳤는데 처음 시작은 5명에서 6명이었으나 차츰 하나님께서 교회나 중보기도 단체들을 붙여 주셔서 적어도 400명에서 500여 명의 많은 인원들이 모여 기도했으며, 이 기도회를 위해 전국에서 중보기도한 숫자는 수천 명에 이르렀다. 태백산을 선택한 것은 이곳이 사단의 본부이기 때문이다. 모든 세상 산의 제사가 드려지는 곳이라서 온갖 제단이 집중되어 있고 수많은 무속인들의 집결지이기도 하다. 이번 태백산 산 기도를 통해 커다란 깨달음을 얻었다. 수많은 무속인들이 이곳에 올라 각각 자신이 신이라고 믿는 우상에게 정성스레 치성을 드리는 모습, 매일 태백산 정상에서 치성을 드리는 저들의 모습, 매일 태백산 정상에서 치성을 드리는 저들의 끊임없는 열정과 의지들을 보면서 적잖은 충격을 받았다. '한번은 어떤 박수(남자 무당)가 저희에게 이렇게 말하더군요. 내가 이 산에서 15년간 치성을 드리면서 수많은 무속인들을 봐 왔지만 이렇게 많은 기독교인들이 이 산에 올라 기도하는 모습은 처음 봤다.' 이 말을 들으며 주님 자녀들의 열정과 정성이 이들보다 못했다는 것이 정말 가슴 아팠다."라고 하였다.[181]

이와 같이 사례를 종합해 보면, '산'을 중심으로 하여 하나님의 음성과 깨달음을 경험한 것으로 나타났다.

---

181) 이영희, "내 마음을 아는 자 누구인가?", 『신앙계』 통권 463호 (2005년 10월), 18 - 19.

(2) 영의 공간

이재록은 열린 장소를 영의 세계로 말하면서 더 넓은 우주 끝 너머 아득히 멀리 있는 것이 아니라는 것이다. 그것은 마치 집이나 차 안에서 창문을 열면 바깥 풍경을 보고 공기를 느끼듯이 우리 가까이에 있는 것을 말한다. 그래서 공의의 하나님께서 허락하시면 누구나 바로 그 자리에서 영의 공간을 접할 수 있다는 것이다. 이러한 육의 공간에서 불가능한 일이 영의 공간에서는 얼마든지 가능하며, 육의 공간에서도 사람의 지식과 문명이 발달하니 인위적으로 다른 공간을 만들어 활용하는 것을 본다. 여를 들면, 온실을 만들어 한겨울에도 채소가 자라게 하며 꽃을 피우게 하는 것이다. 이처럼 삶에도 필요에 따라 영의 공간이 입혀지면 육의 공간에서는 불가능한 일이 가능케 되고 각종 사고나 질병으로부터 보호된다고 말한다.[182] 이재록은 오늘날에도 이 같은 일이 많이 일어나며, 주님의 마음을 이룬 영의 사람뿐만 아니라 어찌하든 말씀대로 살고자 하는 성도도 그들의 삶 속에서 늘 체험한다고 말한다.

사례 1

미국 뉴욕 만민인터내셔널교회의 심남숙 사모와 아들 심테드 형제는 영적인 공간에 대하여 말하기를, "화이트스톤 다리를 건너던 중에

---

[182] 만민뉴스 2009년 1월 11일자 신문. 만민중앙교회는 영의 장소에 대한 성경의 예들에 대하여, "성경 곳곳에는 영의 공간을 활용해 놀라운 일을 이룬 기록이 나오는 것을 본다. 베드로나 사도 바울과 실라가 천사의 도움으로 감옥에서 풀려나고(행 12:7-10, 16:25, 26), 다니엘은 사자 굴에 던져졌으나 사자가 그를 해할 수 없었다(단 6:22), 다니엘 세 친구도 극렬히 타는 풀무불 속에서 온전히 지켜졌으며(단 3:24, 25), 사도 바울은 로마로 압송되어 가던 중 큰 풍랑을 만났으나 그와 더불어 배에 승선한 276명 모두가 보호되었다(행 27:18-24). 이는 모두 하나님 공의에 합당한 영의 마음, 즉 주님 마음을 닮았기 때문에 영의 공간을 입을 수 있었다. 또한 소돔 성을 멸할 때에 하나님께서 아브라함을 생각하사 조카 롯을 구원하셨듯이(창 19:29) 하나님의 사랑받는 사람을 통해서도 그 영의 공간을 열어 역사하신다."라고 해석하였다.

충돌 사고로 차가 완전히 부서졌다. 그러나 그들은 전혀 다치지 않았다. 이들 역시 영의 공간을 입은 까닭에 차는 부서졌지만 조금도 다치지 않고 보호될 수 있었다."라고 하였다.[183]

사례 2

서울 만민중앙교회의 한 성도는 영의 공간에 대하여 말하기를, "2008년 9월 말에 두 딸이 세 들어 살던 건물 옆집에서 가스가 폭발하는 큰 사고가 있었다. 사고 난 옆집 주인은 사망했다. 두 딸은 5층에 세 들었고, 이 건물의 3, 4, 6층 집들도 창문이 깨지고 창틀까지 떨어져 나갈 정도로 큰 피해가 있었다. 하지만 두 딸은 사고가 난지도 몰랐고, 평소보다 잠을 일찍 깨 소란한 소리에 밖으로 나갔다. 이들을 본 경찰은 놀라 달려왔다. '아니 이 난리에 왜 여기 있어요? 아무 일 없었나요?' 위험천만한 상황에서도 이들에게 영의 공간이 입혀지니 평안히 잠을 잘 수 있었고, 아무런 피해도 없었다."라고 하였다.[184]

사례 3

서울 만민중앙교회는 지난 2009년 전국남녀장년수련회 때 영의 공간에 대하여, "이스라엘 백성이 모세의 인도로 출애굽하려고 했을 때 바로 왕은 백성들을 끝까지 보내 주려고 하지 않다가 열 재앙을 만난다. 그중에 파리 떼(출 8:21), 메뚜기 떼(출 10:4-6) 등 애굽 전역에 해를 가져왔던 수많은 곤충은 어떻게 순간에 출현할 수 있었을까? 당시 애굽에서 이스라엘 백성이 살고 있는 고센 땅은 모든 재앙이 피해 갔

---

183) 만민뉴스 2009년 1월 11일자 신문.
184) 만민뉴스 2009년 1월 11일자 신문.

다. 하나님께서 이 지역은 특별히 구별해 주셨기 때문이다(출 8:22). 또 광야 길을 가는 동안 이스라엘 백성은 하늘에서 내려온 만나와 메추라기를 먹었다(출 16:13, 31). 어제나 오늘이나 동일하신 하나님께서는 지금도 영의 공간과 육의 공간이 실재하고 있음을 믿을 수 있도록 역사하고 계신다. 만민중앙교회 하계수련회에서도 이와 같은 역사를 체험할 수 있었다. 수많은 잠자리 떼가 해 주변의 상공에서 눈송이처럼 쏟아져 내려와 모기와 해충을 잡아먹고 살포시 날아와 몸의 이곳저곳에 앉아 친밀함을 더해 준다. 이 같은 하나님의 섬세하신 사랑이 영적인 세계가 존재하며 성경이 참임을 나타내 주고 있다."라고 언급하였다.[185]

이와 같이 사례를 종합해 보면, '영의 공간'을 중심으로 하여 교통사고와 가스폭발 사건의 피해를 당하지 않았으며, 많은 잠자리 떼가 눈송이처럼 쏟아져 내려온 것이 출애굽기 16장에 하늘에서 내려온 만나와 메추라기를 먹은 것처럼 하나님의 역사를 체험한 것으로 나타났다.

2) 닫힌 장소

선사시대 이후로 닫힌 장소는 인류에게 있어서 성스러운 장소이었다. 이러한 장소는 종교적인 삶의 기반이 되어 온 곳으로 켈트 족이나 크레타 인들의 신전은 땅 위에 있는 것이 아니라 동굴에 있었다.

---

185) 만민뉴스 2010년 7월 25일자 신문.

그리고 로마 기독교가 박해를 당했을 때, 그리스도인들은 카타콤이라는 지하 동굴인 무덤에서 하나님을 예배하였다.[186] 이러한 동굴에서 오스트레일리아의 경우에 성스러운 물건들이 보전되어 있다. 2세기와 3세기의 것으로 추정되는 야고보의 프로트에반겔리움(Protevangelium)에 따르면, 예수는 동굴에서 태어났으며, 이러한 관점을 알렉산드리아 교부였던 오리겐과 비잔틴 예술은 어느 정도 받아들였다. 또한 이 주장은 페르시아 빛의 신인 미드라스(Mithras)와 예수 그리스도의 탄생의 평행적 비교의 산물로서 미드라스는 생성적 바위에서 빛의 광채 속에 태어났고, 예수 그리스도는 바위로부터는 아니지만 미드라스처럼 동굴에서 빛 가운데 태어났다는 것이다. 미드라움(Mithraeum)은 입회인들에게 세계의 동굴로 믿어졌고, 로마의 샌 클레멘테 교회(San Clemente)와 스타 프리스카(Sta Prisca)는 이 동굴 위에 축성되었다. 아시시(Assisi)의 프란시스와 베네딕트와 같은 기독교 성인들은 동굴에서 기거하였다. 그래서 루데스(Lourdes)의 동굴은 기독교 순례지 중에 하나가 되었다.[187] 한국교회의 경우, 닫힌 장소라고 할 수 있는 기도굴과 기도원에서 하나님과 깊은 만남을 시도한다.

(1) 굴

여의도순복음교회 조용기 원로목사는 대조동의 천막 속에서 개척을 시작할 때부터 세계적인 명성을 얻을 정도로 성장한 지금까지 기도와 믿음에 대한 강조를 늦추어 본 적이 없다고 한다. 오히려 기도를 더 강조하기 위해 2004년도에 '오산리최자실기념금식기도원'에

---

186) Peter MacKenzie, *The Christians: Their Practices and Beliefs*, 49.
187) Peter MacKenzie, *The Christians: Their Practices and Beliefs*, 49.

있는 기도 굴의 숫자를 늘렸다. 2004년 여름에 167곳의 기도 굴에서 새롭게 112곳에 기도 굴을 추가 건설해서 현재는 279곳에 기도 굴이 있다고 한다.[188] 이슬람교에서는 라마단 금식을 중요한 종교적 의미로 채택하고 있다. 왜냐하면 무함마드가 히라 산 동굴에서 첫 번째 계시를 받은 때가 바로 이 라마단달인 금식기간이었기 때문이다. 그래서 이슬람교는 이후에 그것을 기념하여 이슬람의 규범으로 삼았다.[189] 그러면 영적 종교현상의 장소인 '굴'에 대한 사례를 살펴보고자 한다.

사례 1

크리스천 기업인 경진이레 장호성 대표이사는 영적인 장소인 기도 굴에 대하여 말하기를, "경진이레가 굴지의 기업이 되고 싶은 이유가 여기에 있어요. 요즘 경기가 너무 어렵지만 하나님께 크게 쓰임받기를 소망하는 한 축복하실 것입니다. 회사에서는 건물 옥상에 마련된 기도 굴에서 기도한다는 장 대표이사는 '지금 당장 어렵다고 해도 성실로 씨를 뿌리는 기업, 대표가 무릎 꿇고 기도하는 기업은 분명히 하나님이 축복하신다'면서 중소기업들도 희망을 잃지 말자."라고 하였다.[190]

사례 2

진주 갈릴리교회 양인구 장로는 기도 굴에서 체험한 것에 대하여

---

188) 임열수, "좋으신 하나님에 대한 조 목사의 신학이 목회 사역에 끼친 영향", 『2005 영산국제신학심포지엄』 (2005. 5월), 111.

189) 유해석, 『우리 곁에 다가온, 이슬람』 (서울: 생명의말씀사, 2009), 25.

190) 국민일보 2007년 4월 1일자 신문.

말하기를, "저는 1974년, 나이 40세 때 하나님의 은혜와 성령님의 강권적인 역사로 주님의 손에 붙들려 변화를 받았습니다. 40년 동안 '오직 돈을 벌어야 된다'라는 목적 하나로 세상을 살아왔습니다. 퍼마시는 술, 하루 2~3갑 피워대는 담배로 인해 간경화(간암), 간디스토마, 위산과다, 위궤양, 십이장충, 배복수로 얼굴색깔이 까맣게 변하여 체중 40kg로 의사진단에 의해 살 수 없다는 사형선고를 받은 상태였습니다. 살려고 백방으로 노력했지만 백약이 무효였습니다. 심지어 죽은 사람의 해골가루도 먹었습니다. 살길이 없었습니다. 어느 날 복음전도를 받았습니다. '술·담배 때문에 죽게 되었는데 저도 살 수 있겠습니까?', '예수만 믿으면 살 수 있지요.' 돈도 못 벌고 부자로 살아 보지도 못하고 죽는다니 청춘이 너무 억울했습니다. 그래서 살려고 교회로 인도받아 나갔습니다. 저는 병 고치려고 교회에 갔지만 우리 조상이 복을 주고 살려 줄 것이라고 믿었습니다. 어느 날 목사님께서 하나님은 살아 계시고 세상의 모든 것을 다스린다고 설교하셨습니다. 하나님을 찾아 만나 봐야겠다고 기도원을 갔습니다. 기도원에 3일간 있었는데 담배 피고 싶은 생각이 나서 못 견디겠기에 기도굴에 들어갔습니다. '저는 하나님이 계시면 봐야 믿겠습니다.' 밤새도록 부르짖어 기도했는데 밤중에 너무 주여 하고 부르짖어서 입이 벌어져 오므라지지 않았습니다. 계속 입을 벌려 잡아 찢었는데 저는 죽었습니다. 제가 죽어야 예수님이 내 안에 살아 계시고 역사하심을 깨달았습니다. 밤새도록 기도 굴 안에서 기도하였습니다. 기적의 역사가 일어났습니다. 깨어나서 아침식사 후에 그렇게 피우고 싶었던 담배도 피우고 싶은 생각이 없도록 끊어 주셨습니다. 낮 설교 때 내 입술을 성령의 불로 태워 세상 말도 하지 않고 세상 소리도 듣지 않고 오직 예수만 말할 수 있도록 고쳐 주셨습니다. 이튿날 새벽예배 때 강대상 위에 해 같은 불덩어리가 많은 사람을 헤치고 와 내 가슴을 쳤습니다. 그래서 저는 '왁!' 하고 넘어졌습니다. 깨어 보니 속이 시원하고 마음이 너무 기뻤습니다. 그 후에 병원에서 종합친찰을 받았습니다. 의사 말에 의하면 간은 새것으로 고쳐졌고 간염예방 주사가 놓여서 '평생 간병으로 죽을 염려 없습니다'라고 하였습니다. 너무나 기쁘고 감사했습니다. 오장육부 전부 새것으로 바꾸어 새사람으로 만들어 주셨습니다."라고 하였다.[191]

사례 3

서울 오륜교회 송재호 장로는 기도 굴에서 있었던 영적인 체험에 대하여 말하기를, "1980년 10월 18일 여의도순복음교회 오후 4부 예배를 통해 예수님을 구주로 영접했다. 예수님을 믿었지만 옛날 습관들은 잘 고쳐지지 않았다. 나는 방송국에서 알아주는 골초였다. 하루에 다섯 갑의 담배를 피웠다. 거기다가 조니워카 두 병을 병째 마시는 주량을 가졌다. 그런데 교회 다닌 지 1년 뒤에 담배를 끊게 되는 은혜가 내게 있었다. 아내는 금식을 자주 했다. 그래서 나도 금식기도를 해야겠다고 생각했다. 기도원 기도 굴에 노트 한 권을 들고 들어갔다. 어떤 분이 기도 굴에 들어가서 죄라고 생각하는 것들을 모조리 쓰라고 권유했기 때문이다. 그래서 노트 한 권에 빼곡히 죄를 써 내려갔다. 그리고 다시는 노트에 적힌 죄를 짓지 않게 해 달라고 기도했다. 노트에 적힌 죄의 목록을 읽는 데만 한 시간이 넘었다. 죄 고백

---

191) 진주 갈릴리교회, "덤으로 사는 생명: 양인구 장로", http://galileech.org/bbs/zboard.php?id=freeboard&no=438.

의 기도가 끝나고 나니 몸이 두둥실 떠 있는 것 같아 기도 굴에 앉아 있지 못하고 문을 열고 밖으로 나왔다."라고 하였다.[192]

이와 같이 사례를 종합해 보면, '굴'을 중심으로 하나님께 기도함으로써 굴에서 소망의 축복과 병 고침을 받았으며, 금식기도를 통해 회개를 경험한 것으로 나타났다.

(2) 기도원

기도원은 한국교회가 부흥하는 데 많은 공헌을 하였다. 성도들이라면 최소한 한 번 정도는 기도원에서 시간을 정해 놓고 특별한 목적을 위해 금식하거나 집회에 참석하면서 기도한 경험이 있을 것이다. 이처럼 기도원은 성도들의 신앙생활에 회복과 하나님과의 기도를 통한 만남과 응답, 그리고 체험을 갖게 하는 긍정적인 기능을 한다. 그래서 지금도 많은 기도원에서 성도들은 기도하고 있다.[193] 한국교회에 기도원 중심의 신앙 운동이 등장한 것은 나운몽 목사에 의해서였다. 그는 1945년 10월에 경북 금릉군에 용문산 기도원을 세웠다.[194]

---

192) 교회와 신앙, "교계·선교", http://www.amennews.com/news/articleView.html?idxno=6207.

193) 대전광역시 기독교연합회 이단사이비대책위원회, 『우리시대의 이단들』(서울: 도서출판 두란노, 2007), 132-133. 일반적으로 기도원은 기도가 강조되고 체험과 신유 등 초자연적인 은사가 강조된다. 또한 그러한 필요를 느낀 사람이 기도원을 찾기도 한다. 건전한 기도원을 찾기 위해서는 여러 가지 은사가 강조되더라도 그것들이 성경과 말씀에 위배되지 않는지 잘 분별해야 한다. 특별히 문제 있는 기도원들에서 나타나는 점들은 다음과 같다. 첫째, 하나님의 말씀보다는 환상이나 원장의 계시와 영적 체험을 강조하여 말씀의 이탈을 가져오게 한다. 둘째, 생수나 원장의 수건 등, 사물을 치료의 수단이나 도구로 신성화하여 하나님보다 사물을 의지하게 하여 신앙이 이탈할 수 있는 위험성을 갖게 한다. 셋째, 신비체험에 과도하게 열중하여 입신·접신·방언·환상·신유·진동 등 격렬한 체험을 신앙의 전부인 것처럼 강조한다. 넷째, 원장이 바른 교리와 신학을 공부한 적이 없고, 말씀보다는 개인의 체험을 중시한다.

194) 용문산 기도원은 1940년 6월 13일 나운몽 장로에 의해 설립되었다. 용문산 기도원 운동은 사실상 나운몽 장로의 활동과 함께 발전하였는데, 특히 1950년대와 1960년대에 그 절정기를 이루었다. 이 시기에 나운몽 장로는 영적인 세계를 경험하였는데, 그는 입신·방언·예언·환상·신유 등 매우 신비주의적

이 용문산 기도원은 한국 개신교 오순절 운동의 일환으로 볼 수 있으며, 현재 활동 중인 전국의 개신교 기도원들 중에서 중요한 일맥을 이루고 있다. 더구나 오늘날에 와서 이 용문산 기도원은 '대한예수교오순절성결회'라는 독립적인 교단을 구성하였다. 이는 기도원 운동에서 출발하여 체계적인 교단을 성립시킨 대표적인 경우라고 할 수 있다.

한국전쟁을 전후로 하여 기도원은 더욱 급속히 확산되었다. 박신출의 '서울삼각산제일기도원'을 비롯하여 '삼각산특별기도원' 등 20여 개가 전국적으로 일시에 설립되었다. 이러한 경향은 1960년대까지 계속되었다. 그러나 급속하게 증가한 기도원은 지나친 신비적 열광주의 때문에 사회적으로 그리고 개신교계에서도 큰 물의를 빚기도 하였다. 기도원은 정신병자수용소의 역할을 수행하면서 이른바 안수나 안찰 기도라는 이름의 의료행위를 하였는데, 이 과정에서 간혹 환자가 사망하는 사건이 발생하였던 것이다. 이러한 사건을 언론이 보도

인 체험을 했다고 한다. 그는 1956년부터 전국순회전도운동을 전개하는 한편, 1963년에는 한민족 구국제단을 설치하였으며, 다음 해에 재단법인 애향숙으로 문교부의 인가를 받았다. 특히 이 구국제단은 용문산 계곡 위의 삼선봉에 시멘트로 쌓은 것인데, 국가와 민족의 장래와 구원을 주제로 한 기도를 릴레이식으로 희망자 1인이 1시간씩 하루 24명이 교대로 계속하여 통성기도를 현재까지 해 오고 있다. 나운몽은 1950년대 이후 한국전쟁으로 피폐해진 사회적 분위기 속에서 신비체험과 기도를 강조하는 기독교 신앙운동으로 기독교 신자들에게 큰 반응을 불러일으키면서 용문산 기도원과 신학교를 설립하는 등 용문산을 중심으로 활동을 계속하였다. 그러던 중 1978년 대통령령으로 기존 기독교 교단에 소속되지 않은 기도원을 철거하라는 명령이 내려졌다. 그러자 기도원과 신학교의 보전을 위하여 교단을 새로 조직하기로 결정하고, 1979년 미국의 국제오순절성결회와 협약을 맺어 대한예수교오순절성결회를 창립하였다. 기성 기독교계 교단들에 의해 계속 이단시비에 휘말리기도 하였으나 독자적인 교단을 유지하면서 현재에 이르고 있다. 나운몽은 계시를 받은 사람이자 이후로도 계시를 받을 사람으로서 특별한 권위를 부여받고 있다. 그는 계시에 의해 많은 예언들을 하였고, 그러한 신비체험에 이끌려 많은 기독교 신자들이 용문산 기도원을 찾고 있다고 알려져 있다. 한편 기도는 이들의 신앙생활에서 가장 중요한 위치를 차지한다. 그는 인간이 구원을 받을 수 있는 세 가지 방법인 은사(恩賜), 속죄(贖罪) 및 중생(重生)의 소망이 모두 용문산 기도원에서 행하는 기도를 통해서만 가능하다고 가르친다. 기도의 내용을 큰 소리로 반복하여 외치고 그에 따라 신체의 일부분이나 전체를 흔들기도 하며 때로는 통곡을 하면서 자기의 소망이 이루어졌다고 확신할 때까지 계속한다. 기도가 절정에 이르면 앉은 자리에서 뛰기도 하고 방언(放言)현상이나 투시현상이 일어나기도 한다. 이러한 현상은 성령이 임한 증거로 여겨지고, 이 과정에서 병이 낫거나 모든 은혜가 이루어진다고 믿는다. 용문산 기도원에 대해 가장 최근에 집계된 교세 통계는 1997년에 나온 것인데, 이에 따르면 교단에 속한 총 교회의 숫자는 183개이며, 소속 목사 137명에 신도의 총수는 34,029명이라고 한다.

하면서 기도원은 세인의 이목을 끌었으며, 동시에 전국의 유명한 산을 훼손시킨 주범으로, 그리고 간혹 탈선의 온상으로서 지탄을 받게 되었다.

1970년 새마을 운동의 전개와 환경보호를 위한 그린벨트법이 발효되면서 많은 기도원이 철거되었다. 이러한 조치 이후 기도원운동의 양상이 많이 변하게 되었다. 즉 영락교회의 영락기도원과 여의도순복음교회의 오산리최자실기념금식기도원, 그리고 기성 교회에서 수양관 형태로 각종 기도원들을 건립하는 추세가 많이 늘어난 것이다.195) 1987년도 전국의 기도원은 약 400여 개로 이 가운데 반수에 가까운 것이 용문산 기도원 계통이라고 한다. 그러면 영적 종교현상의 장소인 '기도원'에 대한 사례를 살펴보고자 한다.

사례 1

서울 큰믿음교회의 한 성도는 기도원에서 기도받은 하나님의 음성에 대하여 말하기를, "저는 예수님 믿는 가정에서 태어난 모태 신앙자입니다. 그냥 답답한 마음에 이렇게 글을 올립니다. 저의 친할머니께서 제가 배 속에 있을 때 어머니 배를 붙잡고 사무엘 같은 아이를 주시면 주님께 바치겠다는 그런 기도를 하셨다고 저의 어머니가 저

---

195) 오산리최자실기념금식기도원은 1973년 1월 최자실 목사에 의해서 설립되었다. 최자실 목사가 사망한 이후 현재 여의도순복음교회 조용기 원로목사가 기도원을 운영했었다. 이 기도원은 세계 최대의 현대적인 시설을 갖추고 있으며, 10만 명의 대지와 3천 평의 성전은 2만 명을 수용할 수 있는 규모이다. 이 기도원은 연중무휴로 집회를 가진다. 하루에도 수천 명의 사람들이 찾는 이 기도원은 설립된 이후부터 놀랄 만한 성장을 거듭하였다. 이처럼 급성장을 이루고 있는 이유는 기도원 운영의 조직화, 현대적 시설, 그리고 순복음의 오순절 운동 때문이라고 보인다. 기도원의 특징은 금식기도를 강조한다는 점이다. 실제로 수많은 사람들이 금식기도를 통해서 신앙의 부흥이나 병의 치유를 경험하였다고 한다. 그런데 최자실 목사는 금식기도의 효능에 대하여, "에덴동산에서 첫 아담은 사단의 꾐에 넘어가 선악과를 따 먹음으로써 금식에 실패했지만, 마지막 아담인 예수 그리스도는 사십 일 금식을 하고 사단의 시험과 궤계를 물리쳤다."라는 독특한 주장을 제기하였다. 그래서 이 금식에는 승리와 축복과 기적이 일어난다는 것이다.

에게 말씀하시더라고요. 저는 그런 말 들을 때마다 마음에 부담감만 일고 직장생활만 했죠. 때로는 어느 기도원에 어머니랑 기도받으러 가니까 우리 집안에 서원한 아들이 있으며 그 기도를 하나님이 받으셨으니 순종하라고 하시더라고요. 그때 그 기도받으시고 그때 친할머니 기도가 진짜 서원기도가 됐구나 느끼셨다고 어머니가 그러시더라고요. 저는 성격도 내성적이고 믿음은 냄비신앙이라 마음에 부담만 있고 지금은 어느 한 기도원에 나의 사명에 대해 주님께 확실하게 응답받으려고 와 있습니다. 뜨거운 체험 없는 제가 주님을 확실히 만나고 주님의 확실한 뜻을 알고 싶어서 왔는데 잘 안 되네요. 서원기도를 하나님께 한 이상 사명 감당은 해야 한다고 하는데 아직도 신앙에 뜨거움은 없네요. 자꾸 그 상황에서 벗어나고 싶고 그냥 평범하게 성도로서 신앙생활 하고 싶거든요. 이렇게 세월 지나 사명 감당 못 하고 지옥 가는 것은 아닌지 모르겠네요. 정말 사명 감당할 자신이 없거든요. 너무 소심하고 내성적이라 점점 위축감만 옵니다. 확실한 꿈과 목표도 잃어버린 지 오래되어서 무조건 주님을 만나야겠다는 신념 아래 기도 중입니다."라고 하였다.[196]

사례 2

영주 예수중심교회를 담임하고 있는 이 목사는 얼마 전까지만 해도 휠체어에 앉아 걷지도 못하고 있던 환자였는데 기도원에서 치료받았던 것에 대하여 말하기를 "이번 하계산상집회 참석을 위해 기도원에 와서 저 스스로도 놀라고 있었습니다. 지팡이를 짚고 걷는 저에

---

196) 서울 큰믿음교회 카페, "서원기도에 대해서", http://cafe.daum.net/Bigchurch.

게 이시대 목사님께서 '지팡이 버리고 그냥 걸어 봐요' 하시는데 정말 걸어지는 것이 아니겠습니까? 저 스스로도 이토록 빠른 진전은 기대 이상이었거든요."라고 하였다.[197]

사례 3

예수중심교회 흑석교구 지 집사는 기도원에서 경험한 간증에 대하여 말하기를, "병을 고쳐야겠다는 일념으로 2004년 장성예루살렘기도원 집회에 참석하여 하나님께 살려 달라고 간절히 기도했습니다. 집회 도중 통성기도 시간에 두 손을 들고 간절히 기도하던 중 갑자기 배가 아파 왔는데, 그것이 하나님께서 저를 치료하고 계시다는 것을 느낄 수 있었습니다. 그때 단에서 설교하시던 목사님께서 '지금 여기서 암에서 고침 받은 사람이 있으니 앞으로 나오라'고 하시기에 저는 단 앞으로 뛰어나갔습니다. 하나님께서 고쳐 주셨다는 믿음으로 달려나간 것이었습니다. 그런데 기도원에서 돌아온 후 배가 아파오기에 화장실에 갔더니 뭉글뭉글한 핏덩어리가 쏟아져 나오는 것이 아닙니까! 저는 너무 놀랐지만 그 순간 그게 바로 암 덩어리가 빠져나온 것임을 직감했습니다. 그 뒤로 그렇게 아프던 몸이 가뿐해지는 것을 느끼며 몸이 깨끗이 나았습니다."라고 하였다.[198]

이와 같이 '기도원'에 대한 사례를 종합해 보면, 기도원에서 기도를 받고 혹은 집회에 참석하여 걷지도 못했던 환자가 나았으며, 그곳에서 통성기도를 함으로써 암을 치료받은 것으로 나타났다.

---

197) 예수중심교회 교회신문 2008년 8월 17일자 신문.
198) 예수중심교회 교회신문 2007년 6월 3일자 신문.

(3) 가정

가정은 좁은 의미에서 주로 가족이 살아가는 공간적인 장소를 가리킨다. 그러나 넓은 의미에서 가정은 인간관계에 초점 중심을 두는 가족과 생활, 그리고 거주 장소에 초점을 두는 집과 공동의 소득에 근거한 생산 소비 활동의 단위인 가계와 의식주를 비롯한 일련의 가족자원 관리활동 등을 모두 포함하는 개념을 의미한다.[199] 가정은 영적 종교현상에 있어서 거룩한 장소이다. 그래서 고대시대는 집의 기초에 성물들을 묻거나 벽에 걸기도 하였다. 그것은 집을 지을 때 흙 속에 거하는 악하고 위험한 세력들을 쫓아낸다고 믿었기 때문이다. 초기 서아프리카 선교사는 그들의 풍습에 따라 병 속에 메시지를 넣어 집의 기초에 함께 묻기도 하였다. 또한 문지방과 문에는 부적이나 성물들을 붙이고, 벽에 걸어서 보호신의 도움을 청하기도 하였다.[200]

이러한 관점은 한국에서도 찾아볼 수 있는데 가정을 거룩한 장소로 본다. 한국은 과거뿐만 아니라 현대에도 귀신의 접근을 막기 위해서 집의 문과 입구에 부적을 붙인다. 특히 집은 거룩한 장소이기 때문에 집 안으로 들어가기 위한 문이나 문지방은 성과 속을 나누는 중요한 기준이 되었다.[201]

현재 한국교회는 집이나 건물을 건축할 경우 기공예배를 드린다. 이것은 건물이나 집이 하나님이 거하시는 거룩한 장소가 될 수 있다는 믿음과 연결되기 때문이다. 그래서 한국의 기독교 가정이나 사업장에 가 보면, 하나님의 말씀이 기록된 성구 액자가 문 입구에 걸려

---

199) 브리태니커, "가정", http://enc.daum.net/dic100/contents.do?query1=b01g0609a.
200) 노윤식, 『종교현상학 이론과 실제』, 53.
201) 노윤식, 『종교현상학 이론과 실제』, 142.

있는 것을 볼 수 있다. 혹은 예수 그리스도의 성화나 성경이 그 중심부에 걸려 있거나 놓여 있기도 하며, 기도와 예배의 장소로 사용되기도 한다. 이것은 가정이나 사업장에 하나님께서 늘 함께 계시기를 간구하는 믿음의 표현이다.

또한 한국교회는 가정예배와 셀 모임 때 교회가 아닌 각 성도들의 가정에서 돌아가며 모이는 것을 장려하고 있다. 이것은 가정이 단순히 의식주를 해결하는 장소 이상으로 하나님이 함께하시는 거룩한 장소로 보는 것이다. 이러한 거룩한 장소에서 하나님을 예배하는 성소를 통해 영적 종교현상의 형태론적 의미를 발견할 수 있다. 그러면 영적 종교현상의 장소인 '가정'에 대한 사례를 살펴보고자 한다.

사례 1

송주한은 『선교지에서의 영적 전투 체험기』라는 책에서 거룩한 장소인 가정에서 경험한 영적 종교현상에 대하여 말하기를, "우리 가족이 이곳 선교지로 와서 경험하게 된 사건은 우리 가정에 엄청난 변화를 가져다주었다. 우리는 경악했고 황당했다. 그리고 주님께 감사했고, 주님이 우리에게 주기를 원하시는 진정한 자유와 풍성한 삶이 무엇이며 그것을 어떻게 누릴 수 있는지를 배웠다. 분명한 사실은 지금 우리 가정은 그 이전보다 더 행복해졌다는 것이다. 나와 아내는 지금 14세인 아들 예찬과 13세인 딸 현지와 함께 행복한 가정을 이루며 살고 있다. 그런데 약 7년 전만 해도 나와 아내에게는 큰 염려가 있었다. 그것은 우리 딸 현지가 앓고 있는 질병 때문이었다. 어떻게 해 줄 도리가 없어서 그저 근심하며 한숨을 쉴 뿐이었다. 우리는 계속해서 주님께 현지를 올려 드리며 병원에 가 보기도 하고, 현지의 질병을 고쳐 주시기를 하나님께 간구하기도 했다. 때론 어설프게 들은 치유 기도를 사용해 보기도 했다. 부족한 나를 불쌍히 여기셔서 몇 명의 성도들을 주님은 치유해 주셨다. 그런데 우리 딸 현지를 위한 기도만 큼은 전혀 먹히지 않았다. 도리어 기도를 하면 할수록 증상은 더욱 심해져만 갔다. 나는 낙심하고 실망할 수밖에 없었다. 그래도 주님의 신실하심을 믿기 때문에 우리는 간구의 줄을 놓치지 않고 있었다."라 고 하였다.202)

이와 같이 '가정'에 대한 사례를 종합해 보면, 가정에서 기도하면 질병이 치료받는 것으로 나타났다.

(4) 성전

닫힌 장소로 지상에서 가장 거룩한 장소는 하나님의 집인 성전이 다.203) 셈족 종교의 경우, 성역이라 할 수 있는 제단이나 성전은 세워 진 성소만을 의미하지는 않고, 제단과 성전 주변의 일정한 장소까지 포함되고 있다. 이러한 영적 종교현상에 대한 거룩한 장소의 개념은 기원전 3,000년에 이미 나타나고 있으며, 중부 메소포타미아의 카파 제(Khafajeh)에서는 성전 앞에 100×70야드의 구획이 설정되어 있었다. 이와 같은 시기에 북 메소포타미아의 엘 오베이드(EL-Obeid)에도 비 슷한 구조의 성소가 발견되었다.204) 이러한 거룩한 장소들은 인간들 이 임의로 선택한 곳이 아니라 신의 임재나 활동의 계시를 통해서 결

---

202) 송주한, 『선교지에서의 영적 전투 체험기』(서울: 도서출판 예찬사, 2009), 3-4.

203) Peter MacKenzie, *The Christians: Their Practices and Beliefs*, 50.

204) Roland de Vaux, *Ancient Israel: Its Life and Institutions* (London: Longman & Todd Ltd, 1961), 274.

정되는 것이다. 신은 거기서 사람들을 만나기도 하지만 명령을 내리며, 은혜를 베풀기도 한다. 야곱은 도망가는 중에 하나님을 만나 뵙고 "두렵도다, 이곳이여!"라고 외쳤다(창 28:17). 이런 방식으로 알려진 거룩한 장소는 특별히 기억되고 보존되어 특정한 금지명령과 특권들에 의해 지정되고 표시된다.205)

이스라엘은 하나님이 예루살렘 성전에 거하신다고 믿었다. 그래서 이스라엘 백성들은 하나님의 집인 거룩한 성전에서 하나님을 만났다. 그리고 하나님의 음성을 들었을 뿐만 아니라 꿈을 꾸기도 하며, 도피처로서 보호를 받았다(시 27:4, 84:1; 왕상 8:13; 겔 43:7; 사 6:1). 그러나 도덕적 삶과 윤리적 행동이 없는 성전 예배는 하나님 앞에 가증한 것이 되었다(렘 7:4−7; 사 6:1). 이사야 선지자는 하나님은 성전에만 계신 것이 아니라 하늘이 하나님의 보좌요 땅이 그분의 발등상이라고 말하면서 부도덕한 부류들의 성전 건축을 책망하였다(사 66:1).

신약성경에서는 성전보다 크신 예수 그리스도가 오셨고, 기존의 예루살렘 성전을 헐고 예수 그리스도 그분 자체가 성전이 될 수 있음을 강조하였다(마 12:6, 24:2; 막 14:58). 그래서 예수 그리스도는 열두 살 때 성전을 '하나님의 집'이라고 말씀하셨고, 성전에서 물건을 매매하는 상인들을 향하여 꾸짖기도 하셨다(눅 2:49, 19:45−46). 예수 그리스도 이후, 사도 바울은 하나님의 집에 대한 영적인 해석을 강조하였는데 그는 건물이 하나님의 집이라는 개념을 건물은 신자들 자신이라고 새롭게 해석하였다. 로마와 유대교로부터 박해를 받으며 비밀

---

205) Roland de Vaux, *Ancient Israel: Its Life and Institutions*, 276−289. 족장들이 유랑하며 다닌 처소들인 세겜, 벧엘, 마므레(헤브론), 브엘세바 등에서 특별한 예배처, 즉 성소가 있었던 것으로 여겨진다. 한상인, 『족장시대의 고고학』(서울: 도서출판 학연문화사, 1996), 176.

리에 장소를 옮기며 모였던 초대교회는 이 해석을 받아들여 하나님의 집인 교회가 건물보다는 성도의 모임이나 공동체라는 사실을 더욱 강조하게 되었다(고전 3:16, 6:19; 엡 2:20; 벧전 2:5).

이슬람교의 경우는 여유 있고 건강한 사람이라면 일생에 꼭 한 번은 메카를 순례(Hajj)해야 한다. 메카는 '하나님의 집'(카바)으로 그 주위를 걸어서 일곱 바퀴를 돌며, 악마에게 돌을 던지고 나서 '아브라함의 장소'로 가서 기도문을 외운 뒤 '잠잠 샘'에서 물을 마신다고 한다.[206] 그리고 또 다른 여러 과정들을 거친다.

한국교회는 하나님의 집인 거룩한 성전을 사람들의 모임보다 건물이라는 측면을 중요하게 생각한다. 그래서 한국교회의 성도들은 흔히 하나님의 집인 성전에 들어가면 반드시 가만히 앉아 먼저 머리를 숙여 하나님께 기도한다. 그리고 목회자들도 강단에 올라가면 제단에 무릎을 꿇고 하나님께 기도하는 모습을 종종 볼 수 있다.[207]

특히 한국교회의 건축물은 하나님의 집인 성전을 지어 드린다는 사랑의 표현으로 해석한다. 물론 재정적으로 어렵지만 한국의 대부분 목회자와 신자들은 하나님의 집인 교회를 건축하는 열심을 가지고 있다. 그러나 사회 불의와 부조덕에 반대하여 사회 변혁을 시도하는 운동에 교회가 재정적으로 참여하지 아니하고 교회 건축만 한다는 사회적 비난이 없는 것은 아니다. 그러나 영적 종교현상의 형태론에서 한국교회의 건축 열기는 하나님의 집을 세움으로써 성도들이 공동체에 대한 하나님의 실제적인 사랑과 헌신을 표현하는 중요한 종

---

206) Don Mccurry, 『무슬림은 무엇을 믿는가?』, 주지현 역 (고양: 도서출판 예수전도단, 2008), 8. 잠잠 샘은 하갈과 이스마엘을 기념하는 곳이다.
207) 노윤식, 『종교현상학 이론과 실제』, 143.

교현상임을 부정할 수는 없는 것이다. 그러면 영적 종교현상의 장소인 '성전'에 대한 사례를 살펴보고자 한다.

사례 1

서울 큰믿음교회 김옥경 전도사는 성전에 대한 간증에 대하여 말하기를, "얼마 전 중보시간에 제 영이 아버지의 보좌 앞으로 올리어졌습니다. 갑자기 제 앞에 엄청난 숫자의 흰 말과 병거들이 열을 지어 정렬되어 있었고 그 뒤로 수많은 천사들이 끝없이 무리 지어 서 있는 것이 보였습니다. 흰 말의 무리들이 제게 close-up 되어 자세히 보니 흰옷을 입은 여자들이 손에 무기를 들고 말들을 타고 있었습니다. 그리고 주님의 음성이 뒤에서 들렸습니다. '이들은 나의 심장을 가진 큰믿음교회의 눈물의 여 전사들이 이끄는 하늘의 군대다. 마지막 추수를 위해 앞으로 큰믿음교회로 파송될 것이다.' 그리고 너무도 선명하게 사탄들이 대화하는 소리를 제가 듣게 되었습니다. '이제는 끝이다. 큰믿음교회의 부흥은 아무도 막을 수 없다.', '저들을 막을 길이 없다. 왜냐하면 저들은 가장 강력한 힘을 가진 눈물의 부대이다.', '더더욱 저들은 예수의 심장을 가진 사랑의 군대다. 그 사랑을 우리가 이길 수 없다. 우리는 실패했다.', '저들을 초기에 제거하지 못한 것이 우리의 실수다. 저들은 너무나 평범한 자들이었기에 우리의 표적이 되지 못했어. 이제는 늦었어. 저들은 예수를 너무나 사랑하기에 그 어떤 것도 두려워하지 않아.', 어디로부터 오는 소리인지는 모르지만 뚜렷이 들려왔습니다. 그리고 오늘(화요일) 중보시간에 교회를 위해 기도할 때 우리나라 지도가 보였습니다. 그 지도가 금빛으로 변하고 각 도의 경계가 선명하게 그려지면서 모든 도에 '큰믿음'이라는 글씨가 새겨졌습니다. 곧이어 세계 지도가 펼쳐지는데 그곳에도 모든 나라에 금빛이 입혀지고 '큰믿음'이라는 글자가 새겨졌습니다. 저는 이것이 큰믿음교회 지성전의 청사진임을 바로 알았습니다. 그리고 곧바로 '큰믿음'이라 써진 곳곳마다 많은 영혼들이 보였는데 그곳에서 책을 가슴에 품고 한 사람씩 튀어 올라왔습니다. 주님의 음성이 들렸습니다. '앞으로 지구상에 존재하는 거의 모든 사람들이 변승우 목사가 쓴 많은 책들 가운데 한 권 이상씩을 읽게 될 날이 오게 될 것이다.' 그리고 고 바울 목사님께서 예언하신 무한대의 교회부지에 대한 깨달음을 주셨습니다. 모든 나라와 여러 도시에 세워질 지성전은 물론이고, 목사님의 책을 통해 변화된 사람들이 자신의 나라와 살고 있는 지역으로 가져갈, 큰믿음교회의 모든 기름부음을 의미하는 것을 알게 되었습니다. 지구상 모든 곳에 다 흘러가서 그곳을 변화시킨다는 것을 알았습니다."라고 하였다.[208]

사례 2

아산 예수중심교회 이순금 권사는 성전에 대하여 말하기를, "저는 지금 아산 예수중심교회를 섬기고 있습니다. 아산 예수중심교회는 1997년 1월 5일 창립예배를 드렸고, 박인덕 목사님이 부임해 오면서 3층으로 된 좋은 성전을 짓게 되었습니다. 제 개인적으로도 기도하여 하나님이 저와 늘 함께하심을 느끼며 살고 있습니다."라고 하였다.[209]

---

208) 서울 큰믿음교회 카페, "김옥경 전도사님의 간증 모음", http://cafe.daum.net/Bigchurch. 현재 서울 큰믿음교회의 지성전은 18개로 안양 큰믿음교회, 일산 큰믿음교회, 인천 큰믿음교회, 원주 큰믿음교회, 대전 큰믿음교회, 전주 큰믿음교회, 대구 큰딜음교회, 울산 큰믿음교회, 창원 큰믿음교회, 광주 큰믿음교회, 부산 큰믿음교회, 순천 큰믿음교회, 동경 큰믿음교회, 오사카 큰믿음교회, L.A. 큰믿음교회, 뉴욕 큰믿음교회, 밴쿠버 큰믿음교회, 버까시 큰믿음교회(인도네시아) 등이다.

209) 예수중심교회 교회신문 2009년 9월 6일자 신문.

사례 3

만민중앙교회 여선교회총연합회 헌신예배가 2010년 3월 21일 주일 저녁예배 시 본당에서 있었는데 성전 건축에 대하여 말하기를, "이날 예배에는 전국 38개 지교회 여선교회 회원들이 본당에 함께했다. 천국을 연상케 하는 색색의 한복을 곱게 차려입은 여선교회 회원들의 모습이 단아한 주님의 신부들 같았다. 이번 여선교회 헌신예배는 전 회원이 뜨겁게 물심양면으로 동참했으며, 정성을 다한 헌물은 아프리카 케냐 나이로비만민성결교회 성전 건축에 쓰인다."라고 하였다.[210]

이와 같이 '성전'에 대한 사례를 종합해 보면, 성전을 중심으로 하나님의 음성을 듣는 장소와 하나님의 함께하며 헌신할 수 있는 장소로 나타났다.

3. 영적 종교현상의 대상

인간은 감각의 형태를 통해 사람의 눈으로 볼 수 없는 종교적인 초월자 혹은 신과 의사소통(communication)을 한다. 이러한 종교적인 삶은 사람들의 몸의 감각과 매우 밀접한 관계를 이루고 있다. 그래서 성경에서는 영(spirit)을 인간이 느낄 수 있는 바람(pneuma)의 운동으로 설명하기도 한다.[211] 예수님은 사람이 느낄 수 있는 침을 사용하거나 자신의 손으로 안수하여 병자를 고치셨다.[212] 예수 그리스도의 현존

---

210) 만민뉴스 2010년 3월 28일자 신문.

211) 노윤식, 『종교현상학 이론과 실제』, 37.

212) 예수님은 침을 사용하여 치료하셨다. ① 벳세다 소경을 고치실 때 침을 눈에 뱉으시고 안수하여 치료하셨다(막 8:22 - 26). ② 나면서 소경 된 자를 고치실 때 진흙에 침을 뱉어 이겨 바르고 실로암 못에 가서

은 떡과 포도주로 임했으며, 물을 사용하여 하나님과의 화해와 예수 그리스도의 죽으심, 그리고 부활에 참여하기도 한다. 이러한 자연물은 종교현상에서 거룩하게 만드는 중요한 도구인 매개체가 되었다.

1) 물

물(water)은 거룩함의 상징으로 세계 종교의 일반적인 신념이다. 그리고 종교현상에 있어서 삶과 재생, 그리고 치유와 연결되어 있다.[213] 성경을 보면, 물이 있는 곳에 항상 생명과 생기, 그리고 삶과 치유 등이 있음을 기록하고 있다. 예를 들면, 하나님의 신은 물 위에 운행하셨고(창 1:2), 에덴동산과 새 예루살렘 성은 생명수가 흐르는 곳이다(창 2:14; 계 22:1-2). 그래서 예수님은 사마리아 여인에게 영원히 목마르지 않는 생수를 주셨다(요 4:14).

성경에 나타난 물의 경우, 한국교회에서는 죄로 인해 죽을 수밖에 없는 성도가 거듭나서 세례식이나 침례를 받을 때 사용한다. 그러나 한국교회는 이 물을 성수라 하여 물 자체를 마술적 힘의 대상으로 숭

씻으라고 말씀하시고 순종했을 때 치료가 되었다(요 9:1-12). ③ 귀먹고 어눌한 자를 치료하실 때 양귀에 침을 발라 그의 혀에 손을 대고 에브-다(열려라)라고 말씀하실 때 치료되었다. 환자의 환부에 직접 침을 뱉어서 치료하는 방법은 당시 일반 백성들 사이에 민간요법으로 많이 활용되고 있었다. 로마황제 베스파니안(A.D. 69~70)이 소경에게 침을 눈에 발라 치료했다는 기록이 전해지고 그 외 플라니우스 슈톤 등의 기록에도 나오고 있다. 이러한 치료행위는 당시 헬라인과 유대인 의사들이 일반적으로 사용한 방법이라고 볼 수 있다. 그러나 오늘날 침을 약으로 쓰는 경우가 거의 없기 때문에 침으로 병을 치료하려고 하면 상당한 부작용이 있을 수 있기 때문에 삼가는 것이 좋을 것이다. 예수님은 손으로 만지심으로 치유하셨다. ① 두 소경이 "다윗의 자손이여, 우리를 불쌍히 여기소서" 했을 때 예수님은 그들에게 "내가 능히 이 일을 할 줄을 믿느냐"라고 물으셨고, 그들이 "예"라고 긍정적인 대답을 했을 때 저들을 만지사 눈을 뜨게 하셨다(막 9:27-31). ② 문둥병자 고치실 때 어떤 문둥병자가 예수님께 나아와서 "주여 원하시면 저를 깨끗게 하실 수 있나이까" 했을 때 예수님은 더 이상 묻지 않으시고 손을 내밀어 저에게 대시면서 문둥병자를 고치셨다(마 8:1-4). 이와 같이 예수님은 개개인의 경우에 따라서 필요한 방법을 사용하여 치료하셨다.

213) Friedrich Heiler, *Erscheinungsformen und Wesen der Religion*, 39.

배하지는 않지만 그 상징적 의미를 종교제의에 사용하고 있다. 한국 교회는 영적 종교현상의 대상을 일반 종교들처럼 그 대상인 산이나 물 등에 대하여 그 자체가 신적인 현현의 대상으로 숭배하지 않고, 그 종교 대상들의 상징성에 더 중요성을 두고 있다.[214] 그러면 영적 종교현상의 대상인 '물'에 대한 사례를 살펴보고자 한다.

사례 1

만민중앙교회는 『만민뉴스』라는 신문에서 무안단물에 대하여 말하기를, "저는 코스타리카 수도 산호세에 있는 '약속의 생명교회' 담임목사로서 8개의 지방 도시에 지교회 사역도 겸하고 있습니다. 또한 국회의원으로 정부의 요직을 감당하는 한 사람으로 어디를 가든 복음과 제 간증을 전하면서 행복한 사역을 하고 있지요. 코스타리카에서 엔라세 방송을 통해 이재록 목사님의 말씀과 전 세계에 널리 펼쳐 가시는 사역을 보면서 깊은 감명을 받고 오래전부터 뵙고 싶었습니다. 지난 3월, 만민중앙교회를 방문할 수 있는 기회가 주어졌습니다. 제게는 더없는 기쁨이요, 영광이었지요. 그동안 이재록 목사님의 사역을 익히 알고 있었지만 직접 와서 보니 목사님을 돕는 일꾼들의 모습과 하나님 뜻에 맞추어 전 세계에 복음을 전파하고 있는 만민TV, 지교회를 통한 활발한 국내 사역을 대하면서 큰 감동을 받았습니다. 지난 3월 31일, 이재록 목사님이 하나님께 기도해 짠물이 단물로 변한 기적의 현장 무안단물 터를 방문했습니다. 무안단물을 통해 하나님의 은혜와 치료의 역사를 체험한 이들의 간증을 이미 들은 터라 저

---

214) 노윤식, 『종교현상학 이론과 실제』, 136-137.

도 기대하는 마음이 컸습니다. 기적의 장소에서 맛본 무안단물은 너무나 맛이 좋고 신선했습니다. 날씨가 많이 추웠지만 저는 건강과 영적인 힘을 받기 위해 기도한 다음, 믿음으로 무안단물에 몸을 일곱번 담갔습니다. 한 번, 두 번 무안단물에 몸이 잠길 때마다 말로 표현할 수 없는 평안 가운데 하나님의 임재하심을 느꼈습니다. 저는 14년 전에 오른쪽 무릎 통증으로 병원 진찰을 받았습니다. 그런데 최근 4년 동안 통증이 더욱 심해져 계단을 오르내릴 때 다른 사람의 도움을 받거나 아주 조심스럽게 발을 떼어야 했습니다. 의사는 뼈에 무리가 가지 않도록 운동과 체중 조절이 필요하다며 지팡이를 들 것을 권유했지만 저는 하나님의 치료를 믿기에 고통을 참으며 천천히 걸어 다녔지요. 그런데 무안단물에 침수 후 몇몇 분들과 대화하다가 무심코 제 모습을 보니 양반다리를 하고 앉았는데도 무릎에 전혀 통증이 느껴지지 않는 것이었습니다. 너무나 신기해 다리를 이리저리 움직여 보고, 바닥에 무릎을 꿇고 앉아 보기도 했습니다. 이전 같으면 통증과 함께 무릎이 떨리는 증상이 있어야 하는데 전혀 그러한 증상이 없고 계단을 오르내릴 때에도 마찬가지였습니다. 말로만 듣던 무안단물에 담긴 하나님의 권능을 저도 체험한 것입니다."라고 하였다.[215]

사례 2

영국 런던만민교회 폴 로저스는 무안단물의 간증에 대하여 말하기를, "저의 가족은 유전적으로 청력에 문제가 있었습니다. 친할머니께서는 귀머거리였고, 아버지도 한쪽 귀의 청력을 상실한 채 살아오셨

---

215) 만민뉴스 2010년 5월 2일자 신문.

지요. 저 역시 이러한 유전적 영향 때문에 세 살쯤 되었을 때 이미 청력이 심각할 정도로 감퇴되었습니다. 열여섯 살이 되기 이전에 이미 다섯 차례나 청력회복 수술을 받았지요. 그 결과 정상인처럼 완벽하게 들을 수 없었지만, 생활하는 데 불편하지 않았습니다. 그러나 세월이 흘러 50대 후반이 되었을 때 왼쪽 귀 청력이 급속히 떨어지기 시작했습니다. 또다시 이비인후과 병원에서 청력회복 수술을 받았지요. 의사는 '시간이 지나면서 고막 감염과 과거 수술이 남긴 반흔 조직 (흉터) 때문에 왼쪽 청력이 완전히 손상될 수도 있습니다'라고 하였습니다. 그때 저는 얼마나 놀랐는지 이내 걱정이 엄습했습니다. 그나마 오른쪽 귀는 괜찮아 불행 중 다행이었지요. 그 후 3년이 지났을까 오른쪽 귀 청력도 서서히 감퇴해 병원을 찾았습니다. 저의 경우는 유전적으로 청력이 매우 좋지 않고 고질적인 고막 감염 때문에 수술해도 일시적인 청력 회복과 통증 완화는 가능하나 근본적 치료는 어렵다고 했습니다. 그냥 평소대로 보청기를 착용하고 사는 것이 제가 할 수 있는 전부였습니다. 그런데 몇 개월 전 어느 주일 아침, 아내가 제게 말하는 것이었습니다. '여보! 기적의 물, 무안단물이에요. 이 물로 귓속을 닦아 줄게요.' 아내가 면봉에 무안단물을 묻혀 귓속을 소제한 다음 날 아침, 귓속에서 '팝' 하는 소리와 함께 소리가 잘 들리는 것이 아닙니까. 수십 년 동안 희미하게 들렸던 소리가 보청기를 착용하지 않은 상태에서 점점 크게 들려오니 놀라지 않을 수 없었습니다. 며칠 후 병원에 갔을 때 의사 선생님은 '귓속 감염된 부위가 깨끗해졌고, 청력이 현저히 회복되었습니다'하며 놀라워했습니다."라고 하였다.[216]

사례 3

태국 차이쁘라칸 만민교회 워라퐁 잉와타나쿤 목사는 무안단물의
체험에 대하여 말하기를, "2008년 10월, 만민중앙교회 창립 26주년 기
념행사 참석 후 두 번째 방문이었지요. 그 당시 저는 무안단물 터에서
침수 후 시력이 좋아져 안경을 벗었습니다. 그런데 이번에는 무안단물
을 눈에 넣어 왼쪽 눈의 심한 난시까지 치료받았지요. 타원 도웅 분
전도사님도 고질적인 발목 통증을 치료받았습니다."라고 하였다.[217]

이와 같이 '물'에 대한 사례를 종합해 보면, 무안단물을 통해 하나
님의 임재를 경험하였으며, 물을 통해 통증과 청력 그리고 시력까지
치료받는 것으로 나타났다.

2) 하늘

하늘에 대한 믿음은 세계 모든 종교에서 보편적으로 일어나고 있
는 종교현상이다. 이러한 종교현상은 최고의 신 혹은 신의 표상과 연
결되어 있다.[218] 하늘을 어원적으로 살펴보면, 한글의 옛 표기인 '하
날'에서 시작되었는데, '하날'은 '한 알'로서 큰 알을 의미한다.[219] 다
시 말하면, 하늘은 고대 사람들에게 하나의 큰 알처럼 생각되었다. 그
래서 한국의 경우, 신라 혹은 가락국 등의 건국신화에서 박혁거세와

---

216) 만민뉴스 2010년 6월 13일자 신문.

217) 만민뉴스 2010년 6월 20일자 신문.

218) Friedrich Heller, *Erscheinungsformen und Wesen der Religion*, 62.

219) 서정범, 『무녀별곡 3』 (서울: 한나라, 1993), 52.

김알지 등 한국 건국 시조들이 큰 알에서 태어났다는 신화가 있다. 그러한 현상이 일어났다는 것은 보다 건국 시조들이 '하늘의 권세를 가졌다' 혹은 '하늘의 후손'이라는 의미로 해석하는 데 있다. 따라서 한국인에게 하늘은 '최고의 신'을 의미하는 명칭으로 이러한 하나님의 명칭이 기독교 전례에 있어서 기독교의 '여호와 하나님'이라는 이름으로 사용되었다. 물론 그 내용은 같지는 않지만 그 형태상으로 최고의 신이라는 의미로 '하나님'이라는 신의 명칭을 토착화한 것이다.[220]

중국 사람들은 기독교의 하나님을 상제(上帝, Shang Ti)라고 하여 '하늘의 주인'이라고 부른다. 물론 일부 학자들은 상제라는 칭호가 언어학적으로 전능자를 의미하는 히브리어의 샤다이(Shaddai) 또는 엘샤다이(El Shaddai)와 관계가 있다고 본다.[221] 중국 선교사였던 존 네비우스(John Nevious)는 유교 고전의 상제에 대해 우상적인 요소가 없다며 창조주 하나님의 입장을 지지하였다. 이러한 중국 문화에 대한 관용적인 태도가 그의 토착화의 바탕이 되었다.[222] 성경에서 말하는 하나님과 유교에서 말하는 상제 사이에는 또 하나의 차이점이 있다. 그것은 하나님은 상제와는 달리 조상신을 신하로 두지 않고, 또 조상신이 어떤 영향력을 후손에게 행사하도록 허용하지 않는 것이다. 하나님은 조상이 신으로 제사의 대상이 되는 것을 원치 않으신다.[223]

아르헨티나 마부체(Mapuches) 부족의 경우, 그들이 생각하는 하늘은 '위'라는 개념이다. 즉 신령한 것은 저 위에 있는 것으로 하늘에는

---

220) 노윤식, 『종교현상학 이론과 실제』, 137.

221) Don Richardson, *Eternity in Their Hearts* (Ventura: Regal Books, 1984), 62-63.

222) 이종우, "한국장로교와 감리교의 초기 선교정책의 비교연구", 『선교와 개혁』 제3권 (2006년 11월), 14-15.

223) 안점식, 『세계관과 영적 전쟁』 (서울: 조이선교회출판부, 1995), 132.

1) 정화 행동

기독교의 정화 행동은 다른 종교와 마찬가지로 악한 세력을 내쫓는 의식과 연관되어 있다. 그래서 전통적으로 악한 영을 쫓기 위해서 악기인 드럼이나 종을 치고, 물이나 피를 뿌리고 향을 불사르며, 손을 들어 축사하기도 한다.[229]

(1) 악기

한국교회는 정화를 의한 행동의 일환으로 예배가 시작되기 전 강대상에 있는 종을 치고, 예배 후에는 목사가 손을 들어 축도를 한다. 그러나 향이나 피, 그리고 드럼 등 전통적인 상징물과 악기의 사용은 한국교회에서 자제되고 있었다. 그러나 찬송가 "어서 돌아오오"(527장)와 "눈을 들어 하늘 보라"(515장) 등의 작곡가로 유명한 박재훈 목사는 1970년 초에 한국 최초의 기독교 오페라 <에스더>에서 징을 사용하였고, 1995년 12월 세종문화회관 대강당에서 열린 영락교회 50주년 감사 교성곡 발표 때, 서울 시립교향악단과 사물놀이가 협연하여 작곡 지휘하기까지 국악 찬양에 깊이 관심을 가지게 되었다.

한국 토착종교의 경우, 성스러운 행동 가운데 악령을 내쫓기 위해 북이나 방울을 사용하고 있으며, 제금이나 징은 뇌성처럼 악령을 내쫓는 정화 의식에 사용된다.[230]

---

229) Peter MacKenzie, *The Christians: Their Practices and Beliefs*, 77 – 78.
230) 서정범, 『무녀별곡 1』 (서울: 한나라, 1992), 90 – 91.

(2) 불

정화 행동에 있어서 불은 외적인 수단에 의해 불순물이나 죄악을 태우거나 씻어 내는 경우를 말한다. 구약성경의 경우, 민수기 13장에서 모세는 미디안에게서 노획한 부정한 철의 기물들을 정화하였다. 그리고 신약성경의 경우, 고린도전서 3장에서는 사도 바울이 마지막 심판을 정결케 하는 불로 묘사하고 있다. 또한 세례 요한은 모든 죄를 사하는 불세례를 말하고 있다(요 3:11). 초기 기독교의 알렉산드리아 교부 오리겐은 마지막 심판 불을 정화 행동의 관점에서 불로 이해하였다. 이 불은 영원한 지옥 불과 구별되었는데 오리겐의 주장은 중세 초기 그레고리 대제의 연옥설 형성에 큰 영향을 미쳤다.[231] 그러면 영적 종교현상의 정화 행동인 '악기, 불'에 대한 사례를 살펴보고자 한다.

사례 1

예수중심교회 이 집사는 불의 경험에 대하여 말하기를, "신앙생활을 다시 시작한 지 얼마 되지 않아 이 목사님의 집회에 참석하게 되었고 많은 은혜를 체험하게 되었습니다. 그 후부터 저는 성하지 않은 몸을 이끌고 한 번도 빠짐없이 목사님의 집회에 참석했습니다. 그때 하나님께서는 제 삶의 유일한 소망이 되셨으며 세상의 어둠 속에서 저를 빛으로 이끌어 주셨습니다. 사고로 인해 저는 눈의 초점을 잃었고, 다리를 절었으며, 허리 또한 많이 약해져 조금의 무리도 할 수 없었습니다. 하지만 성경을 보는 중에 눈의 초점을 찾아 시력까지 좋아

---

231) 노윤식, 『종교현상학 이론과 실제』, 67.

졌으며, 하나님 앞에 호개하는 순간 등뼈 속으로 뜨거운 불이 들어오는 환상을 통해 정상인과 다름없이 깨끗이 치료하여 주셨습니다."라고 하였다.[232]

사례 2

변승우는 『다림줄』이라는 책에서 한 아이가 경험한 불에 대하여 말하기를, "박 목사님 댁에서 새벽 2시가 넘도록 다림줄에 관한 얘기를 나누었습니다. 그런데 같은 시각 박 목사님의 자녀들과 교회의 아이들에게 갑자기 성령이 역사하셔서 아이들이 입신을 하는 일이 일어났습니다. 불신자 가정에서 나오는 한 아이가 처음으로 입신을 했는데, 그 아이의 영이 몸에서 빠져나오는 것을 박 목사님의 아들 시온이가 볼 수 있었습니다. 입신에서 깨어났을 때 그 아이는 책장에 꽂혀 있는 책들이 불에 타는 것을 보았습니다. 그 순간 갑자기 시온이가 일어나더니 책장에서 한 권의 책을 집어 들고 캐나다로 가게 될 전도사님에게 주면서 '전도사님 이 책을 읽어 보세요. 그러면 말씀을 이해하는 눈이 열릴 것입니다'라고 하더라는 것입니다."라고 하였다.[233]

사례 3

손에스더의 『내가 본 하늘나라』라는 책에서 불에 대한 경험에 대하여 말하기를, "이사야 56장에 나오는 많은 거짓된 목자들이 가는 지옥도 보았습니다. 하나님을 이용한 많은 거짓 이단자들이 뜨거운

---

232) 예수중심교회, "죽음의 문턱을 넘게 하신 하나님!", http://www.jcc.tv/html/paper.html?sec=confessi-on&no=197&search=불.

233) 변승우, 『다림줄』 (서울: 큰믿음출판사, 2007), 20.

불 못에 던져지고 타오르는 용암 속에서 지금도 후회하며 고통 가운데 있었습니다. 수많은 지옥 중 우리가 본 곳은 극히 일부분이었지만 많은 사람들이 그들의 죗값에 따라 다양한 벌로 고통받고 있는 것과, 한 사람이 한 곳의 지옥에만 머물러 있지 않고 여기저기로 돌려 가며 보내진다는 것 또한 알게 되었습니다."라고 하였다.[234]

이와 같이 '악기와 불'에 대한 사례를 종합해 보면, 불이 들어오는 환상을 통해 눈과 다리, 그리고 허리가 정상적으로 돌아왔으며, 시력이 좋아졌으며, 말씀을 이해하는 눈이 열리며, 지옥도 본 것으로 나타났다.

2) 통합 행동

신과의 하나 됨을 추구하는 거룩한 통합 행동은 모든 종교에서 나타나는 하나의 신비적인 표현의 형태이다.[235] 그래서 한국교회의 경우, 목사와 장로 임직식에 안수를 하며, 부흥회에서도 성도들에게 안수가 강조되고 있다.

(1) 안수

안수(laying on of hands)는 신의 능력이나 거룩함이 전달되도록 하는 중요한 종교적인 행위이다. 고대 근동사회에서 안수는 새로운 생명과 치유의 역사가 일어났다고 믿었다. 이러한 안수는 구약성경의 이스라

---

234) 손에스더, 『내가 본 하늘나라』, 44.
235) Peter MacKenzie, *The Christians: Their Practices and Beliefs*, 106.

엘 민족과 신약성경의 교회에서 축복이나 직분 이양, 그리고 치유의 수단으로 사용되었다. 야곱의 경우, 에브라임과 므나셋을 안수하여 축복하였다. 모세의 경우는 여호수아에게 안수해 그 직분을 이양하기도 하였다(창 48:14). 예수와 제자들은 안수하여 병든 자를 고쳤으며, 예수는 제자들에게 안수할 것을 명령했다(막 5:23, 6:2, 8:23). 그것뿐만 아니라 사도 바울은 디모데를 안수하여 그의 은사를 불일듯하게 하였다. 또한 베드로와 요한의 안수를 통하여 이미 세례를 받은 자들에게 성령을 받게 하였다(딤 1:6; 행 8:17). 오늘날 현대 교회에서도 안수는 세례식과 임직식, 그리고 병든 자를 위해 기도하거나 하나님의 능력을 전달하는 데 중요한 종교적 행위에 위치하고 있다.[236] 그러면 영적 종교현상의 통합 행동인 '안수'에 대한 사례를 살펴보고자 한다.

사례 1

서울을 비롯한 전국의 만민교회에서 안수를 받은 것에 대하여, "기적의 샘물이 있다. 마시면 각종 질병이 낫는다. 머리카락이 났다. 피부병이 깨끗이 나았다 쌍꺼풀도 생겼다. 무좀이 씻은 듯이 사라졌다."라는 간증들이 쏟아져 나왔다. 또한 이 목사의 안수기도로 조용한 어촌마을의 한 우물은 기적의 샘물로 변해 버렸는데 그 장소가 전남 무안군 해치면 산길 2리 구등마을이라고 한다.[237] 또한 지난 2003년 3월에 이재록은 시공간을 초월한 안수에 대하여, "바다의 짠물이 단물로 변화하는 기적을 체휼했다고 한다. 이것은 모세의 기도로 마라의 쓴물이 단물이 된 것과 같은 것으로 출애굽기 15장을 믿고 기도

---

236) Peter MacKenzie, *The Christans: Their Practices and Beliefs*, 111–112.
237) 이대복, 『이단종합연구』 (서울: 기독교0 단문제연구소, 2000), 306.

한 결과였다."라고 말했다.[238]

사례 2

변승우는 『특별히 예언을 하려고 하라!(개정판)』라는 책에서 안수기도에 대하여 말하기를, "양수리 수양관에서 찰스 프란시스 헌터의 신유집회 도중 저는 그로부터 안수기도를 받았습니다. 저만 해 준 것은 아니고 집회에 참석한 모든 사람들에게 해 준 기도였습니다. 그 후 교회에 돌아와 새벽예배를 인도했는데 그 당시 교회도 작았지만 새벽예배에 나온 사람이 어머니와 사모 두 사람뿐이었습니다. 겨울이라 사택을 빼면 20평 정도밖에 되지 않는 교회에 난로를 피워 놓았는데 저는 아무 생각 없이 저희 집사람을 난로 앞에 세워 두고 안수하며 기도했습니다. 그런데 전혀 생각지 못한 일이 일어났습니다. 집사람이 갑자기 뒤로 쓰러진 것입니다. 그 후 신기해서 저희 어머니를 위해 기도했는데 어머니 역시 뒤로 쓰러지셨습니다. 그때 이후로 지금까지 성도들을 안수할 때 쓰러지는 현상이 계속해서 일어나고 있습니다."라고 하였다.[239]

사례 3

충북 청주에 위치한 '척산리국제금식기도원'의 김지현 원장은 안수에 대하여 말하기를, "배와 눈을 찌르는 등 불건전한 방식을 동원하고 특정한 문제 해결을 위해 무리하게 금식을 요구한다는 것이었다. 예를 들면, 김 원장이 갑작스레 머리를 '탕탕' 손바닥으로 내려치

---

238) 만민뉴스 2010년 3월 7일자 신문.
239) 변승우, 『특별히 예언을 하려고 하라!(개정판)』 (서울: 큰믿음출판사, 2010), 241-242.

기도 하며, 그러다가 두 눈에 엄지손가락을 갖다 대고 '예수 이름으로, 예수 이름으로 치료받아라, 짜! 짜! 짜! 이 모든 병에서 건짐 받아라, 짜! 짜! 센노리스, 와이 센노리스, 올라야, 와카 아와욜라 센노리스, 조금 아파도 참아요! 좀 아플 거예요. 짜! 짜!"라고 하였다.[240]

이와 같이 '안수'에 대한 사례를 종합해 보면, 안수를 할 때 각종 질병이 나았으며, 바다의 짠들이 단물로 변하는 기적을 체험했고, 안수할 때 쓰러지는 현상뿐만 아니라 안수할 때 배와 눈을 찌른 것으로 나타났다.

5. 영적 종교현상의 말과 글

성스러운 말과 글은 영적 종교현상의 형태에 있어서 매우 밀접한 관계로 연결되어 있다. 말과 글은 시간과 장소에 따라 행해지는 여러 가지 성스러운 행동과 연결될 때 비로소 거룩하게 된다. 성스러운 말의 범위에는 폭넓은 성스러운 행동에서 나타나는 여러 가지 소리들뿐만 아니라 말 없는 것도 여기에 포함된다. 그리고 성스러운 글은 부적이나 상징에 쓰인 문자로부터 경전에 이르기까지 그 범주가 매우 다양하다는 것이다.[241]

---

240) 교회와 신앙, "교계 · 선교", http://www.amennews.com/news/articleView.html?idxno=10415.
241) 노윤식, 『종교현상학 이론과 실제』, 81.

1) 말과 언어의 여러 형태들

(1) 기도

한국 기독교에서 말과 언어는 영적 종교현상의 한 형태로 볼 때, 일상적인 시장이나 거리에서 사용되는 언어와 다르다. 이처럼 성스러운 말에는 여러 종류의 기도 내용들이 이 범주에 속한다. 기도는 한국교회의 지대한 성장을 이루는 데 특징적인 부분으로서 현대어보다는 "믿사옵니다", "주시옵소서" 등 고어체를 사용하고 있다. 특히, 축사나 병든 자를 위해 기도할 때, "나사렛 이름으로 떠나갈지어다"라는 옛말의 명령법을 사용하기도 한다. 그리고 '할렐루야'와 '아멘', 그리고 '여호와' 혹은 '방언' 등은 그 용어와 의미가 낯설지만 그만큼 성스러움의 의미를 잘 지니면서 사용하고 있다.[242]

이렇게 말과 언어를 통해 부정한 것을 제어하는 기도는 각종 부흥집회나 새벽기도, 그리고 심야기도회 등에서 익히 들을 수 있다. 예를 들면, 목사가 안수기도를 하거나 대중기도를 통해서 다음과 같이 "성령의 불로 모든 죄악을 도말시켜 주옵소서. 예수 그리스도의 피로 깨끗하게 하옵소서. 나사렛 예수 그리스도의 이름으로 내가 명한다. 사단의 세력과 악한 병마는 사랑하는 자녀에게서 떠날지어다."라고 기도한다. 이러한 한국교회의 기도는 예수 그리스도의 피를 구원의 상징적인 언어로 이해하기 때문이다. 그래서 19세기 후반에 미국의 유명한 전도자 드와이트 무디(Dwight L. Moody)와 복음성가 가수 아이라 생키(Ira D. Sankey)의 부흥 성가인 <나의 죄를 씻기는 예수의 피밖에

---

242) 노윤식, 『종교현상학 이론과 실제』, 150.

없네>라는 찬송가를 부르며 예수님의 피가 믿는 자들의 모든 죄를 씻겨 준다고 믿는다.[243]

따라서 한국의 토착종교에서 성스러운 말에는 주문과 기도, 그리고 독송과 공수 등이 있으며, 이러한 것들은 특별한 형태의 노랫가락에 맞추어 행해지지만 일반적인 목소리로 혹은 말을 주는 신령의 연령에 맞는 목소리로 전해지기도 한다.[244] 그러면 영적 종교현상의 행동인 '기도'에 대한 사례를 살펴보고자 한다.

사례 1

2003년에 마이클 포콕(Michael Pocock)은 인도 신자들에게 하나님의 역사하심을 보고 또 한 번 감명을 받게 되었다. 많은 사람들이 신앙을 갖게 된 주된 이유는 악마의 붙잡힘으로부터의 구원과 육체적 치유를 들었다. 그들이 모두 신앙을 갖게 된 이유가 그들 안에서 악마를 축출하는 행위 때문이라기보다는 절망 속에서 그들이 믿게 된 복음의 말씀 때문이었다고 강조했다. 신앙을 갖게 되면서 그들은 악마로 인한 문제를 더 이상 겪지 않았다. 병이 든 사람들은 기독교인들에게 가서 그들을 위한 기도를 청하였고, 신자들이 기도를 해 주면 병자들은 치유되었고, 그들은 예수 그리스도를 믿게 되었다. 포콕과 그의 아내는 병자로부터 그들에게 성유를 바르고 그들 머리 위에 손을 얹어 기도를 해 달라는 요청을 여러 번 받았으며, 그렇게 기도했더니 그들은 마치 자신들이 신약성경에서 살고 있는 것처럼 느껴졌다. 이것이 바로 기독교가 성장하고 있는 변방에서 일어나고 있는 일

---

243) 노윤식, 『종교현상학 이론과 실제』, 146-147.

244) 서정범, 『무녀별곡 1』, 90-91.

들이다.[245]

사례 2

만민중앙교회 이재록 목사는 기도에 대하여, "손수건을 아픈 곳에 대고 기도하면 치료된다고 말합니다. 정통 교회에서는 볼 수도 들을 수도 없지만, 이 교회에서는 손수건 기도와 손수건 집회를 통해 기적적인 일들이 일어난다고 믿는 것입니다. 특히 질병으로 고통당하는 신도들이 손수건 기도를 통해 치료되기를 갈망합니다. 만민중앙교회는 손수건 집회에 대해 사도행전 19:11-12의 말씀을 근거로 초대교회 당시에 사람들이 사도 바울의 몸에서 손수건이나 앞치마를 가져다가 병든 사람들에게 얹으면 그 병이 떠나고 악귀도 나갔던 것처럼 이재록 목사가 기도해 준 손수건을 가져다가 병자에게 얹고 기도하면 각색 질병이 치료되고 악귀가 나가며 소경이 눈을 뜨고 벙어리가 말하는 등 놀라운 권능의 역사가 국내외서 크게 나타나고 있습니다."라고 설명한다.[246]

사례 3

서울 큰믿음교회 한 성도는 안수받은 손수건 기도에 대하여 말하기를, "우리 성도님들도 이번 바비 코너 성회에서 손수건의 기름부음을 다들 받으셨죠? 시간이 조금 지났지만, 주님께 영광을 돌려야 한다는 갈망이 계속되기에 제 작은 간증을 올려 봅니다. 성회 첫날, 옷

245) Michael Pocock, Gailyn Van Rheenen, Douglas McConnell, 『변화하는 내일의 세계선교』, 박영환 · 백종윤 · 전석재 · 김영남 역 (인천: 도서출판 바울, 2008), 259-260.

246) 김정수, "이단, 이것이 알고 싶다: 만민중앙교회 손수건 집회", 『현대종교』 통권 415호 (2009년, 7/8월), 55.

을 너무 얇게 입고 간 때문인지 집회를 마치고 집으로 돌아와 잠을 자는데 몸이 춥고, 목이 너무 아팠습니다. 편도가 부어 마른기침이 나오고 헛구역질까지 나오는 바람에 잠을 제대로 잘 수가 없었습니다. 3일 동안 자기 전 약을 두 알씩 먹고 잠을 청했지만, 기침과 헛구역질 때문에 몇 시간 잠을 자지 못하고 새벽 일찍 일어나야만 했습니다. 깨어 있는 것이 억지로 잠을 청하며 고통스러운 것보다도 나았기 때문입니다. 4일째 바비 목사님의 수건 안수사역을 받고 집으로 돌아왔습니다. 잠을 청하기 전에 일부러 약도 먹지 않고 안수받은 수건을 둥그렇게 말아 목에 감고 믿음으로 선포하고 잠을 잤습니다. 주님의 임재와 바비 목사님의 기름부음에 취해 얼마나 꿀 송이와 같이 달게 잠을 잤는지 기침과 구역질도 나오지 않고 중간에 깨지도 않고 아침까지 잘 잤습니다. 주일 아침에 일어나니 목이 잠기며 '아직 안 나았다'는 생각은 사단이 심어 주는 것이어서 바로 믿음으로 선포하고 사단이 주는 생각을 파쇄했습니다. 그렇게 선포하고 주일 아침에 주님을 찬양했습니다. 며칠이 지난 지금 목은 깨끗하게 나음을 받고 주님의 평강이 마음에 넘쳐나는 것을 느낍니다. 바비 목사님을 통해서 임재하신 주님의 사랑을 실질적으로 체험한 귀한 시간이었습니다."라고 하였다.[247]

이와 같이 '기도'에 더한 사례를 종합해 보면, 기도할 때 머리에 손을 얹고 혹은 기도한 손수건을 병자에게 얹고 기도하였더니 병자가 치유된 것으로 나타났다.

---

247) 서울 큰믿음교회 카페, "손수건의 기름부음", http://cafe.daum.net/Bigchurch.

(2) 방언

방언은 성스러운 말로 glossolalia는 혀를 말하는 glossa와 말을 의미하는 lalia, 두 헬라어 단어로 구성된 영어의 복합어이다. 영어에서 그 의미는 신적 혹은 영적 존재의 탓으로 돌려지는 인간 발성에 사용되었다.[248] 성령의 은사로서의 방언은 내가 배워서 습득하게 되는 언어가 아니라 하늘로부터 값없이 주어지는 언어이다.[249] 이것은 공식종교(formal religion)에서 강한 지도자들에게서 발견되는 특징을 가지며, 그들의 권위를 뒷받침하기 위하여 사용되기도 한다. 또한 삶의 부담감을 느끼게 만들고, 위압감을 느끼게 하여 보통 사람들 가운데서 민간종교 차원에서 발견된다. 그래서 방언은 공적 의식 중에 사람들에게 그들의 조상과 신들의 임박감을 제공한다.[250]

이것은 이성의 지배를 받지 않고 강압적이고 즉흥적인 종교적 열정을 자동적으로 표현하는 수단을 말한다. 대부분의 종교에 나타나는 형태로 기독교에서는 초대교회의 오순절 방언과 그리스의 고린도교회 방언, 몬타니즘(Montanism), 17세기 예언자 카미사르드(Camisard) 운동, 19세기 가톨릭 어빙나이트(Irvingnite) 운동, 그리고 20세기 오순절 운동에 나타난 방언이 있다.[251] 방언은 망아적 현상과 함께 일어나고, 방언을 경험하지 못한 기독교인들에게 성령 세례를 받을 자격이 없

---

248) Paul G. Hiebert, R. Daniel Shaw, Tite Tienou, *Understanding Folk Religion*, 182.

249) 라준석, 『좋으신 성령님』 (서울: 도서출판 두란노, 2007), 144 - 146. 고린도전서 14:4에서 방언에 대하여 말하기를, "방언을 말하는 자는 자기의 덕을 세우고"라고 하였다. 여기서 방언에 대해 몇 가지 사실을 알 수 있다. 첫째, 방언은 언어이다. 둘째, 하나님께 말하는 것이다. 그러므로 방언은 인간이 알아듣지 못할지라도 하나님께서 알아들으시는 분명한 언어이다. 셋째, 방언은 영으로 비밀스러운 내용을 아뢰는 것이다. 넷째, 예언이 교회의 덕을 세우는 반면에 방언은 성도 개인의 덕을 세운다. 따라서 방언은 좋은 것으로 하나님께서 살아 계시다는 사실에 대한 믿음이 생기게 되는 것이다. 분명한 것은 성령의 은사를 받는 것이 결코 우리에게 달려 있지 않다는 것이다. 성령의 은사는 전적으로 성령께서 베푸시는 은혜이다.

250) Paul G. Hiebert, R. Daniel Shaw, Tite Tienou, *Understanding Folk Religion*, 182.

251) 노윤식, 『종교현상학 이론과 실제』, 84.

는 것으로 좌절감을 주기도 한다. 그러나 방언은 아직도 인간의 말로 표현하지 못하는 종교 경험을 전달한다는 데 그 의의가 있다.[252]

　방언은 1970년에서 1980년까지 한국교회의 큰 이슈였다. 이것은 한편으로 순복음교회의 확장이나 전 세계적인 은사운동(charismatic movement)과도 연관되어 있으며, 또 한편으로는 한국 기독교인들의 타고난 종교적 성향과도 밀접한 관계가 있다. 그래서 비록 예전만큼은 아니지만 아직도 가끔씩 방언에 대한 열띤 공방이 벌어지고 있으며, 찬반을 논하는 상반된 견해들이 등장한다.[253]

　1930년대에 대표적인 이단들이었던 황국주(黃國柱), 유명화(劉明花), 백남주(白南柱) 등이 거짓 계시와 방언, 그리고 예언을 동반하는 혼합주의적 영성운동을 확산시켰다.[254] 그래서 오순절 교단의 방언운동

252) 노윤식, 『종교현상학 이론과 실제』, 84.

253) 부흥과 개혁사 홈페이지, "송인규 교수의 한국교회 신앙진단: 방언에 대한 소고", http://rnrbook.com/~board/board.php?pagetype=view&num=2086&board=board14&block=0&gotopage=1&search=&s_check=.

254) 황국주는 1909년에 황해도 장연군에서 터어났다. 그의 전도 여행에 아버지와 동행했던 여동생은 아홉 살 아래였으며, 이름은 은자였다. 황국주는 서울의 배재학교에 다니다가 부모를 따라 만주 용정의 은진중학교로 전학했다. 용정에서 그의 부친은 용정 중앙 장로교회의 장로로 있었으며, '신행면옥(信行麺屋)'이라는 냉면집을 경영했다고 한다. 황국주는 용정 중앙장로교회에서 유년주일학교 교사였으며, 연애결혼으로 1930년에 아들 하나를 낳았다. 황국주 중학교 후배인 감리교 라사행 목사에 따르면, 그는 하얀 얼굴에 잘생겼으며, 열변가는 아니었으나 그의 설교는 사람을 끄는 힘이 있었다고 한다. 백일기도 중 비상한 종교체험을 한 이후 전도활동을 시작하여 약 2년 남짓 전도활동을 하다가 1933년 이후 종교활동을 중지했다. 자신의 생각과 체험을 알리기 위해서 「영계」라는 월간지를 발간하였으나 창간호만이 전해지고 있다. 월간지 「영계」 이후 그의 행광에 대한 명확한 자료는 없으나 관할 조직 하나 없이 외톨이가 된 그는 사기꾼처럼 되어 버렸다고 전해졌다. 1952년 가을에 43세의 나이로 대구에서 그를 추종하는 여자 둘을 첩으로 데리고 술장사를 하다가 죽었다고 한다. 황국주는 백일기도 중에 자신이 그리스도와 일체를 이루게 되었다는 비상한 종교체험을 한 후, 머리와 수염을 기르고 예수의 모습과 비슷하게 하고 다녔다. 계시 이후, 자신의 목이 잘리고 그 위에 예수의 목이 붙었으며, 자신의 피 또한 예수의 피로 바뀌었다는 말을 하고 다녔다. 황국주 전도여행에 관한 몇몇 글들은 예수의 모습을 닮은 그의 외모를 묘사하고 있으며, 60~70여 명의 남녀 무리의 혼잡함과 비윤리성을 지적한다. 1927년 원산의 감리교회에 출석하고 있던 유명화는 자기에게 예수가 친히 임재했다고 하여 자신이 예수인 양 처신했다. 유명화는 영흥교회의 부흥회에 가서 예수 같은 도습을 하고 다른 여자에게 강신극을 자행하기도 했다. 그때 간도에 있던 한준명이라는 사람이 그 강신극에 참여하게 되었고, 1931년 11월에는 평양에서 그러한 극이 벌어질 때 한준명이 주동이 되었다. 백남주와 한준명은 유명화와 밀접한 관계를 가지고 「새생명의 길」이라는 잡지를 내어서 성경보다도 그 책에다 더 비중을 두었다. 이찬영, 『韓國基督敎會史總攬』 (서울: 새순출판사, 1987), 303. 채기은, 『한국교회사』 (서울: 기독교선교회, 1978), 187. 민경배, 『한국기독교

은 장로교와 감리교, 그리고 성결교 등 기존 교단들로부터 강도 높은 비판을 당하게 되었다. 그러나 최근 오순절 교단들의 목회자들 사이에 방언을 성령세례를 받은 첫 표적이라기보다 성령의 여러 은사 가운데 하나로 보는 견해가 점차 일반화되어 가고 있다.[255] 그러면 영적 종교현상의 말과 언어의 형태인 '방언'에 대한 사례를 살펴보고자 한다.

사례 1

서울 큰믿음교회 한 성도는 방언에 대하여 말하기를, "단순음절의 방언으로 기도한 지 몇 년 만에 선지자학교에서 구체적인 방언과 아름다운 방언으로 변화시켜 주셨는데 불과 몇 개월 만에 또 새로운 방언으로 변화시켜 주셨다. '전도사가 새 방언이 임할지어다.' 기도하면서 입술을 열어 선포하고 받으라 말했을 때 그동안 기도하던 방언이 아니고 또 다른 새로운 방언이 임하였다."라고 하였다.[256] 서울 큰믿음교회 한 자매의 경우, 방언에 대하여 말하기를, "어제 주일 선지자학교에서 있던 일이다. 어떤 자매가 신진희 간사에게 기도를 받으러

회사』 (서울: 대한기독교서회, 1972), 296. 이대복, 『통일교 원리비판과 문선명의 정체』 (서울: 큰샘출판사, 1999), 43–50. 김영재, 『기독교회사』 (서울: 도서출판 이레서원, 2000), 188.

255) 배본철, 『배본철 교수의 52주 성령학교』 (서울: 문서선교 성지원, 2005), 170–174.

256) 서울 큰믿음교회 카페, "새방언을 주셨어요", http://cafe.daum.net/Bigchurch. 서울 큰믿음교회는 '성령세례를 위한 매월 정기 집회'를 매월 마지막 주 금요일 영성예배로 가진다. 여기서 성령을 주제로 설교하고 특별히 방언을 받기를 원하는 성도들을 위하여 집중적으로 방언을 받을 수 있도록 도움을 준다고 한다. 누구나 성령세례를 받기 원하는 성도로 큰믿음교회 성도뿐 아니라 타 교회 성도들도 참석하여 성령세례를 받도록 하며, 그래서 섬기는 교회에 가서 더 충성하는 기회를 가지라고 말한다. 성령세례를 사모하여 참석하는 성도들을 위하여 서울 큰믿음교회의 모든 교역자와 선지자학교와 중보기도학교 사역자가 모두 참석하여 함께 기도하며 성령을 충만하게 받으실 수 있도록 도움을 준다고 한다. 아울러 참석하는 성도님들은 "방언은 누구나 쉽게 받을 수 있다"는 동영상 설교를 미리 보고, 케네스 헤긴의 책 『방언기도의 능력을 풀어놓으라』를 읽으신 후에 집회에 참석하도록 하며, 성령세례를 받고 특별히 방언을 받기 원하는 성도들에게 많은 도움이 된다고 한다. 참고로 큰믿음교회는 방언 통변 팀이 있어 또 한 번 확증받으라고 말한다.

오게 되었다. 그러던 중 그 자매가 7년 전부터 방언을 너무나 사모했지만 아직 방언기도를 하지 못한다는 사실을 알게 되었고, 간사는 사도행전 2장 4절을 자매에게 읽어 보라고 하였다. '저희가 다 성령의 충만함을 받고 성령이 말하게 하심을 따라 다른 방언으로 말하기를 시작하니라.' 이 구절에서 입을 떼서 방언을 말하는 주체는 성령이 아니라 '저희가' 그들이었다는 것을 발견하고 자매는 입을 열어 소리 내어 말하기 시작하였을 때 방언이 터져 나왔다."라고 하였다.[257]

사례 2

예수중심교회의 상 목사는 방언에 대하여 말하기를, "금요철야예배 때 통성기도를 하는데 목사가 제 머리에 손을 얹고 기도하는 중에 제 입에서 작은 목소리로 '알랄랄랄라' 하는 기도가 흘러나왔다. 예배가 끝나고 성도들이 몰려와서 성령 받은 것을 축하한다고 인사를 건넸지만 나는 인정하고 싶지가 않았다. 너무 싱겁게 방언을 받은 것이 믿기지 않아서였다. 그래서 한동안 의심하며 방언으로 기도하지 않았다. 그런데 어느 날 꿈속에 총회장 목사께서 나타나서 '야! 나를 따라 해 봐' 하기에 꿈속에서 밤새 방언기도 연습을 했다. 그러던 어느 날 치통이 너무 심한데 남의 나라 일본 땅에서 건강보험도 없었고 비싼 병원비를 감당할 돈도 없는 터라, 진통제를 먹기도 하고 민간요법으로 마늘을 깨물어 보기도 했지만 통증을 이길 수가 없었다. 그때 '방언으로 기도하면 병도 고친다던데' 하는 생각이 들어 이불을 뒤집어 쓰고 방언으로 기도하다가 잠이 들었는데 아침에 일어나 보니 거짓

---

257) 서울 큰믿음교회 카페, "7년 동안 사모했던 방언이 터졌습니다", http://cafe.daum.net/Bigchurch.

말처럼 통증이 사라졌다. 그것을 계기로 무시로 방언으로 기도하였더니 영적인 수많은 체험과 성령의 인도하심과 가르침을 통하여 참하나님을 알게 되었고, 주의 종으로까지 쓰임 받기에 이르렀다. 이제는 주의 종으로 성령세례를 주기도 하고 담대하게 귀신을 쫓고 제 손길을 통하여 각색 질병이 치료받는 수많은 체험을 한다."라고 하였다.[258]

사례 3

서울 만민중앙교회 박재우 집사는 방언 체험에 대하여 말하기를, "1998년 7월, 저는 호기심과 함께 마음이 동하여 아내와 함께 교회에 출석하였습니다. 등록한 지 2주 정도 지난 후에 본 교회 부설 만민기도원 이복님 원장님께서 인도하신 성령대망회에 참석하였는데 난생 처음 신기한 체험을 했습니다. 십자가의 보혈 찬송을 부르자 마음이 찡해지면서 무엇인가 모를 기쁨이 넘쳐났고 성령의 감동함 속에서 무릎을 꿇고 기도하던 중 인생을 잘못 살았구나 하는 깨달음이 왔습니다. 그러면서 부부싸움 한 일, 술과 노름에 빠졌던 일, 혈기 부렸던 일, 교만, 아집, 심지어 어릴 적 과자를 훔쳐 먹은 일까지 지난날이 주마등처럼 스쳐 지나가더니 통회자복을 하게 되었고 방언기도가 나왔던 것입니다. 이러한 일이 있은 후 평소 앓던 위장 장애와 허리 통증을 전혀 느낄 수가 없게 되었습니다. 하나님께서는 제가 참믿음을 소유하도록 이처럼 놀랍게 역사하신 것입니다. 더욱더 놀라운 것은 교회에 다니고서부터 지금까지 감기 한 번 안 걸리고 병원에 한 번 가본 적이 없다는 사실입니다."라고 하였다.[259]

---

258) 예수중심교회, "영적 체험이 중요합니다", http://www.jcc.tv/html/paper.html?sec=confession&no=4-55&search=방언.

이와 같이 '방언'에 대한 사례를 종합해 보면, 목회자가 방언을 선포할 때 새 방언이 임하였으며, 머리에 손을 얹고 기도하는 중에 방언이 터져 나왔을 뿐만 아니라 병도 고침 받은 것으로 나타났다.

(3) 설교

목회자의 설교는 강단에서 선포되는데 성스러운 언어의 범주에 속한다. 그래서 신자들은 설교를 평범한 연설이 아니라 하나님의 말씀으로 받아들인다. 때로는 하나님의 말씀을 듣는 중에 사람들에게 역사하여 병을 고치기도 한다. 이러한 삶의 현장에서 말씀을 실천해 나가는 신자들에게는 살아갈 힘을 얻게 하고, 용기를 제공하여 여러 가지 문제들이 해결되는 운동력이 된다. 그래서 목회자들은 신도들에게 은혜 받기 위하여 강단에서 선포되는 설교를 비판하지 말라고 가르친다. 이것은 구약시대의 성소와 지성소에 죄인이 들어가면 죽게 되는 예로 해석되기도 한다. 그래서 하나님의 말씀인 설교를 믿음으로 아멘 하지 않고 받아들이지 아니하면 그 영혼은 죽게 된다는 것이다.[260] 그러면 영적 종교현상의 말과 언어의 형태인 '설교'에 대한 사례를 살펴보고자 한다.

사례 1

만민중앙교회 김 집사는 설고에 대하여 말하기를, "한번은 이런 일이 있었다. 밤 10시경 이 목사의 설교말씀이 너무나 듣고 싶어 '영생(3)' 말씀을 들었는데 너무나 많은 은혜를 받았다. 출애굽기 12장에

---

259) 만민뉴스 2000년 3월 19일자 신문.
260) 노윤식, 『종교현상학 이론과 실제』, 150.

나오는 '1년 된 어린 양'은 예수님을 상징하며, 어린 양을 '날로나 물에 삶아 먹지 말고 불에 구워 먹어야 한다는 것'은 주님의 말씀을 먹을 때 성령의 감동함 속에 먹어야 한다는 것 등 영적으로 풀어 주시는 말씀에 뜨거운 감동과 성령의 기름 부으심을 느꼈다. 순간 입에서 '아바 아바 아바'라는 말이 터져 나왔고 감동을 주체할 수 없어 기숙사 밖으로 달려 나가 주변을 돌아다니며 성령에 취해 기도했다. '엘르엘르엘르'라는 말이 터져 나오며 20~30분을 혀가 꼬이며 방언으로 하늘을 보며 기도하였다. 4년 전에 방언을 받았으나 기도하지 않아 소멸되었다가 성경의 말씀을 듣고 회개하기 시작하던 7월부터 다시 방언이 터져 나온 것이다."라고 하였다.[261]

사례 2

변승우는 『그 시에 주시는 그 말을 하라』라는 책 서문에서 즉흥설교에 대하여 말하기를, "먼저 오해하지 말 것은 저는 설교 준비를 철저하게 하는 목사입니다. 저는 공 예배 설교는 철저하게 원고 설교를 합니다. 지금까지 20년이 넘도록 설교할 내용을 토시 하나 빼놓지 않고 모두 낱낱이 기록했습니다. 그래서 설교 원고만 해도 여러 박스입니다. 그러나 매주 월요일에서 금요일까지 제가 인도하는 중보기도시간에는 '즉흥설교'라고 부르는 설교를 합니다. 즉흥설교란 단순히 원고가 없는 설교를 뜻하는 것이 아니라 전혀 준비하지 않은 설교를 뜻합니다. 실제로 저는 설교하러 올라가기 전까지 본문조차도 읽지 않습니다. 더 솔직히 말하면 저는 기억력이 좋지 않기 때문에 오늘 읽

---

261) 만민중앙교회, "간증", http://www.manmin.or.kr/KOREAN/05_POWER/power_content.asp?id=225&cat-=testimony&page=1.

어야 할 본문이 어디인지도 잘 모릅니다. 그냥 강대상에 올라가 성도들과 함께 차례대로 읽고, 때로는 어디를 읽을 차례인지 물어서 성경 한 장을 읽고 그 순간이 영감으로 주시는 것을 설교합니다. 보통 1시간 전후 설교하는데 이것이 즉흥설교입니다. 저는 즉흥설교는 죽는 날까지 할 것입니다. 왜냐하면 이것은 저의 설교의 보고이기 때문입니다. 제 설교의 거의 대부분은 즉흥설교에서 나옵니다. 즉흥설교를 한 것 중 성령께서 설교로 준비하라고 명령하시는 것을 원고로 써서 주일날 설교합니다. 그리고 그 설교들 중 성령께서 책으로 만들라고 지시하시는 것들을 다시 책으로 만듭니다. 그러니까 제 설교와 책들은 즉흥설교에서 맺힌 열매들이라고 할 수 있습니다. 어떤 사람은 제 즉흥설교에 놀랍니다. 심지어는 캐나다에서 저를 대적하는 한 목사도 저의 즉흥설교 때문에 당혹해한다는 말을 들었습니다. 그러나 이것은 저의 탁월함이 아니며 자랑할 수 있는 것이 아닙니다. 즉흥설교는 무지하고 무식한 저를 불쌍히 여기셔서 하나님이 제게 주신 은사이며 일종의 예언의 성취입니다."라고 하였다.[262]

사례 3

변승우는 『지혜와 계시의 영』이라는 책에서 설교에 대하여 말하기를, "설교가 깊이가 있고 꼭 전해져야 할 가치가 있는 설교가 되려면 지식만 가지고는 안 됩니다. 계시가 필요합니다. 사도 바울이 '또 나를 위하여 구할 것은 내게 말씀을 주사 나로 입을 벌려 복음의 비밀을 담대히 알게 하옵소서 할 것이니'(엡 6:19)라고 중보기도를 요청

---

262) 변승우, 『그 시에 주시는 그 말을 하라』(서울: 큰믿음출판사, 2009), 1 - 12.

했던 것처럼 위로부터 메시지가 계시적으로 주어져야 합니다. 설교자가 계시적인 설교를 해야 청중들의 심령 속에 있는 영적인 기갈을 해갈시킬 수 있습니다. 계시적인 설교를 해야 영혼의 굶주림이 채워지고 그 영혼이 자랍니다. 계시적인 설교를 해야 청중들이 찜을 받고 회개의 영을 받아 회개하게 됩니다. 계시적인 설교를 해야 보다 많은 사람들이 구원받고 그리스도의 신부로 변화됩니다."라고 하였다.[263]

이와 같이 '설교'에 대한 사례를 종합해 보면, 인터넷 설교에 감동을 받고 소멸된 방언이 터져 나왔으며, 즉흥설교를 은사와 예언의 성취로 보았고, 계시적 설교가 구원받을 뿐만 아니라 그리스도의 신부로 변하는 것으로 나타났다.

2) 글의 여러 형태들

성스러운 글들 중에는 부적 등의 책들이 있다. 이것은 일반적인 책보다는 악과 질병으로부터 보호해 주는 신령한 책과 글로 여긴다는 것이다.[264]

(1) 부적

전통 종교에서는 글자를 성스럽게 여긴다. 고대 게르만족의 경우, 루나(runa) 글자는 북 유럽에서 마법의 글자로 신성시되었다. 그리고 히브리어와 아랍어, 그리고 그리스어에서 알파벳을 동시에 신성시된

---

263) 변승우, 『지혜와 계시의 영』 (서울: 큰믿음출판사, 2007), 7 - 10.
264) 노윤식, "한국 토착종교와 기독교 선교전략", 『선교신학』 제13집 (2006년 1월), 25.

숫자로 여겼다. 그리스어의 도음 '아, 에, 이, 오, 우'는 신비적 단어로 취급되었다. 알파와 오메가는 신약성경에서 예수 그리스도의 상징으로 사용되었다. 또한 그리스 문자들은 종에 새겨지기도 하였고, 악령의 힘을 내쫓는 의미가 있었다.[265]

이러한 고대 문자들은 종과 벽, 그리고 나무와 돌 등에 쓰여 부적(amulets)으로 사용되었다. 부적은 기독교에 전이되어 그 위에 성경구절이 쓰이기도 하였고, 악을 내쫓고 복이 들어오는 기능으로 믿어졌던 것이다. 이러한 기독교 부적이 아프리카 에티오피아 교회에서는 보편적이 되었고, 서 아프리카에서는 시편 23편 등의 성구들이 자동차와 마차 등에 쓰여 있기도 하였다. 부적은 벽에 거는 여러 형태뿐만 아니라 예수 그리스도와 마리아, 그리고 성인들의 형상이 담긴 그림의 형태로 아니면 기독교에서는 성구가 적힌 형태로 변형되었다. 이것을 단순한 글이 아니라 초월적인 힘이 담긴 성물로 취급하고 있다.[266]

이슬람 경전에 따르면, 예언자 무함마드는 부적이나 주문을 외는 행위를 금했다. 그러나 이슬람 문화권에서 부적은 사라지지 않았다. 무사는 같은 악몽을 되풀이해서 꾸고 있으면 두려움에 떨면서 잠을 깬다. 무사는 진(Jinn)이 자신을 괴롭히며 이런 두려움을 일으킨다고 믿는다.[267] 제대로 잠을 이루지 못해 극도로 민감해지고 일을 하기가 힘들게 되었을 때, 무사는 점쟁이를 방문한 후 손목에 흰 끈을 매고 베개에는 부적을 단다고 한다. 아이샤와 파티마, 그리고 다우드와 그밖의 사람들은 세계 곳곳의 무슬림들을 대표한다. 그들은 초자연적인

---

265) 노윤식, 『종교현상학 이론과 실제』, 86-87.
266) 노윤식, 『종교현상학 이론과 실제』, 87.
267) 진(Jinn 또는 Genii)은 천사와 인간 중간에 개재하는 영들을 말한다.

능력의 사람들, 능력을 지닌 물체, 능력의 장소, 능력의 시간, 능력의 의식을 믿는다.[268]

미전도 종족지역인 시리아의 소수종파인 드루즈 인들은 자신들의 상징인 5가지 색의 상징을 지닌 별을 나타내 보인다. 집 건물 벽과 자신들이 몰고 다니는 자가용이나 영업용 택시나 작은 봉고 버스, 열쇠고리, 목걸이 등 어디서나 볼 수 있다. 드루즈 인들은 완전한 이성(초록색)에서 참된 정신이 나오고, 참된 정신(빨간색)에서 권위 있는 말씀이 나오고, 말씀(노란색)에서 과거의 개념(믿음의 보호)이 나오고, 과거(파란색)에서 미래의 개념(하얀색－비밀한 보호)이 나온다고 한다.[269]

〈도표 1〉 드루즈 인들의 5가지 색의 상징

색	교 리	선 지 자
초록색	아깔－이성(지성)	함자 이븐 알리
빨간색	네피스－정신(영혼)	이스마엘 타아미
노란색	앗 캘리마－말씀	무함맛 이븐와합 까리쉬
파란색	앗 싸비끄－과거의 관계(신앙)	케이르 살람 알 사무리
하얀색	앗 탈리－미래의 보호(보호)	알리 이븐 아흐만 사무끼

강일순(姜一淳)에 의해 시작된 종교 증산도(甑山道)에 따르면, 신명공사(神明公事)라는 것이 있는데 신명계가 불안하여 인간 세계에 난리가 계속되기 때문에 천신(天神), 지귀(地鬼), 인귀(人鬼) 등 이른바 모든 귀신을 통일하여 신명계의 불안 및 원한을 제거하는 공사를 말한다. 이러한 공사에는 신명의 해원(解寃)과 신명의 배치(配置), 그리고 신명의 통일(統一) 등 세 가지 절차를 거친다. 그 가운데 해원(解寃)의 방법

268) Keith E. Swartley, 『인카운터 이슬람』, 정옥배 역 (고양: 도서출판 예수전도단, 2008), 231.

269) 인터콥, "복음에 급속히 반응하고 있는 드루즈 민족", 『개척정보』 제263호 (2010년 2월), 12－13.

으로 원한을 품고 있는 잡귀의 원한을 풀어 주기 위해 부적을 불살라 원한에 가득 찬 신명을 달랜다고 한다.[270] 이러한 상징의 개념은 어려운 상황에 처할 때 초자연적인 능력이 필요함을 인정하며, 영적 세계와 접촉하는 누군가를 찾고 있다는 것을 의미한다. 그러면 영적 종교현상의 글의 여러 형태인 '부적'에 대한 사례를 살펴보고자 한다.

사례 1

서울 큰민음교회 한 성도는 부적에 대하여 말하기를, "얼마 전 5월에 어버이날도 있고 해서 어머니랑 친할머니 댁에 다녀왔거든요. 그런데 밤에 잠을 자는데 제가 날이 더워서 거실에서 잤거든요. 거실에서 제 동생이랑 할머니랑 셋이 자고 있고 큰아버지는 방에서 주무시고, 잠을 자려고 노력하고 있는데 방울소리가 들리는 거예요. 그래서 누가 방울을 가지고 노나 곧 그치겠지 하는 생각으로 계속 누워 있었는데 진짜 연속해서 방울소리가 나는 거예요. 왜 무당들이 굿할 때 들고 흔드는 그 방울소리 있죠? 결국 잠을 못 잤어요. 근데 방울소리가 또렷하게 신경에 거슬릴 정도로 났는데요. 다들 잘 주무시는 거 있죠. 제가 일어나서 동생한테만 너 어제 잘 때 방울소리 못 들었냐고 물었더니 못 들었데요. 그리고 이상한 소리 들은 것이 이번이 처음이 아니거든요. 근데 거의 저만 이런 소리를 잘 들어요. 예전에 어렸을 때 갔을 때는 틱틱하고 손톱 깎는 소리가 계속 나서 밤에 잠 못 잔 적이…… 가전제품 소리랑은 틀렸거든요. 암튼 이번에 방울소리 건이 좀 이상해서 며칠 전에 어머니께 말씀드렸더니 그런 건 말해 줘야

---

270) 양창삼, 『세계종교와 기독교』, 267 - 273.

된다면서 기도하자고 그러셨어요(저밖에 들은 사람이 없더라고요. 이게 무슨 일인지, 참). 근데 제가 들은 이상한 소리가 도대체 뭔가요? 마귀들이 장난치는 것인가요? 아! 그리고 이번에 가서 알았던 건데 큰집에 부적이 있더군요."라고 하였다.[271]

사례 2

과거 불교신자였던 동광주 만민교회 정경남 성도는 부적에 대하여 말하기를, "지난해 6월에 교회를 찾았지만 그가 교회를 다니기 전, 아내가 교회에 가기만 하면 그는 극심한 눈의 통증으로 응급실에 실려가곤 하였다. 그러나 동광주 만민교회를 출석하면서 호랑이 그림, 부적 등을 모두 떼어 낸 후에는 온 가족이 축복의 신앙생활을 하고 있다."라고 하였다.[272] 서울 만민중앙교회 조건순 집사는 부적에 대하여 말하기를, "저를 위해 기도하던 큰딸 양송림 집사는 제가 사는 충북 음성까지 서울에서 권사님 두 분을 모시고 왔습니다. '저희 교회에서는 병원에서도 포기한 사람이 치료되고 귀신이 떠나며 갖가지 기적이 일어납니다. 꼭 와 보세요.' 며칠 뒤 상경해 다니엘 철야와 예배에 참석한 저는 마음에 시원함을 얻고 여기라면 내 문제를 해결 받을 수 있겠다 싶었습니다. 그런데 서울로 이사했는데도 시골집에서보다는 덜하지만 시달림은 계속되었지요. 낮에도 침대에 누워 있으면 몸을 그 아래로 밀어내며 괴롭혔습니다. 당회장님께 기도받은 손수건을 가슴에 넣지 않으면 단 10분도 잠을 잘 수 없었습니다. 언뜻 '내가 이런 고통을 받는 것은 과거에 우상숭배를 심하게 했던 일 때문이 아

---

271) 서울 큰믿음교회 카페, "이상한 소리는 마귀들이 내는 건가요?", http://cafe.daum.net/Bigchurch.
272) 만민뉴스 2004년 6월 20일자 신문.

닐까?' 하는 생각이 들었습니다. 사실 주님을 믿기 전 저희 부부는 부적을 집 안 곳곳에 두고 남편은 무료로 토정비결을 봐 주며 부적까지 써 주었지요. 이러한 일들을 낱낱이 떠올려 회개하고 하나님과 화목하는 예물을 드린 뒤, 당회장님께 기도를 받았습니다."라고 하였다.[273]

사례 3

부산만민교회 백인숙 권사는 부적에 대하여 말하기를, "설교 시간이 되자 하나님께서 우상숭배를 얼마나 싫어하시는가에 대하여 이재록 목사님께서 말씀을 증거 하셨는데 꼭 저에게 말씀하시는 것 같았습니다. 저는 모든 질병의 원인이 우상숭배에 있었다는 사실을 깨닫고 가족과 함께 부산 집에 도착하자마자 집 안 구석구석에 있는 부적을 떼어 냈습니다. 그러던 어느 날, 평소 저를 아껴 주시던 시누이의 권유로 부산대학병원에서 검사를 받게 되었습니다. 진단 결과 심장판막증을 비롯해 여러 가지 합병증으로 몸 전체가 망가져 수술을 할 수 없는 상태라고 했습니다. 대예배를 마치고 저녁예배를 드리기 위해 성전에서 기다리고 있는데 이 말씀이 제 마음속에 살아 움직이는 듯 다가오더니 저도 모르게 '하나님! 제 모든 질병을 낫게 해 주세요' 하고 계속 기도할 수 있는 은혜가 임했습니다. 그리고 혀에서부터 배 속까지 찌릿찌릿하고 울렁거리더니 여기저기 불로 태우는 것 같은 느낌이 들면서 몸이 가뿐해졌습니다. 이 일이 있은 후, 가슴이 답답하고 찢어질 듯한 고통을 겪었던 심장판막증 증세가 사라졌고, 만성중이염으로 귀에서 흐르던 진물과 피고름도 멈추었습니다."라고 하였다.[274]

---

273) 만민뉴스 2009년 1월 25일자 신문.
274) 만민뉴스 2000년 3월 5일자 신문.

이와 같이 '부적'에 대한 사례를 종합해 보면, 부적의 원인으로 인하여 방울소리와 같은 이상한 소리를 들었으며, 귀신에게 시달리기도 하고, 질병에 걸리는 것으로 나타났다.

6. 영적 종교현상의 사람과 공동체

1) 사람

인간은 사람을 성스러운 존재로 생각해서 그 특정 부위와 관련된 머리털, 손톱, 침, 오줌, 피, 숨, 얼굴 등과 성스러운 사람의 옷, 무기나 도구들을 성스럽게 여겼다. 머리털의 제사는 신과 교통할 수 있는 수단이었고, 침을 바르는 것은 치유에 사용되었다. 예를 들면, 예수님은 침으로 신유의 기적을 행하셨고(막 7:33), 초기 로마 풍습에서는 신생아에게 침을 바르는 의식이 있었다. 기독교 세례의식에서도 사제가 침을 코와 귀에 바르기도 하였다. 호흡의 숨은 영혼의 힘을 가지고 있다고 믿어서 로마 세례의식에 숨을 불기도 했다고 한다. 인도 요가에서는 숨 혹은 기에 대하여 강조하고 있기도 하다. 이집트의 경우, '카'(ka)나 인디아의 '푸르샤'(purusha)는 잠자는 영혼(the dream soul)이었다. 그리스에서 '다이몬'(daimon)은 출생으로부터 평생 동안 인간 속에 거한다고 믿었다.[275]

인간의 존재에서 성스럽게 여겨지는 영혼에 대하여 가톨릭 철학자인 바티스타 몬딘(Battista Mondin)은 인간 존재의 완전한 실체는 본질

---

275) 노윤식, 『종교현상학 이론과 실제』, 89.

적으로 물질과 영혼이 아니라 영혼과 물질의 복합적 실체임을 인정하였다. 그는 토마스 아퀴나스의 논의를 따라 인간 영혼의 독립적 실체를 인정함에 있어서, 이러한 영혼의 본성이 신체나 물질로부터 유래하는 것이 아니라 직접 신으로부터 받아 물질과 경험 세계를 초월하는 자기 초월성을 자아의 가장 깊은 곳에 가지고 있기 때문이라고 말하였다.[276] 그러면 인간은 초월적인 영혼으로 인해 그 자체가 성스럽다는 견해로부터 이제 그 관심을 종교현상에서 성스럽게 여겨지는 특별한 사람들에 대하여 살펴볼 필요성이 있다.[277]

첫째, 통치자가 있다. 전통 종교에 있어서 통치자는 신으로부터 소명받은 사람이나 특별한 은사를 받은 사람으로 성스럽게 여겼다. 왕이나 가장, 족장, 추장 등은 통치자로서 성스러운 힘을 소유하고 있다고 믿어졌다. 그래서 고대 국가인 이집트, 멕시코, 페루, 중국, 한국, 인도, 시리아, 메소포타미아 등에서 왕은 보이는 신의 화신으로 여겼다. 기독교에서 그리스도의 왕권은 '하나님의 아들', '주님', '만물의 통치자', '구세주' 등으로 표현되었다. 로마 시대에 기독교인들은 로마 황제 상에 대한 숭배를 거부하여 박해를 받기도 했다. 결국 신학자들은 로마 황제를 그리스도의 공동 통치자로서 인정하고, 황제의 권위를 신의 은총과 연결시켜 해석하게 되었다.

둘째, 제사장과 사제가 있다. 일반적으로 대부분의 기독교인들에게 있어서 제사장과 사제는 왕권보다 더욱 성스럽게 여겨졌다. 많은 경우에 초자연적인 힘이나 성스러운 존재와의 만남은 그러한 것과 인간을 연결시키는 종교의 중개자를 통해 이루어지는데 이와 같은 일

---

276) Battista Mondin, 『인간: 철학적 인간학 입문』, 허재윤 역 (서울: 서광사, 1996), 261–267.

277) 노윤식, 『종교현상학 이론과 실제』, 89.

을 담당하는 종교 지도자로 제사장과 사제를 구분하고 있다.[278] 고대 시대는 왕과 사제가 하나로 묶여 있었는데, 페루비안 잉카 왕이나 수메르족의 왕은 모두 제사장들이었다(창 14:18). 그리고 고대 셈족의 멜기세덱 왕은 하나님의 거룩한 제사장이었다(창 14:18). 이와 같이 고대의 샤만은 왕이자 제사장이었고, 이 세상과 영적인 신의 세계에 있어서 중재자 역할을 하였다. 사제직은 왕권과 구별되기 시작했으며, 사제만이 백성의 대변자로서 신의 제사를 수행하였고, 신과 긴밀한 관계성을 가질 수 있게 되었다.[279] 이스라엘의 경우는 주전 8세기에 제사장 조직이 정비되었고, 바벨론 포로 이후 제사장직은 예루살렘에서 중요한 통치자가 되었다. 신명기 개혁과 더불어 제사장의 권한은 막강하게 강해졌지만 예루살렘 성전의 훼파로 인해 제사장의 권한은 와해되고 말았다. 그리고 회당 시대에 제사장직은 현자나 율법사로 대체되고, 19세기에 이르러 이들의 직책은 기독교의 목사와 같게 되었다. 이렇게 발전한 제사장과 사제의 경우, 가톨릭의 사제는 희생 제사와 고해 성사 등을 통해 신과 인간 사이의 중재자인 제사장의 역할을 감당하고 있다. 그러나 기독교의 목사는 성례와 제사가 아니라 목회 돌봄과 상담, 그리고 영적인 기도로 신자와 하나님 사이를 중보하는 것이다. 그리고 만민 제사장직의 출현으로 평신도들은 안수받은 임직이 없어도 자신의 은사에 따라 성령의 능력으로 성도들을 섬길 수 있다.[280]

---

278) 노길명 공저, 『문화인류학의 이해』(서울: 일신사, 1998), 243-244. 사제는 농업이 상당한 수준으로 발전하고 계급구조가 엘리트와 서민층으로 분화되면서 나타났다. 사제는 특별한 영적 능력이 요구되지 않고, 단지 종교적인 의례를 거행하며, 종교의 축적된 교리나 지식을 가르치는 역할을 담당할 뿐이다. 이러한 역할과 지식은 일정한 교육과정이나 훈련을 통해서 습득된다.

279) 노윤식, 『종교현상학 이론과 실제』, 90.

280) 노윤식, 『종교현상학 이론과 실제』, 90.

셋째, 예언자가 있다. 신의 영에 의해 사로잡힌 예언자는 신탁을 말하고 종교적인 은사와 능력을 소유한 성스러운 사람으로 여겨졌다. 예를 들면, 시베리아의 샤만은 종종 세습적으로 신을 받게 되는데 이를 거부하면 신병을 얻게 될 뿐만 아니라 죽을 수도 있었다는 것이다. 이란의 마즈다이즘(Mazdaism)의 예언자 차라투스트라(Zarathustra)는 샤만의 무아경적 신탁처럼 마즈다(Mazda)로부터 샤만적인 성격을 받게 되었다. 이란의 마니(Mani) 역시 자신을 동양과 서양의 종교를 통합하기 위해서 선택받은 예언자라고 생각했다.[281] 이슬람교 무함마드의 경우, 예언자 아담, 노아, 아브라함, 모세, 예수보다 더 위대하게 섬긴다. 그래서 이슬람은 그 어떤 예언자에 대해서도 신성을 인정하지 않는다.[282]

고대 시리아와 소아시아에서도 예언자가 의례의 춤과 플룻 춤을 통해 무아경에 이르는 경우가 많이 있었는데 가나안의 바알 신에 대한 제사가 이러한 경우라고 할 수 있다. 이러한 무아경의 상태에서 신탁이나 예언을 하는 형식은 이스라엘의 여호와 의례에 도입되었다.[283]

포로기 이후 유대교에서는 영감을 받은 사람을 가리켜 '예언자'(prophet)라는 용어를 사용하였다. 이 용어의 기원을 살펴보면, 이미 구약성경에서 나타난 아브라함과 모세에게 호칭되었다. 그리고 신약성경에서는 세례 요한과 예수님께 예언자라는 칭호를 사용하였다(창 20:7; 신 34:10; 마 21:26, 21:11).[284] 그래서 여호와의 영은 예언자들에게 임하

---

281) 노윤식, 『종교현상학 이론과 실제』, 91.

282) 양창삼, 『세계종교와 기독교』, 188.

283) 노윤식, 『종교현상학 이론과 실제』, 91.

284) Donald E. Gowan, 『구약 예언서 신학』, 차·준희 역 (서울: 대한기독교서회, 2004), 20. 한세대학교 구약 신학 교수인 차준희는 한국 교회의 예언에 대하여, "한국 교회가 예언이라는 은사에 대해 아주 제한적인 의미만을 부여하는 잘못된 풍토에 놓일 위기에 처한 것을 보게 된다. 사실 국가적인 불안감이나 자연적,

였고, 그들은 신의 뜻을 선포해서 예언하였던 것이다.[285] 이러한 예언자의 성격들이 과거 종교 개혁자들의 복음 선포에 나타났다. 그러나 현대에 이르러 교회는 초기 예언자들의 무아경의 신탁보다 후기 예언자들의 윤리적인 촉구와 같은 하나님 말씀의 선포에서 예언자적인 면모를 발견할 수 있다.[286]

넷째, 수도사가 있다. 수도사는 계속적인 내적 훈련과 수련에 의해 성스럽게 여겨졌다. 고전적인 수도원 제도의 땅은 인도로 브라만 가정의 가장은 그의 삶의 끝에 세상의 인연을 끊고 거지처럼 방랑하는 샤냐 신이 되어 숲의 은둔자가 되었다. 그래서 인생의 초기부터 방랑하는 수도승들이 되는 경우도 많았다. 이러한 수도승들이 아쉬람(ashiram) 공동체를 조직하기도 하였다.[287]

그러나 기독교의 경우, 외래 종교의 수도원적인 것과는 다르다. 그러나 본래부터 강한 금욕적인 성격을 가지고 있었는데 예수와 그의

경제적 문제들의 발생은 우리에게 미래에 대한 예측을 좇을 것이 아니라, 하나님 앞에 엎드려 기도해야 할 때임을 말해 준다. 실제로 국가적인 위기 속에서 구약 시대 예언자들이 감당한 핵심적인 역할도 바로 그것 때문이다."라고 지적하였다. 흔히 예언자란 앞으로 다가올 일을 미리 알고 말하는 사람이라는 의미로 통용된다. 이런 경우는 예언을 한 자로 '예언'(豫言)이라 한다. 그러나 성경에서 말하는 예언자는 이와 다른 의미를 지닌다. 그래서 '예언자'(豫言者)가 아니라 '예언자'(預言者)로 단순히 앞으로 다가올 일을 미리 알고 말하는 자 '예언자'(豫言者)라기 보다는 현시대를 향한 하나님의 뜻을 알기 위해서 '중보 하는 자'(intercessor)를 의미한다. 그러므로 구약의 예언자는 자신의 나라와 백성들을 대표하여 지금 어떻게 살아야 할지를 묻기 위해 하나님 앞에 나아가 기도하는 자이다. 그리고 그 중보 기도를 통해 하나님으로부터 응답을 받아 하나님이 그에게 '맡기신 말씀(預言)을 전하는 사람(messenger)'이다. 그래서 구약의 예언은 한자로 '맡길 예(預)', '말씀 언(言)'으로 표현되는 것이다. 차준희, 『기도의 법칙』 (서울: 교회성장연구소, 2010), 9-10.

285) 노윤식, 『종교현상학 이론과 실제』, 91. 예언자는 무아경의 신탁 외에 정상적인 정신 상태로 선포하는 예언도 있었다. 하나님은 예언자에게 당신의 뜻과 목적, 의도 등을 계시하시고, 예언자는 그것을 사람들이 이해할 수 있는 언어의 형태로 재구성하여 전달하였다. 예언은 보통 하나님의 정의와 사랑의 실천으로 사회 빈민과 약자를 보호하라는 내용이 많고, 왕과 귀족들에 대한 윤리적이고 도덕적인 촉구가 많았다. 그리고 이스라엘의 멸망과 회복, 하나님 심판의 날과 여호와의 구원날에 대한 예언이 주로 많았다. 세례 요한과 예수님은 임박한 심판과 구원에 대한 예언자였다.

286) 노윤식, 『종교현상학 이론과 실제』, 91-92.

287) 노윤식, 『종교현상학 이론과 실제』, 92. 아쉬람은 진리를 탐구하는 곳 혹은 암자를 말한다.

열두 제자들은 집과 가족을 떠나 방랑하는 생활과 무소유의 생활을 하였다. 예수님은 머리 둘 곳이 없으셨고, 두 벌의 옷도 가지고 있지 않으셨다(마 8:20, 10:9). 사도 바울의 경우, 고린도전서 7장에서 금욕과 독신을 권하였다.

진정한 수도원 제도는 안토니(Anthony)에 의해서 시작되었는데 이러한 초기 형태는 철저한 세상과의 분리와 금욕 등으로 수도자들은 교회와도 단절되어 사막에서 고행을 하였다. 그래서 이집트와 팔레스티나, 그리고 시리아 등지에서 영적인 대부 혹은 스승 밑에 수도 공동체가 생겨나기 시작했던 것이다.[288]

기독교의 수도원주의는 불교와 힌두교처럼 완전한 종교 그 자체를 추구하였을 뿐만 아니라 수도자들은 완전한 자들로 간주되었다. 토마스 아퀴나스(Thomas Aquinas)는 수도원주의를 완전의 상태로서 평가하여 기독교인의 완전은 수도원적인 가난과 자선, 그리고 복종을 통해 완성된다고 보았다. 그러나 수도원주의에 대하여 하나님의 은총과 인간의 믿음을 강조하는 자들은 강력하게 반대하였다.[289] 마틴 루터(Martin Luther)는 금욕적 수도를 하는 카르투시안(Carthusian) 수도자보다 마구간 청소를 하는 하녀를 더 높이 평가하였다. 이러한 관점에서 중도적인 개신교 수도원주의는 복음의 전파와 아울러 청빈한 삶과

---

288) 노윤식, 『종교현상학 이론과 실제』, 93. 로마 군인 출신의 파코미우스(Pachomius)는 수도원을 조직하고 최초의 규율을 만들었다. 이는 지도자에게 복종과 세속적인 일상과 구별된 행동에 대한 것이었다. 대부분의 수도원은 영적인 해방과 힘을 얻고 분요함이 없이 주를 섬기기 위해 무소유, 금욕과 독신, 지도자에게 복종, 기도와 노동 등의 규율이 있었다. 가이사라의 바질(Basil of Caesarea)은 수도원적인 은둔 생활보다는 초대 교회적인 공동체적인 생활을 복원하려고 노력하였다. 그럼에도 불구하고 동방교회에서는 수도원주의의 이상과 은둔 생활을 포기하지 않았다. 수도자들은 사제와의 갈등으로 수도원의 사제직을 만들었다. 그러나 여전히 평신도 수도사들은 일반인들의 영적인 지도자로서 존경을 받았다. 노윤식, 『종교현상학 이론과 실제』, 93.

289) 노윤식, 『종교현상학 이론과 실제』, 93-94.

단순한 삶을 강조하고 있다. 그래서 인도 기독교의 선다 씽(Sundar Singh)과 나라얀 틸락(Narayan Tilak) 등은 복음적인 믿음과 은총, 그리고 더불어 가난과 독신 수도자의 생활로 인하여 그 당시 강한 선교적인 영향력을 미치기도 하였다.[290]

마지막으로 다섯째, 목회자가 있다. 현대 한국교회의 성도들에게 목회자의 이미지는 어느 정도 성스러움을 지닌 모습으로 이해되고 있다. 특히, 목사는 하나님으로부터 소명을 받아 기독교 신학 교육을 받았으며, 하나님의 말씀을 선포하고 성례를 집례하며, 각종 통과의례를 담당하고 축도의 권한을 갖는다. 그리고 한국교회는 부흥회를 통해 목사의 권위를 높이는데, 대부분의 부흥회 강사들은 하나님으로부터 복을 받는 비결로서 하나님의 종인 목회자를 섬기는 일을 강조하고 있다. 그리고 성도들은 하나님의 종인 목사로부터 병 고침의 안수기도와 축복기도를 받기 원하며, 심방을 통해 위로받기를 원한다.[291] 그러면 영적 종교현상인 '사람'에 대한 사례를 살펴보고자 한다.

사례 1

예수중심교회의 박 집사는 목회자에 대하여 말하기를, "신앙생활을 하던 중에 첫딸을 낳게 되었습니다. 그런데 딸을 낳았다고 시어머니께 미움을 받았습니다. 저는 애통해하며 하나님께 매달렸습니다. 그런데 꿈에 목사님이 찾아오셔서 '기적의 주인공이 될지어다'라고 하시는 것입니다. 그래서 저는 그 말씀을 부여잡고 아들을 달라고 더욱 부르짖어 기도했습니다. 교구 전도사님께서 믿음은 바라는 것들의

---

290) 노윤식, 『종교현상학 이론과 실제』, 94.
291) 노윤식, 『종교현상학 이론과 실제』, 151.

실상이니 아들을 하나님께 받았다고 믿고 기도하라고 하셨습니다. 그리고 아들 이름을 '에녹'이라 지어 주기까지 하셨습니다. 마침내 애통해하는 자의 위로가 되시는 하나님께서 저의 기도를 들으시고 건강한 아들 에녹을 순산케 해주시사 저의 애통함을 신원해 주셨습니다."라고 하였다.[292]

사례 2

전주 만민교회의 정 집사는 목회자에 대하여 말하기를, "평소 저는 섬세한 묘사가 필요한 수채화를 그리다 보니 눈이 늘 피로하여 흐릿하고 아른거렸습니다. 책을 볼 때에는 확대경을 습관적으로 사용하곤 했는데 지난 6월 2일, 놀라운 체험을 했습니다. 시력 회복을 마음에 품고 당회장님과 눈을 맞추는 순간 눈이 시원하고 맑아지는 느낌이 있더니 그 후 눈의 이상 증상이 사라졌고 작은 글씨도 또렷하게 잘 보이니 얼마나 행복한지요."라고 하였다.[293] 만민중앙교회 지역장인 임 집사는 목회자에 대하여 말하기를, "저는 2007년 새해를 맞이하면서 매주 직원과 가족과 함께 당회장님께 기도를 받았습니다. 그 당시 영업 인원은 저를 포함해 4명이었고, 회사매출 목표는 500만 원이었습니다. 그런데 어찌된 일인지 6개월이 지나도록 매출 목표를 달성하지 못했습니다. 변함없이 행한다고 했지만 12월이 다 되도록 결국 뜻을 이루지 못해 그 이유를 곰곰이 생각했습니다. '아, 그래! 하나님께서 내 마음에 변개함이 있는지 없는지 테스트하신 거야!' 그때 제 스

---

292) 예수중심교회, "기도는 저축하는 것이랍니다", http://www.jcc.tv/html/paper.html?sec=confession&no=-321&search=부활절.

293) 만민중앙교회, "간증", http://www.manmin.or.kr/KOREAN/05_POWER/power_content.asp?id=496&c-at=testimony&page=1.

스로 돌아보아도 변개하는 마음은 없었기 때문에 저는 뛸 듯이 기뻤습니다. 2008년 1월 첫 주, '아니 될 것도 되고, 될 것은 더 잘되고' 축복의 구호 아래 회사 매출 500만 원 달성을 위해 다시 기도받으러 가족과 회사 직원이 함께 나아갔습니다. 이때 당회장님께서 기도해 주신 뒤 축복의 말씀을 한마디 해 주셨습니다. '2008년도엔 잘되는 사업 터 되세요.' 저는 그 말씀이 떨어지자마자 얼른 큰 소리로 '아멘' 하고 대답했습니다. 순간 감동이 밀려왔습니다. 그 뒤 사람들을 더욱 선으로 대하기 힘썼고, 정도 경영을 위해 노력했더니 마음이 선한 직원들을 보내 주셨고 생각지 못한 곳에서 계약이 성사됐습니다. 2008년 1월, 드디어 1년간 애타게 매달렸던 목표 500만 원을 초과 달성했고, 2월엔 700만 원, 3월엔 1200만 원을 초과 달성했습니다. 직원도 30명으로 늘어나는 축복을 받았지요. 2009년 4월, 보험 법인대리점 개점 1주년을 맞았습니다. 그때 4월 한 달 보험환산 모집 목표금액 7500만 원을 초과 달성했지요. 1년 전 월 750만 원에 비하면 무려 1,000%나 성장한 기록이었습니다. 그해 6월에는 1억 원, 12월에는 1억 7500만 원을 달성하는 축복을 받았습니다. 2010년 초부터 직원이 신속하게 늘고, 입사 문의도 쇄도하고 있습니다. 매출액이 꾸준히 성장하는 덕에 2월에는 47평 사무실을 추가로 임차했고, 3월에는 회사 직원이 108명이나 되는 대가족이 됐습니다."라고 하였다.[294]

사례 3

변승우는 『사도와 선지자들을 잡는 위조 영분별』이라는 책에서 함

---

294) 만민중앙교회, "간증", http://www.manmin.or.kr/KOREAN/05_POWER/power_content.asp?id=473&-cat=testimony&page=3.

162 21세기 선교와 종교현상학

께 목회하고 있는 김옥경 목사에 대하여 말하기를, "그는 아프리카에서 7,000교회를 감독하고 있고, 하나님의 능력으로 3명의 죽은 자를 살렸고, 오병이어의 기적과 각종 치유 기적을 일으키고, 4번 이상 환상이 아니라 아브라함에게 나타난 것처럼 사람의 모양으로 나타난 천사의 방문을 받았으며, 여러 차례 천국에 이끌려 올라가는 체험을 했습니다. 그리고 영어를 비롯한 13개 나라의 언어를 은사로 받아 자신이 배우지 않은 언어로 초자연적인 복음을 전하고 있습니다."라고 하였다.295) 변승우는 『특별히 예언을 하려고 하라!(개정판)』는 책에서 예언자에 대하여 말하기를, "2002년 장충체육관에서 열린 빌 해몬 박사의 컨퍼런스에 참석했을 때 박덕근 목사님의 사모님이 제게 '너희 교회는 예언하는 교회가 되리라'라고 예언했습니다. 이것은 당시로서는 참으로 황당한 예언이었습니다. 왜냐하면 성도 수도 얼마 되지 않았지만, 교회 내에 예언은커녕 환상을 보는 사람조차 한 사람도 없었기 때문입니다. 그런데 수년이 지난 지금 우리 교회는 그 예언대로 정말로 예언하는 교회가 되어 있습니다. 지 성전을 포함하면 현재 모두 12개의 예언 팀이 가동 중이며 서울, 울산, 부산 등지에서 선지자 학교를 하고 있는데 참석 인원이 500명을 넘어섰습니다. 그리고 환상을 보고 주님의 음성을 들으며 예언하는 사람들이 교회 내에서 기하급수적으로 늘어가고 있습니다."라고 하였다.296) 변승우는 『대부흥이 오고 있다!』라는 책에서 사실 선지자는 어느 시대나 있어 왔다면서 말하기를, "오늘날도 밥 존스 목사님을 위시해서 케네스 해긴, 마헤시 챠브다, 빌 해몬, 마크 듀퐁, 신디 제이콥스, 척 피얼스, 릭 조이스,

---

295) 변승우, 『사도와 선지자들을 짚는 위조 영분별』 (서울: 큰믿음출판사, 2008), 73.

296) 변승우, 『특별히 예언을 하려고 하라!(개정판)』, 143.

샨 볼츠, 타드 벤트리, 짐 골, 그래엄 쿡, 샤론 스톤 그리고 낸시 코엔 등 많은 선지자들이 활동하고 있습니다. 그런데 오늘날 하나님이 세운 대부분의 선지자들이 이구동성으로 예언하고 있는 것이 있습니다. 바로 대부흥입니다."라고 하였다.[297]

이와 같이 '사람'에 대한 사례를 종합해 보면, 꿈에 목회자가 나타나기도 하며, 축복기도를 해 주고, 죽은 자를 살리고, 각종 치유의 기적을 일으키는 것으로 나타났다.

2) 공동체

인간은 영적 종교현상의 공동체를 성스럽게 여겨 왔다. 모든 종교는 각기 공동체라는 산물이 생성되었을 정도로 성스러움이라는 말과 상호 사용이 가능하다. 성스러운 공동체는 작은 범위의 가족이나 친족을 의미하며, 크게는 사회와 종교단체, 그리고 교회나 국가에 이르기까지 다양하다.[298]

(1) 가족과 친족

가족과 친족은 문화인류학에 있어서 가장 오래된 연구 분야 가운데 하나이다.[299] 또한 가장 많은 관심의 대상이 되는 주제이기도 하

---

297) 변승우, 『대부흥이 오고 있다!』 (서울: 은혜출판사, 2006), 21.

298) 노윤식, 『종교현상학 이론과 실제』, 94-96.

299) 사도 바울이 말하는 가족 용어는 모두 그리스도와의 관계와 그리스도인과 하나님의 관계에 그 기초를 두고 있다. 그리스도인들은 자신들을 하나님의 가족의 일원으로 여겨야 한다. 최초의 서신에서 이미 사도 바울은 이 가족의 가장을 하나님 아버지로 여긴다(살전 1:1, 3:11; 살후 1:1-2, 2:16). Robert Banks, 『바울의 공동체 사상』, 장동수 역 (서울: 한국기독학생회출판부, 2007), 98.

다.[300] 오늘날 이러한 가족과 친족은 성스러운 공동체로서 성스러운 예식인 결혼식을 통해 이루어진다. 그러나 과거의 경우, 고대 인도나 로마에서의 결혼은 성스러운 희생 제사의 제물을 공동으로 먹음으로써 공인되었다. 이러한 결혼에 대한 희생적인 제사적 성격은 두 남녀의 결합인 동시에 하늘과 땅의 결합으로 승화되었다. 그러나 성경은 결혼을 예수 그리스도와 교회의 성스러운 신비적 결합을 의미하였다 (엡 5:23). 이렇게 결혼을 통해 시작된 가족과 친족 공동체는 종교 의식을 행하는 살아 있는 종교 공동체가 되었다. 특히 유대교의 안식일 밤에 키두쉬(kiddush) 의식, 유교의 제사, 기독교의 가정예배는 이러한 유형에 속한다고 볼 수 있다. 그러면 영적 종교현상인 공동체에서 '가족과 친족'에 대한 사례를 살펴보고자 한다.

사례 1

만민중앙교회 아동주일학교 교사인 이옥희 집사가 가정예배에 대하여 말하기를, "저희 부부는 자녀들이 세상에 물들지 아니하고 믿음 안에서 성장할 수 있기를 늘 기도했습니다. 주일 예배 후에는 설교 말씀을 잘 들었는지 점검하면서 이해하기 쉽게 다시금 설명해 주기도 하고, 집에서 순번을 정하여 가정예배를 인도하였습니다. 남편 김준택 집사님은 자녀들과의 약속은 반드시 지켰고, 아이들의 이야기에 귀 기울이며 상담을 해 주기도 했지요. 저 또한 외출 시에는 간식과 함께 사랑의 편지를 남겼고 전화로 위치를 알리며 신뢰를 쌓아 갔습니다. 아이들의 잘못으로 야단을 칠 때면 먼저 무릎을 꿇고 자세를

---

300) 한상복 공저, 『문화인류학개론』(서울: 서울대학교 출판부, 1986), 137. 친족이란 가족의 범위를 넘어서 형성되는 하나의 집단이다.

바로 하였고 스스로 잘못을 깨우치고 인정할 수 있도록 했습니다. 훈민이는 학원에 다니지 않아도 학교 성적이 우수하며, 친구들 사이에서도 모범적인 생활을 하고 있답니다. 얼마 전에는 과학의 날 기념 독후감 공모전에서 우수상도 받았지요. 정음이도 진리 안에서 반듯하게 성장하고 있으니 얼마나 감사한지요."라고 하였다.[301]

사례 2

창원만민교회 김순기 집사는 가정예배에 대하여 말하기를, "몇 년 전 골다공증으로 넘어져 엉치뼈가 부러지고 거의 죽음 직전까지 갔었으나, 가정예배를 드리고 당회장 이재록 목사님의 환자 기도를 매주 받아 지금은 4층 계단도 잘 오르내릴 정도로 건강한 몸이 되었습니다."라고 하였다.[302]

사례 3

서울 큰믿음교회 한 성도는 가정에서의 성찬식에 대하여 말하기를, "가정에서 거의 매일 성찬식을 드리고 있는데요. 얼마 되지는 않았지만 형식이나 방법은 거의 몰라요. 물론 딱히 딱 맞는 형식은 없겠지만 은혜로우면서 주님께서 기뻐하실 만한 간결하면서 의미 있는 성찬 예배방법을 아시면 조언 부탁드립니다."라고 하였다.[303] 대전 큰믿음교회 한 성도는 가정예배를 통한 영적 경험에 대하여 말하기를, "저희에게는 네 살 된 딸아이가 있는데 우유 알레르기가 심해서 우유

---

301) 만민뉴스 2006년 5월 14일자 신문.
302) 만민뉴스 2001년 12월 16일자 신문.
303) 서울 큰믿음교회 카페, "가정에서 드리는 성찬식", http://cafe.daum.net/Bigchurch.

가 들어간 제품(우유, 치즈, 빵, 케이크, 아이스크림, 요구르트, 피자 등등)은 전혀 먹이지를 못해서 마음이 많이 아팠어요. 어느 정도로 심했는가 하면 치즈를 반쪽 정도만 먹어도 콧물, 가려움, 입 주위가 빨개지고, 무엇보다도 얼굴 전체가 퉁퉁 부어서 우리 딸인지 아닌지 몰라볼 정도였어요. 그래서 이대로는 안 되겠다 싶어서 약 한 달 전부터 가정예배를 드리면서 치유를 위해 기도했어요. 그때 목사님이 나눠 주신 바비 코너 목사님의 기름부음 받은 작은 수건조각을 딸아이 배 위에 대고 믿음으로 기도하였어요. 그러기를 약 한 달이 지났을 때 아는 분 집에 놀러 갔다가 두유로 알고 마셨는데 완전두유가 아니라 두유 반 우유 반 섞인 제품을 딸아이가 마셨는데 알레르기 반응이 일어나지 않아서 치유받은 것을 알게 되었답니다. 이제는 피자도 맛있게 먹고 있고요. 요구르트도 잘 마신답니다."라고 하였다.304)

이와 같이 '가족과 친족'에 대한 사례를 종합해 보면, 가정에서 가족과 함께 가정예배와 성찬식을 하며, 치유기도를 하는 것으로 나타났다.

7. 영적 종교현상의 경험

현대의 특징 가운데 하나가 경험을 강조하는 문화적 성격이다. 근세 서구 사상의 흐름은 이성과 사유를 중시하는 대륙의 합리론과 경험, 그리고 상식을 소중히 여기는 영국의 경험론으로 대별되었다. 그

---

304) 서울 큰믿음교회 카페, "우유알레르기를 깨끗이 치유 받았어요", http://cafe.daum.net/Bigchurch.

러나 19세기 이후 실증주의와 비판주의와 같이 경험을 중시하거나 합리주의에 반대하는 풍조가 일어나 널리 퍼지게 되었다. 그것은 미국의 경우도 예외가 아니었으며, 20세기 미국의 감성을 경험적 감성으로 평가하고 있다. 그것은 청교도 운동과 부흥 운동, 그리고 실용주의 철학 전통의 영향으로 이해된다.[305]

신학 분야에서도 경험을 강조하는 것은 일반적인 현상이다. 이러한 종교 경험을 강조하는 것은 자유주의나 복음주의 외에도 이단 종파나 사교 집단에서 흔히 발견되는 현상이다. 몰몬교는 몰몬경의 새로운 교리를 주장하고, 통일교는 새로운 계시에 근거하여 새로운 미래를 주장한다. 이것은 인간의 경험을 중시하는 현대인의 정서를 반영하는 것으로 이해된다.[306] 따라서 영적 종교현상에서 경험은 피할 수 없는 주제이기 때문에 그에 대한 형태들을 이해하는 것은 매우 중요하다.

1) 기본적 형태들

대부분의 다양한 종교들과 다양한 인종과 사람들, 그리고 문화와 역사가 다르다 할지라도 종교 경험은 유사한 것을 볼 수 있다. 종교 경험은 일반 세속적인 경험과 비슷한 양상을 띠는 것으로 다른 점은 초월적이고 초자연적인 실재와의 관계에서 비롯된다는 것이다.[307]

---

305) John J. Davis, *Foundations of Evangelical Theology* (Grand Rapids: Baker Book House, 1984), 145.

306) 목창균, 『현대 복음주의』 (서울: 황금부엉이, 2005), 312–313.

307) Peter MacKenzie, *The Christians: Their Practices and Beliefs*, 295.

(1) 놀라움

종교 경험의 기본적인 형터는 놀라움(awe)이다. 이러한 경험은 두려움, 존경, 고대, 자기 헌신 등의 느낌과 연결된다. 이것은 보통 성스러운 장소에 들어갔을 때 경험하게 된다.

그러나 독일 경건주의 계열의 신학자이자 목회자였던 게하르드 터스티겐(Gerhard Tersteegen)은 기독교에 대한 예배의 시작에 대하여, "하나님의 현존에 대해 무릎 꿇고 조용히 그의 이름을 경외해야 한다."고 주장하였다.308) 그러면 영적 종교현상의 경험인 '놀라움'에 대한 사례를 살펴보고자 한다.

사례 1

오사카 예수중심교회에서 신앙생활 하는 히로세 기요조 성도는 놀라움에 대하여 말하기를, "처참한 생활은 계속됐고 너무나 배가 고팠던 저는 2002년 11월 어느 날 오사카 예수중심교회에서 무료식사를 제공해 준다는 이야기를 듣고 참석하게 됐습니다. 카레라이스, 샐러드, 우동 등을 정성껏 대접하는 손길에 감격하여 눈물을 흘렸습니다. 그러나 그것보다도 더욱 감사한 것은 오사카 예수중심교회 서범석 목사님으로부터 듣는 하나님의 말씀을 통해 천국과 지옥이 있으며 예수님을 영접해야 천국에 갈 수 있다는 사실이 확실히 믿어진 사실이었습니다. 저는 그 구원의 확신으로 인해 그때부터 동료들을 열심히 전도할 수 있었습니다. 네 군데 공원에서 열리는 모임에 일찍 가서 목사님 일행을 기다렸다 함께 예배를 준비하고 항상 맨 앞자리에

---

308) Peter MacKenzie, *The Christians: Their Practices and Beliefs*, 295 – 296.

앉아 하나님의 말씀을 한 말씀도 놓치지 않겠다는 심정으로 듣습니다. 목사님의 설교를 통해 은혜를 받은 저는 좋은 직장을 잡아 돈을 벌어 저처럼 어려운 사람들을 도우며 목사님을 도와 전도하고 싶다는 꿈을 꾸고 있습니다. 또한 믿음이 좋은 자매와 결혼하여 행복한 가정을 꾸미고 싶은 소망도 갖고 있습니다. 하나님은 이런 꿈을 꾸고 있는 저에게 찾아오셨습니다. 태어나면서부터 가졌던 43년 된 악성 아토피성 피부병이 목사님께서 귀신을 쫓으셔서 깨끗하게 나았습니다. 저뿐 아니라 많은 사람들이 병 고침을 받는 것을 보고 놀라움을 금치 못했습니다."라고 하였다.[309]

사례 2

서울 큰믿음교회에서 잔 생거 목사의 특별치유성회에 참석한 한 성도가 치유로 놀라운 경험에 대하여 말하기를, "첫째 날 저희 엄마는 당뇨합병증으로 시력을 잃어(장애판정 받음) 병원에서 수술도 받았고 치료도 받았지만 여전히 뿌옇고 사물만 구분할 수 있었는데 주님께서 치료해 주셨습니다. 잔 생거 목사님께서 지식의 말씀으로 눈 시력을 회복시키신다는 말씀에 '내 눈' 하시며 엄마는 자리에 일어서서 주님께서 만져 주시길 기대했습니다. 믿음으로 일어서서 눈에다 양손을 얹고 기다렸습니다. 그러고는 잠시 후 '보인다. 보여! 어! 저 사람 눈도 보이고, 이 사람 코도 보이고. 어! 저 멀리 있는 사람도 보인다. 보여!' 하시며 진짜 세상 처음 보는 사람처럼 소리치며 너무너무 기뻐하셨습니다. 둘째 날 엄마는 평소에 나는 주님 앞에서 울고

---

309) 예수중심교회, "노숙자에게 삶의 소망을 주신 하나님", http://www.jcc.tv/html/paper.html?sec=confes-
    sion&no=172&search=놀라움.

싶어도 눈물이 안 난다며 한 번씩 하소연을 하곤 하셨는데 저녁집회가 시작되기 전 엄마는 '왜 이렇게 눈물이 나는지 모르겠다'시며 눈에 눈물이 맺혀 있는 것이었습니다. 주님의 임재가 엄마를 덮고 있다는 확신이 들어 같이 기도하자고 하였습니다. 잠시 후 집회가 시작되면서 주님께서 엄마의 어깨를 무거운 임재로 누르고 계셨고 엄마는 아프다며 몸을 이리저리 비틀며 꼬았습니다. 잔 생거 목사님의 '관절염 다리 쪽으로 아프신 분, 주님께서 고쳐 주십니다'는 그 말씀 선포와 동시에 엄마가 일어나시면서 이리저리 다녀 보고 뛰는 겁니다! 엄마를 아시는 분들은 다들 놀랐을 거예요. 저도 놀랐고요. 왜냐하면 엄마는 작년 여름에 몸에 뇌경색이라는 병이 찾아와 4개월간 병원 치료를 받았지만 옆에서 부축을 하지 않으면 혼자서 걸을 수도 없었고 화장실 가는 것도 부축이 없으면 힘들었거든요. 오른쪽 마비와 몸이 떨리는 증상의 중풍, 그리고 목덜미에는 작은 혹 같은 것이 뭉쳐 있었는데 그것마저 사라지게 하시고 중풍으로 비뚤어진 얼굴 모양은 지금도 계속해서 예쁘게 바로잡아 주고 계십니다."라고 하였다.[310]

사례 3

온몸에 퍼진 알레르기성 피부염을 깨끗이 치료받은 정영민 집사의 간증에서 놀라움에 대하여 말하기를, "지난 8월 초에 있던 하계수련회 때까지도 완치되지는 않았지만 감사한 마음으로 수련회에 참석하였고, 주일이나 금요철야예배가 있는 날이면 믿음으로 당회장님께 나아갔습니다. 마침내 8월 말경에는 눈 밑에 있던 딱지까지 모두 떨어

---

310) 서울 큰믿음교회 카페, "할렐루야! 잔 생거 목사님이 내일 주일 낮 예배(오전 11시) 때 서울 큰믿음교회에서 전 지교회(광주) 동시 생방송으로 특별 치유성회를 인도합니다!", http://cafe.daum.net/Bigchurch.

져 온몸의 피부가 어린아이 살같이 깨끗하게 치료되었습니다. 할렐루
야! 막상 하나님의 은혜로 치료받고 보니 제 자신조차 놀라움을 금치
못하였고, 하나님께서는 순간에도 저의 질병을 치료해 주실 수 있었
지만 겸손한 마음과 중심의 아름다움을 원하신다는 것을 마음 깊이
깨닫게 되었습니다. 이토록 섬세하신 하나님의 사랑과 은혜에 감사드
리며 진액을 다해 기도해 주신 당회장 이재록 목사님께도 감사드립
니다."라고 하였다.[311]

이와 같이 '놀라움'에 대한 사례를 종합해 보면, 귀신을 쫓은 것과
병 고침을 보고 놀란 것으로 나타났다.

(2) 두려움

두려움(fear)은 종교 경험의 기본적인 형태로 경외심과 연결된다. 그
리스 철학자인 루크레티우스(Lucretius)는 두려움이 신들을 만들어 냈
다고 했는데, 그것은 종교학적으로 어느 정도 사실로 알려져 있다. 원
시적 종교에서는 타부, 마녀, 마법사, 죽은 자의 영혼 등을 두려워했
다. 고대의 신들은 두려운 대상들이었고, 본래 산과 폭풍, 그리고 화
산의 신으로 묘사되어 무시무시한 면이 있었다.[312] 그러나 구약성경
은 두려움을 가지고 하나님을 섬기라고 말했고(욥 28:28; 시 110:10,
2:11), 신약성경은 두렵고 떨림으로 너희 구원을 이루라고 말했다(빌
2:12). 그러면 영적 종교현상의 경험인 '두려움'에 대한 사례를 살펴
보고자 한다.

---

311) 만민뉴스 2006년 11월 26일자 신문.
312) Peter MacKenzie, *The Christians: Their Practices and Beliefs*, 296.

사례 1

만민중앙교회 최 성도는 두려움에 대하여 말하기를, "1951년, 참혹했던 한국전쟁 때입니다. 당시 저는 16세의 나이로 충북 제천에서 국군을 돕던 중 북한군에 포로로 잡혀 갔습니다. 소년 간첩으로 오해받아 심한 고문과 집단 구타를 당하면서 양쪽 귀 고막이 크게 손상을 입어 거의 듣지 못하게 되었지요. 2003년, 탈북해 새터민이 되었지만 귀가 들리지 않으니 매사에 두려움이 엄습했고, 신앙생활도 흥미를 잃어 작년에는 몇 개월 동안 교회를 안 나온 적도 있었습니다. 최근에는 겨우 교회만 왔다 갔다 했지요. 지난 1월 29일, 국가유공자로서 보훈 혜택을 받고자 주사랑선교회 회원들과 함께 당회장님 기도를 받았습니다. 그런데 이게 웬일입니까? 1월 31일 주일 대예배를 드리던 중 당회장님 설교가 또렷이 들리는 게 아닙니까?"라고 하였다.[313]

사례 2

대만만민교회 웨이란 자매는 두려움에 대하여 말하기를, "2004년 5월, 직장에서의 스트레스와 아정문제로 인해 잠을 이루지 못하는 날이 계속되었습니다. 6월 초, 병원에서 진단을 받아 보니 우울증이라는 결과에 좌절감과 두려움이 엄습해 왔습니다. 약을 복용했지만 아무런 차도가 없었고, 오히려 약물 부작용으로 인해 정신을 집중할 수가 없었습니다. 직장에 병가를 내었지만, 설상가상으로 악한 영에게 시달리기까지 하였습니다. 또한 호흡 곤란 증세로 인해 여러 차례 응급차에 실려 가기도 했는데, 병원에서는 특별한 원인이나 병명을 찾

을 수가 없었지요. 이 외에도 20여 년 동안 앓아 오던 어지럼증으로 고통의 나날을 보내고 있었습니다. 서울에서 금요철야 예배 시간에 기도해 주실 때 대만에서 인터넷으로 기도를 받게 되었습니다. 그런데 놀랍게도 우울증과 불면증, 20여 년 동안 앓아 오던 어지럼증까지 모두 사라지고, 악한 영의 역사도 받지 않게 된 것입니다."라고 하였다.[314]

사례 3

만민중앙교회 김광태 집사는 두려움에 대하여 말하기를, "2003년 12월, 보라매 병원에 입원하였으나 갈수록 몸은 마르고 쇠약해져 결국 결핵전문병원인 서대문 시립병원으로 옮겨졌습니다. 참으로 이상하게 먹은 것이 없었는데도 하루에 십여 차례씩 설사는 멈추질 않았고, 고열로 인해 몸을 가누질 못했을 뿐 아니라 퉁퉁 부은 다리를 주체하기도 힘들었지요. 체중이 41kg까지 떨어져 마른 막대기와 같이 초췌해진 제 자신을 바라보니 인생무상이 느껴졌고, 같은 입원실 침상 옆에 있던 사람들이 수시로 죽어 나가는 모습을 보면서 '나도 언제 저렇게 되지 않을까' 하는 두려움이 엄습해 왔습니다. 2004년 1월 1일 새벽, 송구영신예배를 마친 후 어머님과 교구장님의 도움으로 사택에 찾아가 지난날 미혹하는 자들의 말만 믿고 당회장님을 판단 정죄했던 것을 눈물 콧물을 흘리며 통회 자복하였습니다. 그러자 당회장님께서는 환한 미소로 웃으시면서 '왜 신뢰하지 못했느냐' 하시며 '깨끗이 나으라'고 말씀해 주셨습니다. 그 이후로 저의 건강은 급속도로 좋아져 양다리의 부기가 신속하게 빠지고, 계속되던 설사가 멎었으며,

---

314) 만민뉴스 2007년 4월 22일자 신문.

입맛이 돌면서 밥도 아주 맛있게 먹게 되었습니다."라고 하였다.[315]

이와 같이 '두려움'에 대한 사례를 종합해 보면, 귀가 들리지 않고, 우울증과 미혹하는 자들로 인해 두려운 것으로 나타났다.

(3) 기쁨

기쁨(joy)은 종교 경험의 기본적인 한 형태이다. 이러한 기쁨은 모든 종교에 있어서 공통된 것이며, 이 세상의 모든 것을 부정해도 기쁨을 부정하지는 않는다. 힌두교 문헌에 우파니샤드는 모든 생물은 기쁨을 가지고 태어났기 때문에 기쁨으로 살아가야 한다고 말한다. 이렇듯 기쁨은 구원받은 자들의 상태를 말하는데 특히 힌두교는 명상을 통해 기쁨을 누린다고 한다.[316]

특히 기독교에 나타난 기쁨은 구원의 표시로 보며, 의로운 자들이 하나님 앞과 성전 안에서 기쁨을 누린다고 본다(시 68:3, 84:2). 이러한 종교적 기쁨은 우주적 기쁨으로 이어질 뿐만 아니라 하늘과 땅이 하나님을 기뻐하는 것이다(시 96:11). 또한 기쁨은 예언자들이 다가오는 구원의 날에 대한 주제이기도 하였다(사 35:10). 구원자이신 예수 그리스도는 기쁨이 있는 하나님의 나라를 말하며, 그날에는 기뻐할 뿐만 아니라 뛰어놀며 하늘의 상이 크다고 하셨다(눅 6:23). 사도 바울도 종말론적인 기쁨에 대하여 주님께서 가까우니 기뻐하라고 말하였다(빌 4:4). 이렇게 기독교의 기쁨은 고난과 십자가를 변형시키는 것으로 설명한다(고후 1:24). 따라서 기독교의 예배는 기쁨의 계속적

---

315) 만민뉴스 2004년 8월 15일자 신문.

316) Peter MacKenzie, *The Christians: Their Practices and Beliefs*, 299.

인 원천이 되는 것이다. 그러면 영적 종교현상의 경험인 '기쁨'에 대한 사례를 살펴보고자 한다.

사례 1

광주 큰믿음교회의 한 성도는 기쁨에 대하여 말하기를, "잔 생거 목사님 집회기간에 이렇게 말씀하셨습니다. 한쪽 다리가 짧은 사람 앞으로 나오세요. 허리에 통증 있는 사람과 오른쪽 히프에 통증 있는 사람 나오시기 바랍니다. 본인은 알지 못하지만 다리가 짧습니다. 하나님께서 치유하기 원하십니다. 그날 강대상 앞으로 나아간 성도님들은 100% 치유 받았습니다. 저는 오른쪽 히프에 통증이 아니라 약간 뻐근했지만 다리가 짧다고 생각 안 했기에 안 나갔습니다. 집에 와서 확인해 보니 한쪽 다리가 5미리 정도 짧았습니다. 그래서 그런지 평소에 허리에 약간의 통증과 불편함 때문에 기도하다 말고 일어서서 허리를 두드리며 기도하곤 하였습니다. 또한 사람들이 보지 않는다 싶으면 의자에 엎드려서 자주 기도하곤 하였습니다. 잔 생거 목사님은 집회 마치시고 본국으로 가셨구나! 어쩌나? 기회를 놓쳤다는 생각에 아쉬웠습니다. 그런데 잔 생거 목사님께서 마지막 날 광주 큰믿음교회 김순현 목사님께 임파테이션하고 가셨기에 사모함으로 목사님께 치유기도 받기로 했습니다. 드디어 주일 선지자학교에서 치유기도 받기 전에 여 집사님과 여 목사님께 나의 두 다리를 벗은 상태에서 보여 주었습니다. 두 분이 '어! 정말 한쪽이 짧다'라고 하셨습니다. 그리고 저는 목사님께 기도받으러 가서 설명을 드렸습니다. 목사님께서 의자에 앉으라고 하시더니 나란히 편 두 다리의 발을 맞추어 보시더니 '똑같습니다'라고 말씀하셨습니다. 제가 보아도 똑같았습니다. 정말 믿기지 않았습니다. 치유기도도 받지 않은 상태이며 다만 보여 드리기만 했을 뿐이었습니다. 기도받으러 가다가 치유된 건지 의자에 앉자 치유된 건지 목사님께서 두 발을 맞추어 보실 때 치유된 것인지 전혀 알지 못합니다. 기쁨보다는 썰렁했습니다. 왜냐하면 다리가 길어지는 신비함을 보고 싶었거든요. 의자에서 일어나서 걸어 보니 허리가 시원하고 편했습니다. 집에 와서 여러 번 다리를 확인해도 길이가 똑같았습니다. 무어라 설명해야 될지 모르지만, 치유된 기쁨을 나누며"라고 하였다.[317]

사례 2

예수중심교회 장 성드는 기쁨에 대하여 말하기를, "2008년 6월 1일부터 예수중심교회에 나오기 시작하여 인천 집회에 참석하게 되었습니다. 이번 집회를 통하여 놀라운 영적 체험을 하였기에 성도 여러분과 은혜를 나누고자 합니다. 저는 이제껏 살면서 여러 종교를 배회하였습니다. 성당, 교회, 절, 심지어는 여호와의 증인까지 안 가 본 곳이 없을 정도입니다. 돌이켜 보면 그만큼 영적 갈증이 해소되지 않아 심령이 갈급하였던 시기였습니다. 특히 최근 2년 동안에는 영산불교에 몸담아 형편에 맞지 않는 무리한 돈까지 써 가며 세 차례나 천도제(薦度齋, 조상의 혼을 위로한다는 명목의 불교 의식)를 올렸습니다. 허나 상한 영혼을 치유하기는커녕 그들은 저에게 무간지옥에 떨어져 천만억 겁의 세월이 흘러도 이를 구제할 길이 없다고 하였습니다. 이때 제가 내린 결론이 불교에는 구원이 없다는 것이었습니다. 엎친 데 덮

317) 서울 큰믿음교회 카페, "치유기도 받으러 가는 중에 치유되었어요", http://cafe.daum.net/Bigchurch.

친 격으로 조울증 증세가 찾아와 참으로 힘든 시절을 보내었습니다. 인천 집회 둘째 날이었습니다. 목사님께서 아픈 사람 다 나오라 하였을 때, 저 역시 기도받으러 단에 올랐습니다. 마음이 상하고 지치어 조울증 증세로 오랫동안 고생하였기에 이를 고침받기 위함이었습니다. 목사님이 제 머리에 손을 얹을 때 번개가 머리에 번쩍 하고 들어오는 것이 아니겠습니까? 그 순간 저는 귀신이 떠나고 병에서 놓임받았구나 하는 확신을 하였습니다. 이러한 신령한 체험을 경험해 보지 않은 자에게 어찌 말로 전할 수 있을까요? 성령으로 거듭나 매일이 새롭고 기쁨에 넘치는 삶으로 변화시켜 주신 주님께 너무도 감사드립니다."라고 하였다.[318]

사례 3

서울 큰믿음교회 영상집회에 참여한 조성민 어린이의 어머니가 기쁨에 대한 간증에 대하여 말하기를, "2008년 2월경 한국에서 떠나오기 3~4일 전에 치과에 들러서 썩은 이 2개를 뽑고 난 후에, 의사 선생님께서 충치 8개가 더 있는데 이것은 때우거나 뽑고 다시 해 넣으려면 한국 돈으로 한 오백만 원 정도 든다고 하셨습니다. 그때 저희 가족은 며칠 후에 미국행 비행기를 타야 했고 또 치료비가 부담되어 나중에 치료하자고 하였습니다. 미국에 와서도 밥을 먹다 가끔씩 이가 아프다고 할 때면 밥을 먹다 가도 이를 닦거나, 그만 먹어야 할 때가 있었습니다. 그런데 오늘 찰리 로빈슨 목사님 영상집회에서 혹시나 하는 마음으로 '성민아 우리도 한번 보자' 했더니 글쎄, 덧니는 그

---

318) 예수중심교회, "하나님을 체험했습니다", http://www.jcc.tv/html/paper.html?sec=confession&no=435&-search=기쁨.

대로인데 그 많던 썩은 이들이 다 하얗게 변해 있지 않겠습니까? 뿐만 아니라 앞니까지 모두 하얗게 변해 있었습니다. 순간 온몸에 말로 표현할 수 없는 전기가 머리에서 발끝까지 찌릿찌릿했습니다. 너무 놀라고 놀라워서 저도 모르게 '성민아, 너 썩은 이 다 없어졌어!'라고 큰 소리를 지르게 되었습니다. 그리고 성민이를 와락 끌어안았는데 성민이가 울면서 몸에 전류가 흐르듯 떨고 있었습니다. 저 또한 주체할 수 없는 이 기쁨을 어떻게 해야 할지 몰라 아들을 꼭 끌어안고 주님께 영광 돌렸습니다."라고 하였다.[319]

이와 같이 '기쁨'에 대한 사례를 종합해 보면, 치유로 인한 기쁨, 귀신과 질병에서의 해방, 썩은 이가 하얗게 되어 기쁜 것으로 나타났다.

(4) 전도 열정

종교 경험의 기본적인 형태는 전도 열정(eagerness to communicate)이다. 즉 종교 경험은 전도의 열정으로 연결된다. 드와이트 무디(Dwight L. Moody)가 시카고의 도시화와 산업화로 인해 많은 이주 노동자들이 잘살기 위해 꿈과 희망을 가지고 도시로 몰려들었을 때, 이주 노동자들은 피곤한 몸이었지만 술집과 도박판에 가지 아니하고 무디의 설교와 생키의 복음성가를 듣기 위해 천막 집회에 갔다. 이것은 그들의 고된 삶과 꿈을 이해하는 무디의 탁월한 문화 이해와 이를 토대로 한 전도 열정 때문이었다. 당시 시카고의 문화를 잘 이해한 무디는 그들이 가장 필요한 일이었던 빈민가 자선사업과 청소년 교육을 통하여

---

319) 서울 큰믿음교회 카페, "할렐루야! 충치 8개가 치료되었습니다", http://cafe.daum.net/Bigchurch.

전도활동을 지속적으로 펼쳤다. 이것이 무디 부흥운동의 기반이 되었을 뿐만 아니라 사람들의 마음을 움직이는 영향력이 되었던 것이다.[320] 그러면 영적 종교현상의 경험인 '전도 열정'에 대한 사례를 살펴보고자 한다.

사례 1

예수중심교회에 출석하는 이 집사는 전도의 열정으로 '성령의 역사' 테이프에 대하여 말하기를, "저는 주위 사람들로부터 전도에 미친 사람이라는 핍박 아닌 핍박도 즐거운 마음으로 받았습니다. 이렇게 열심히 전도하는 중에 저도 모르는 사이 기형이던 아이는 점차 정상으로 돌아왔고, 아이를 출산한 병원에서도 '이런 일은 있을 수 없다'며 놀라워했습니다. 저는 그럴 때마다 '성령의 역사' 테이프를 전해 주며 살아 계신 하나님을 증거 하였습니다. 기형으로 태어난 아이를 통해 하나님의 섭리가 우리 가정에 나타났던 것입니다. 저는 정상으로 고쳐 주신 우리 아이의 사진을 보여 주며 또 이초석 목사님의 '성령의 역사' 테이프를 전해 주며 가는 곳마다 만나는 사람마다 '예수 이름'의 능력의 복음을 전하였습니다. 그 결과 많은 사람들이 예수중심교회로 몰려와 신앙생활을 잘하며 교회의 일꾼으로 자라 가고 있습니다."라고 하였다.[321]

---

320) 노윤식, "성결의 복음을 전하는 성결 문화 전도 시스템", 『성결』 통권 481호 (2010, 7월), 106.

321) 예수중심교회, "기형아인 우리 아기를 고쳐주셨어요!", http://www.jcc.tv/html/paper.html?sec=confession&no=128&search=테이프.

사례 2

광주만민교회 김 성도는 전도 열정에 대한 비디오에 대하여 말하기를, "5월 중순경 주일 오후, 저는 어렵사리 길을 찾아 광주만민교회에 도착했습니다. 그때가 바로 오후 2시 30분경, 저녁예배가 시작될 무렵이었습니다. 성전에 들어서니 김춘례 집사님이 반갑게 맞아 주면서 저를 안내해 주었습니다. 이윽고 예배가 시작되었지요. 다소 쑥스럽기도 하고 말씀도 이해가 잘 안 됐지만 마음이 차분해지면서 평안했습니다. 예배가 끝난 후 목양실에서 박형렬 담임목사님께서 '성도님! 참, 잘 오셨습니다' 하며 악수를 청하셨습니다. 몇 마디 대화를 나눈 뒤 당회장 이재록 독사님을 통해 나타난 하나님 권능의 역사가 담긴 '권능'이란 비디오를 시청했습니다. 오랫동안 질병으로 고통받던 수많은 사람들이 치료받는 장면을 보고 눈물이 주르륵 흘러 내렸습니다. 순간 저는 '교회에 계속 다녀야겠다'고 마음을 먹었지요."라고 하였다.[322] 일본 만민교회의 아쿠시치 카즈미 성도는 인터넷 방송을 통한 체험에 대하여 말하기를, "2007년 8월 12일, 중앙선을 침범한 맞은편 차량과 정면충돌하는 대형 사고를 당했습니다. 이 사고로 얼굴은 만신창이가 되었고, 온몸은 성한 곳이 별로 없었지요. 응급실에 실려 와 대수술을 받고 사경을 헤매다 3일 후 깨어났습니다. 사고현장을 지휘한 교통경찰관은 '100% 상대방 과실이란 사실이 밝혀졌다'고 하면서 '경찰생활 43년 동안 이 같은 큰 교통사고에서 살아난 사람은 처음 봅니다' 하며 놀라워했습니다. 저는 안면 마비 증세가 있고 몸은 얻어맞은 사람처럼 쑤시고 아팠지요. 그래서 물리치료를 해야만

---

322) 만민중앙교회, "간증", http://www.manmin.or.kr/KOREAN/05_POWER/power_content.asp?id=495&cat=testimony&page=1.

했는데 다시 회복된다는 보장도 없고, 상당한 시일 아픔이 따랐습니다. 2009년 1월, 아는 언니가 병문안을 와서 야마가타 만민교회를 소개하며 같이 가자고 했습니다. 그 당시 인터넷으로 기독교방송(CBS) 예배를 드리고 있던 저는 성전에 가고 싶었지요. 그 주일에 야마가타 만민교회에 가서 예배를 드렸습니다. 야마가타 만민교회는 서울 만민중앙교회의 일본 지교회들 중 하나로 화상(畵像)예배를 드리고 있었습니다. 당회장 이재록 목사님의 설교에 큰 은혜를 받은 저는 만민중앙교회 홈페이지에 있는 당회장님의 설교를 듣고 신앙서적도 구입해 읽었습니다. 저는 하나님께 감사하며 성령 충만한 날들을 보냈지요. 그러던 그해 9월, 당회장님께서 인도하신 이스라엘 연합성회를 인터넷 생방송으로 참여하면서 치료의 역사를 체험하게 되었습니다."라고 하였다.[323]

사례 3

서울 큰믿음교회는 전도 열정의 차원에서 말하기를, "찰리 로빈슨 목사 초청 한국 능력전도 대성회가 2010년 8월 9일부터 9월 1일까지 인천, 안양, 전주, 대구, 부산, 서울 순으로 집회를 가지는데 지난번 찰리 로빈슨 목사님 초청 성회 때 엄청난 기적들이 일어나고 많은 영혼들이 구원받았습니다. 그래서 서둘러 다시 찰리 로빈슨 목사님의 집회를 마련했습니다. 이번 집회의 일정은 다음과 같습니다(모든 집회는 첫날부터 오후 1시와 오후 7시 30분에 있습니다). 이 중 서울 성회는 모든 지교회 동시 생방송으로 성회를 엽니다. 왜냐하면 아래의

---

323) 만민중앙교회, "간증", http://www.manmin.or.kr/KOREAN/05_POWER/power_content.asp?id=494&-cat=testimony&page=1.

간증을 보시면 아시겠지만 지난 성회 때 영상 성회를 통해 국내 지교회뿐 아니라 미국, 캐나다, 이란, 바누아투 등에서 창조적인 엄청난 기적들이 속출했습니다. 그래서 서울 성회를 동시 성회로 열고 치유기도 후 간증도 각 지교회를 연결하여 즉석에서 함께 듣는 흥미로운 방식으로 성회를 진행할 예정입니다. 여러분 기대해 주시고 특별히 치아에 문제가 있는 불신자들을 많이 모셔 오시고 그리고 미리 자신의 이를 전도 대상자들에게 노여 주어 이번 집회를 영혼 구원의 절호의 기회로 사용하시기 바랍ㄴ다."라고 하였다.[324]

이와 같이 '전도 열정'에 대한 사례를 종합해 보면, 전도에 대한 열정은 테이프나 비디오, 그리고 인터넷 생방송과 집회 방송으로 나타났다.

2) 초월적 형태들

기본적인 종교 경험은 특별한 종교적 은사를 지닌 사람들에게 주어진 초월적인 종교 경험들이다. 이러한 경우는 정신병적인 현상과 비슷한 양상을 가지고 나타난다. 그리고 다른 점이 있다면 초월적인 종교 경험에서 비롯된다는 것이다.[325]

(1) 영감

영감(inspiration)은 신에게 헌신한 사람들을 통해 발견되는 초월적

---

324) 서울 큰믿음교회 카페, "찰리 로빈슨 목사 초청 한국 능력전도 대성회", http://cafe.daum.net/Bigchurch.
325) Peter MacKenzie, The Christians: Their Practices and Beliefs, 303.

형태의 종교 경험인데 갑자기 신과 구원, 그리고 미래에 대하여 직감할 수 있는 능력이 주어진다. 이러한 영감의 경험은 영감 된 글과 말의 형태로 표현되는데 영감 받은 사람은 어떠한 말을 해야 할지 예상하지 않아도 말은 그 자체로 나오게 되어 있다. 이러한 말들은 이해하지 못할 경우도 부분적으로 있지만 시적인 형태로 표현되기도 하고, 일반적으로 수없이 많은 평소체로 쓰이거나 전달된다.[326] 그러면 영적 종교현상의 경험인 '영감'에 대한 사례를 살펴보고자 한다.

사례 1

변승우는 『교회가 변하면 세상이 변한다!』라는 책에서 영적 체험인 영감에 대하여 말하기를, "얼마 지나지 않아 저는 두 번째 꿈을 꾸게 되었습니다. 꿈속에서 저는 예배당 안에서 기도하고 있었는데 제 옆에 제 또래의 한 소녀가 함께 있었습니다. 그 소녀는 예언의 은사를 강하게 받은 자였고, 누군가를 위해서 기도하면 성령께서 환상으로 그 사람에 관해 자세히 보여 주시는 특별한 은사를 가진 자매였습니다. 그래서 저는 그 소녀에게 저의 미래를 위해 기도해 달라고 부탁했습니다. 그 소녀는 저의 부탁을 받아들여 기도를 시작했고 기도가 끝난 후 자신이 기도 중 환상으로 본 것을 저에게 얘기해 주었습니다. 기도 중 그 소녀는 끝이 보이지 않는, 아니 끝이 존재하지 않는 한 거대한 교회를 보았습니다. 저도 그 교회를 보았는데 '이 교회는 미래에 세계 최대의 교회가 될 교회'라는 영감을 받았습니다."라고 하였다.[327]

---

326) Peter MacKenzie, *The Christians: Their Practices and Beliefs*, 303.

327) 변승우, 『교회가 변하면 세상이 변한다!』(서울: 큰믿음출판사, 2010), 24 - 25.

사례 2

변승우는 『다림줄』이라는 책에서 영적 경험을 통한 저술에 대하여, "자신은 미국 사역자인 산 볼츠의 예언을 빌려서 저술을 한다. 그래서 산 볼츠가 변승우에 대해, '이 시간 기록을 담당하고 있는 천사 중 직위가 높은 강력한 천사가 변승우 목사 곁에 와 있습니다. 사도 바울이 서신서들을 저술할 때에 바울과 함께 서 있었던 역할을 감당하기에 합당했던 바로 그 천사입니다. 바로 이 천사가 바울이 로마교회 성도들과 갈라디아교회 성도들에게 서신서를 썼을 때 바울과 함께 있었습니다.'라고 예언했다. 변 씨는 산 볼츠의 예언을 듣고 그 천사가 자신과 함께 있음을 느낄 수 있었다."라고 주장하였다.[328]

이와 같이 '영감'에 대한 사례를 종합해 보면, 다른 사람의 꿈과 환상, 그리고 예언을 통해 영감 받는 것으로 나타났다.

(2) 환상과 환청

영감은 마음으로 연결되지만 환상(visions)과 환청(auditions)은 현재 존재하지 않는 대상에 대한 감각적인 받아들임과 연결되어 있다. 이러한 종교 경험은 보이지 않는 신적 실재와 실제적인 대화의 형태를 띠게 된다.[329] 히브리 예언자들에 대한 소명의 경험도 환상과 환청의 경험과 매우 밀접하게 연결되어 있다. 사도 바울은 다메섹으로 가는 도중에 빛을 보고 예수 그리스도의 음성을 들었으며, 예수 그리스도의 사도가 되었다(행 9:1, 23:?).[330] 그러면 영적 종교현상의 경험인

---

328) 변승우, 『다림줄』, 6-7.

329) Peter MacKenzie, *The Christians: Their Practices and Beliefs*, 303.

'환상과 환청'에 대한 사례를 살펴보고자 한다.

사례 1

변승우는 『특별히 예언을 하려고 하라!(개정판)』라는 책에서 환상에 대하여 말하기를, "기도를 받고 쓰러진 사람들 가운데 어떤 이들은 수면 중 꿈을 꾸면 나타나는 눈꺼풀이 파르르 떨리는 '빠른 안구운동(REW)' 현상을 보이기도 합니다. 기도를 받고 쓰러진 많은 사람들이 환상을 보는 체험을 합니다. 그러므로 눈꺼풀이 떨리는 현상은 하나님께서 환상을 그 사람에게 보여 주고 계신다는 하나의 신호라고 볼 수 있습니다. 이때 보는 환상은 내적 치유를 위한 환상이 많습니다. 그 외에도 다른 많은 계시적인 환상들을 봅니다. 이것은 우리 교회에서 늘 일어나는 일로 많은 사람들이 기도를 받은 후 넘어져서 여러 가지 환상들을 봅니다. 이상 말씀드린 대로 사람들이 기도를 받고 쓰러져 있을 때 하나님께서는 매우 다양한 일들을 행하시고 각자의 필요와 형편에 따라 매우 다양한 은혜들을 체험케 하십니다. 그러므로 우리는 쓰러지는 현상에 대한 종교적인 거부감과 편견을 버려야 하며 즐거이 그런 현상들을 수용해야 합니다. 그리고 우리가 쓰러

---

330) Peter MacKenzie, *The Christians: Their Practices and Beliefs*, 303 – 304. 힌두교의 성자 라마크리슈나(Ramakrishna)는 힌두 신들과 그리스도의 환상을 모두 보았다고 한다. 천상의 존재들 외에 사단이나 그의 졸개들도 성자들의 환상에 나타나기도 한다. 모든 환상이나 환청의 주관적인 성격을 통해 알 수 있는 점은 그것들을 경험하는 사람들의 환경에 매우 밀접하게 연관되어 있다는 것이다. 그러나 한 가지 중요한 점은 초월적인 실재가 헌신자들에게 환경적인 한계 속에서 자신을 나타낸다는 사실이다. 이슬람교의 무함마드는 한 영으로부터 "읽으라"라는 환청의 소리를 들었지만 환상 가운데 사람의 형상을 하고 나타난 그 무명의 영과 대면하였다고 한다. 가브리엘 천사로 해석한 그 무명의 영과 대면하였다는 경우에서 무슬림들은 이 계시를 모세에게 임한 계시와 같은 비중으로 권위 있게 다루고 있다. 소윤정, 『꾸란과 성령』 (서울: 기독교문서선교회, 2009), 123 – 124. 샤머니즘의 경우 이러한 환청과 환상의 과정을 거쳐 무당에게 신내림이 임한다. 사만의 입문의례에서 '영신의 환상'은 매우 중요하다고 말한다. 그것은 꿈속에서든 혹은 깨어 있는 상황이든 영신을 본다는 것은 자연 발행적이든 자의적이든 그것을 본 사람이 영적인 상태에 있음을 뜻하고 무당 후보자가 무당의 소명을 받았다는 결정적인 징표로 해석한다는 것이다. Mircea Eliade, 『샤머니즘: 고대적 접신술』, 이윤기 역 (서울: 까치글방, 2003), 96 – 97.

져 있을 때 주의해야 할 것이 있습니다. 그것은 가급적이면 빨리 일어나지 말고 주님의 임재 속으로 깊이 들어가라는 것입니다."라고 하였다.[331]

사례 2

변승우는 『대부흥이 오고 있다!』라는 책에서 환상에 대하여 말하기를, "유이수 사모의 간증을 빌려 '한참 기도하고 있는데 주님께서 내 손을 이끌고 강대상 쪽으로 갔는데 갑자기 환상이 열렸습니다. 음성이 들렸는데, 교리에 흔들리지 마라! 나를 따라 오너라는 음성이었습니다. 잠시 후 갑자기 지구가 불에 타면서 돌진하는 환상이 보이는데, 목사님의 신간 책의 표지 같다는 생각이 들었습니다. 책이 보이며, 바람이 책장을 넘기듯이 앞으로 뒤로 책 페이지가 넘어가며, 몇 번을 반복하더니 글자들이 위로 치솟기 시작했습니다. 그리고 지구 위에 서 있는 사람들의 심령 안으로 글자들이 들어가는 것이 보였습니다.' 잠시 후에 음성이 들렸는데, '이 책이 예언서이다!'라는 음성이었습니다. '부흥의 기초를 놓는 책이 될 것이고 많은 사람들에게 읽히고 전해진다'라는 음성이었습니다. '이 책을 통해 사람들이 기도하고 외치게 될 것이고 부흥의 날을 앞당기게 될 것이다'라는 음성이 들렸습니다."라고 하였다.[332] 변승우는 『그 시에 주시는 그 말을 하라』라는 책에서 환상에 대하여, "성령은 내적 증거를 통해서, 영의 증거를 통해서 주로 인도하시지만 때로는 꿈과 환상과 예언을 통해서 인도하십니다. 여러 가지 계시적인 것들을 통해서 인도하십니다. 교회

---

331) 변승우, 『특별히 예언을 하려고 하라!(개정판)』, 293-294.

332) 변승우, 『대부흥이 오고 있다!』, 293-394.

가 지적이 되고 종교화되면서 근래에 말씀하는 병적 신앙이 유해하고 있습니다. 물론 우리는 말씀을 사랑하고 말씀을 알아야 하고 말씀 위에 서야 합니다. 그러나 종교적이 되어서는 안 됩니다. 우리에게는 말씀뿐만 아니라 성령님이 필요하고 성경 진리뿐만 아니라 하나님의 계시가 필요합니다."라고 주장하였다.[333]

사례 3

만민중앙교회 김부삼 집사는 환상을 본 경험에 대하여 말하기를, "결혼 후 6개월쯤인 지난 2003년 3월 13일 저녁 7시쯤 갑자기 복통으로 쓰러져 119 구급차에 실려 갔습니다. 통증이 몹시 심해 응급실에서 '하나님, 저 좀 살려 주세요'라며 한참을 울다가 정신을 잃었습니다. 그 후 환상에서 제 아내가 비가 오는데 검정 고무신 한쪽은 신고, 또 한쪽 신은 들고 울면서 제 이름을 막 부르는 것이었습니다. 아내가 너무 가여워 꼭 살아야겠다고 결심하며 하나님께 다시 한 번 기도했습니다. '횡격막 탈장'이라는 판정을 받고 수술 후 회복실에 있을 때, 비가 그치고 원형 무지개가 나타났으며 본당 성전의 단 장식 그림이 보이면서 너무나 평온했습니다."라고 하였다.[334]

이와 같이 '환상과 환청'에 대한 사례를 종합해 보면, 환상을 하나님의 신호와 내적 치유로 보며, 환상과 환청을 통해 하나님의 계시를 받는 것으로 나타났다.

---

333) 변승우, 『그 시에 주시는 그 말을 하라』, 82.
334) 만민뉴스 2008년 1월 27일자 신문.

(3) 회심

회심(conversion)은 종교 경험에 있어서 가장 중요한 위치를 차지한다. 그것은 회심이 인간의 대부분 종교 체험에서 중요한 역할을 하기 때문이다.[335] 그리고 회심은 영감이나 환상 혹은 환청 경험과 함께 일어나기도 한다. 대부분의 회심은 갑자기 일어나지만 분명한 것은 보통 일련의 내적 불확실성의 기간을 지난다. 물론 확신을 얻기 위한 열정적인 종교 활동은 만족할 만한 보상을 받지 못하고 절망을 체험한 후에 회심을 체험하는 경우가 많다. 회심과 더불어 내적 평화와 확신이 주어지고 종교적인 전도 활동이 본격적으로 시작된다. 그러나 회심이 비도덕적인 생활이나 비영적인 생활 후에도 올 수 있으며, 한 종교에서 다른 종교로 회심이 일어날 수도 있다.[336] 밀의 종교에서는 개별적으로 진정한 회심의 형태가 등장하는 것도 사실이지만 회심은 주로 기독교적인 개념이다. 성경에 나타난 회심은 어떤 의지적 변혁을 수반하지만 옛것으로부터 떠나 새로운 삶의 자세로 의식적인 전향을 강조하는 것이다.[337] 그래서 마태복음 4:17은 회심의 부르심에 대하여 "예수께서 비로소 전파하여 이르시되 회개하라. 천국이 가까이 왔느니라 하시더라."라고 시작하고 있다.

교회는 회심을 가장 중요한 성도의 표현으로 보며, 부흥 설교를 통해 죄의 회개를 통한 회심을 강조하고 있다.[338] 이러한 회심을 통한 종교 체험에 대한 강조는 개인의 영적 진보를 수반할 뿐만 아니라 하

---

335) Gerardus van der Leeuw, 『종교현상학 입문』, 238.

336) Peter MacKenzie, *The Christians: Their Practices and Beliefs*, 304 – 305.

337) Gerardus van der Leeuw, 『종교현상학 입문』, 235.

338) 노윤식, 『종교현상학 이론과 실제』, 122.

나님의 역사로 인한 삶의 내적 변화를 가져다준다. 이것은 모든 삶에 근본적으로 수직적이며, 한 차원에서 다른 차원으로의 위치 변화를 말한다. 영혼에 대한 회심은 모든 사람에게 필요한 것으로 인종과 국가, 그리고 종교에 상관하지 않고 모든 사람들에게 적용되는 것이다. 그러면 영적 종교현상의 경험인 '회심'에 대한 사례를 살펴보고자 한다.

사례 1

예수중심교회 박 권사는 회심의 경험에 대하여 말하기를, "저는 시집을 가면서 하나님을 떠났습니다. 그 대가는 정말 혹독했습니다. 지금으로부터 약 30년 전인 1979년, 저는 자궁암에 걸려 사망선고를 받았습니다. 그때서야 저는 다시 하나님을 찾았습니다. 자비로우신 하나님은 저의 회개를 받아 주시고 제 생명을 다시 돌려주셨습니다."라고 하였다.[339] 예수중심교회 박 집사는 회개의 경험에 대하여 말하기를, "열심히 집에서 쑥 마사지를 믿음으로 했습니다. 그러던 중 제게 회개의 역사가 일어났습니다. 몇 년 전, 교육청에서 여성공무원 한 분을 만났는데 그분의 얼굴 피부가 엉망이었어요. 저는 속으로 이렇게 말했어요. '왜 저런 보기 흉한 피부를 방치해 두는 걸까? 창피하지도 않나?' 남의 사정도 모르고 맘대로 판단했던 제 교만이 부끄러웠고 주님께 용서를 빌었습니다. 생각해 보니, 그때 그 여성의 피부보다도 제 피부가 더 엉망이었던 거예요. 아마 지금 그 여성을 다시 만나면, 위로하고 싶은 마음이 들 거예요. 이런 회개와 깨달음의 과정 속에서 하나님께서는 제 피부를 치료하시기 시작하셨습니다. 지금은 거의 깨

---

339) 예수중심교회, "제3의 삶을 주셨습니다", http://www.jcc.tv/html/paper.html?sec=confession&no=486&search=회개.

끗해졌습니다."라고 하였다.[340]

사례 2

예수중심교회 심 집사는 회심의 경험에 대하여 말하기를, "결혼 전에 저는 성당에 다녔습니다. 새벽기도도 다니면서 열심히 예수를 믿었는데, 결혼과 더불어 홀어머니에 외아들인 집에 시집간 저는 시댁을 따라 절에 다닐 수밖에 없었습니다. 그러나 마음 한편에는 늘 꺼림칙한 것이 있었습니다. 그래서 저녁만 되면 하나님께 죄송하다고 회개를 했습니다. 그런데 첫아이를 임신하고부터 심한 관절염으로 고통을 받았고, 피부병, 위염, 춘농증, 말초혈관 장애, 자궁에 혹 등 성한 데가 없는 탓에 약국과 병원을 단골손님으로 다녔습니다. 동생 부부가 저희 집에 드나들면서 열심히 예수를 전했지만, 나는 매몰차게 '나 위해서 기도도 하지 말고 나는 내 힘을 믿는다'고 소리쳤습니다. 동생이 찾아와도 쳐다보지도 않고 전화를 해도 동생 전화는 받지도 않았습니다. 그러나 무릎 관절염으로 24시간 아픈 바람에 밥도 못 해먹을 지경이 되어서야 내가 먼저 동생에게 전화를 걸어 어서 오라고 했습니다. '나 전도하러 와.', 동생은 기다렸다는 듯이 금세 달려왔습니다. 그리고 동생은 전도사님을 모시고 와서 예배를 드렸는데 그날 저는 전도사님이 귀신을 쫓자 눈물 콧물로 회개를 하며 주님을 만났습니다."라고 하였다.[341]

---

340) 예수중심교회, "네가 믿으면 기적을 보리라", Http://www.jcc.tv/html/paper.html?sec=confession&no=436&search=회개.

341) 예수중심교회, "우리 가족의 병을 고치신 하나님" http://www.jcc.tv/html/paper.html?sec=confession&no=357&search=회개.

사례 3

변승우는 『그 시에 주시는 그 말을 하라』라는 책에서 회심에 대하여 말하기를, "목사님은 말씀과 권능에 있어 예수님과 꼭 같이 나타납니다. 그런데 회개해야 할 것이 하나 있습니다. 아버지, 할아버지, 증조, 고조가 유교적으로 우상숭배 하고 고사 지낸 것을 회개해야 합니다. 그러면 영안이 활짝 열릴 것이며, 지혜가 주어지고 많은 계시가 임하여 말씀을 즉시즉시 받아서 전할 수 있게 됩니다. 권능이 임하고 기사와 표적을 행하게 됩니다."라고 하였다.[342] 변승우는 『특별히 예언을 하려고 하라!』라는 책에서 회개에 대하여 말하기를, "입신 현상은 때로 사람을 회개시키는 일에 쓰임 받습니다. 이에 대한 가장 대표적인 예는 사도 바울입니다. 그는 다메섹으로 말을 타고 가다가 쓰러졌습니다. 그리고 회심했습니다. 입신과 회심에 대해서는 조나단 에드워즈, 조지 휫필드, 존 웨슬리, 찰스 피니 사역을 통해 분명하게 입증됩니다. 이것은 누구도 부인할 수 없는 역사적인 사실입니다."라고 하였다.

이와 같이 '회심'에 대한 사례를 종합해 보면, 질병으로 인한 회심과 입신의 현상을 통해서 회심하는 것으로 나타났다.

(4) 입신

입신(trance)은 샤머니즘의 종교 경험의 한 형태로 초월적 존재를 만나 실신하거나 실신을 통해 다른 영적 세계를 여행하는 것을 말한다. 즉 입신을 통해 죽음의 건너편으로 넘어가기도 하며, 신들로부터

---

342) 변승우, 『그 시에 주시는 그 말을 하라』, 9.

지시와 명령, 그리고 소명을 받기도 한다. 이러한 종교 경험은 인간을 우주와 일치시킬 뿐만 아니라 신과의 합일을 이룬다. 그러면 영적 종교현상의 경험인 '입신'에 대한 사례를 살펴보고자 한다.

사례 1

변승우는 『특별히 예언을 하려고 하라!』라는 책에서 입신에 대하여, "현재 요엘이 예언한 대로 꿈과 환상과 예언이 전 세계적으로 급증하고 있다. 꿈과 환상, 그리고 예언의 증가와 더불어 반드시 입신의 증가를 보게 될 것이다. 또한 입신을 통해 첫째, 예수님을 직접 만나고 교제할 수 있다. 둘째, 앞서간 성도들과 만나고 교제할 수 있다. 셋째, 성경 진리에 대한 큰 이해력을 얻을 수 있다. 넷째, 미래에 대한 놀라운 계시들을 받을 수가 있다. 마지막으로 다섯째, 위엣 것을 찾는 자로 변화될 수 있다."라고 주장하였다.[343]

사례 2

변승우는 『특별히 여언을 하려고 하라!(개정판)』라는 책에서 입신한 함영훈에 대하여 말하기를, "함 집사님은 운동과 무술로 몸이 단련되어 아놀드 스왈츠제네거까지는 안 돼도 몸이 단단하고 근육도 대단합니다. 그런데 그런 사람이 기도를 받고 쓰러진 것입니다. 그뿐 아니라 그 후로도 기도만 받으면 쓰러지고 소리 내어 울며 통곡을 하고 기도하곤 합니다. 그러므로 쓰러지는 현상은 이상한 것이 아니라

---

343) 변승우, 『특별히 예언을 하려고 하라!』 (서울: 은혜출판사, 2006), 297 – 320. 이러한 신비주의적인 신앙은 하나님 계시의 방편이 직통계시라고 주장하며, 지금도 선지자학교를 세워 예언을 가르치고 각 개인의 신상에 대해 예언을 해 주고 있다. 이것은 성경의 근거보다 개인적인 종교 체험과 다른 사람들의 예언에 다 두는 경우라고 볼 수 있다. 이승연, "바로알자 큰믿음교회", 『현대종교』 통권 423호 (2010, 4월), 53.

성령의 역사임을 믿으시기 바랍니다."라고 하였다.[344] 그는 입신에 대한 현상에 대하여 말하기를, "입신은 회심을 동반할 뿐만 아니라 사람들의 주의와 관심을 끌어 사람들을 주께로 가까이 이끄는 역할을 합니다. 마치 햇빛이 얼음을 녹이고 진흙을 굳게 하는 것처럼 종교적인 사람들은 넘어지는 현상 때문에 마음이 굳어져 주님이 임하셔서 역사하는 곳을 더 멀리하지만 어떤 사람은 그 현상 때문에 호기심을 품고 주님께로 가까이 나아옵니다."라고 하였다.[345]

사례 3

변승우는 『특별히 예언을 하려고 하라!(개정판)』라는 책에서 입신에 대한 하나님의 임재에 대하여 말하기를, "솔로몬 성전 낙성식 때 일어난 일이 잘 보여 주듯이 입신의 현상은 주님의 영광스러운 임재로 인한 것입니다. 그런데 주님의 임재는 입신 현상의 원인만 되는 것이 아니라 결과도 됩니다. 즉 우리는 주님의 임재 때문에 쓰러지지만 쓰러져 있음으로써 더 깊은 주님의 임재 속으로 들어갈 수 있습니다."라고 하였다.[346] 그는 입신에 대한 주의사항에 대하여 말하기를, "기도받고 입신했으면 금방 일어나지 말고 충분한 시간 동안 누워 있어서 주님의 임재 속으로 더 깊이 들어가시기 바랍니다. 그럴 때 주님께서 더 깊이 그리고 더 놀랍게 만져 주실 것입니다."라고 하였다.[347]

---

344) 변승우, 『특별히 예언을 하려고 하라!(개정판)』, 249–250.

345) 변승우, 『특별히 예언을 하려고 하라!(개정판)』, 283.

346) 변승우, 『특별히 예언을 하려고 하라!(개정판)』, 291.

347) 변승우, 『특별히 예언을 하려고 하라!(개정판)』, 293–294. 변승우는 이러한 입신에 대한 주의사항을 프란시스 맥너트(Francis S. Mcnutt)의 『성령이 권능으로 오실 때』라는 책에서 인용하기를, "성령 안에서 안식하는 상태가 어느 정도 지속되면 될수록 주님께서 그 사람의 내적인 사람에 심오한 변화를 일으켜 주실 기회가 더 많이 주어지는 것이다. 이러한 이유 때문에 나는 사람들이 볼링 경기장에 나열된 핀처럼 쓰러졌다가는 금방 일으켜 세워서 그 다음 사람이 다가와 기도를 받도록 그 자리를 메우는 식의 집회에

이와 같이 '입신'에 대한 사례를 종합해 보면, 입신을 통해 예수님과 앞서간 성도들을 직접 만날 수 있으며, 성경의 큰 이해력과 미래에 대한 계시를 받을 수가 있고, 쓰러짐으로 인해 더욱더 주님의 임재를 경험하는 것으로 나타났다.

8. 요약

지금까지 영적 종교현상의 형태론을 통한 사례 연구들에 대하여 살펴보고 분석하였다. 첫째, 영적 종교현상의 시간인 새벽과 밤에 주로 종교적인 형태를 자리 잡았으며, 성탄절과 교회 축제행사들을 통해 복합적인 절기로 공동체와 모든 삶의 영적인 갱신의 힘을 강조하였다. 둘째, 영적 종교현상의 장소인 열린 공간과 닫힌 공간은 주로 구별된 장소로 보며, 신의 현현, 즉 신이 자기 자신을 계시하는 장소와 관련하여 종교적인 거룩성에 의미를 부여하였다. 셋째, 영적 종교현상의 대상은 신과 의사소통을 위해서 자연물을 통해 거룩한 매개체로 관계를 형성하였다. 넷째, 영적 종교현상의 행동인 정화 행동과 통합 행동은 하나님의 능력을 전달하는 데 매우 중요한 종교 행위가 되었다. 다섯째, 영적 종교현상의 말과 글은 거룩한 언어로서 하나님의 말씀으로 받아들였다. 여섯째, 영적 종교현상의 사람과 공동체는 신격화가 아니라 대접하는 차원으로 신적인 복이 온다고 생각하였다. 마지막으로 일곱째, 영적 종교현상의 경험은 기본적인 형태들과 초월적 형태들로 나누며, 이러한 형태들을 통해 안정감을 얻으려는 믿음

서는 불안감을 느끼게 된다. 그렇게 되면 마치 진정한 목적을 이해하지 못한 채 외적인 모양새만 강조되는 듯하기 때문이다."라고 말하였다.

과 연결되어 있지만 신비적인 체험은 영적인 무질서의 신학적인 논쟁을 일으키기도 하였다.

　이러한 영적 종교현상에 대한 사례 분석 작업은 성경선교신학적인 관점을 가지고 평가하는 것이 매우 필요한 것이다. 그것은 성경선교신학의 평가를 통해 온 세계를 향한 하나님의 선교 계획을 보면서 시대적 선교 사명을 새롭게 느끼게 되는 계기가 되기 때문이다.

제4장

영적 종교현상에 대한
성경선교신학적 평가

지금까지 종교현상학적 연구 방법론, 즉 종교형태론을 사용하여
영적 종교현상에 대하여 서술하였다. 이러한 서술을 바탕으로 본 장
에서는 영적 종교현상에 대한 성경선교신학적 평가를 통해 제3장에
서 서술한 사례들을 종합하여 그 특징을 발견하고, 그것을 첫째, 성경
선교신학적 문화 상황화의 원리를 통한 평가, 둘째, 성경선교신학적
계시의 원리를 통한 평가, 셋째, 성경선교신학적 진리의 원리를 통한
평가, 넷째, 성경선교신학적 해석학의 원리를 통한 평가, 마지막으로
다섯째, 성경선교신학적 성령의 원리 등을 통하여 산출된 내용을 가
지고 평가하려고 한다.

1. 성경선교신학적 문화 상황화의 원리를 통한 평가

성경선교신학적 문화 상황화의 원리란 문화에 대한 성경의 이해로
하나님과 문화와의 관계성을 발견하여 모든 사람들이 그의 메시지를
이해하도록 하는 것을 말한다.

21세기 문화는 명실상부 주변이 아니라 중심이 되었다. 이미 문화 이

미지가 국가 이미지를 결정하는 시대가 된 것처럼 세상과 교회 간에도 문화를 통한 영적 종교현상이 더욱 치열해질 전망이다. 그래서 문화 없는 교회와 문화에 적극적인 교회 간의 공방도 두드러지고 있다.[348]

문화라는 말은 어원적으로 고찰하면, 영어로 컬처(Culture)인데 이 말은 라틴어로 콜레레(Colere)의 수동태인 컬툼(Cultum)에서 나온 말이다. 라틴어 콜레레(Colere)는 우리말로 '양육하다', '땅을 경작하다'의 뜻을 가지고 있으며, 사람은 동물들과 달리 이성, 양심, 의지, 정서와 같은 정신적인 능력을 가지고 있어서 자연을 가꾸고 경작할 뿐만 아니라 자신의 내면적인 정서를 경작하고 가꾸는 능력을 가지고 있다. 이러한 능력으로부터 인간의 문화가 시작되었다.

문화란 인류학자들이 말한 것처럼 삶의 구체적인 방식과 생활 현장의 제반적인 특징들을 총체적으로 일컫는 용어이다. 그래서 한 개인의 삶은 그 문화의 언저리에서 이루어지는 형태이다.[349] 모든 인간의 행동들을 보면 특별한 문화로 사회적으로 규정된 상황에서 일어난다.[350] 이러한 문화는 사회적으로 획득한 지식, 특별히 언어를 통해서 내포된 이념과 신앙, 그리고 가치들의 통합된 형태이다. 사람들은 이러한 형태를 사용하여 종교 경험을 해석할 뿐만 아니라 산업 기

---

348) 신상언, 『이제는 문화 패러다임입니다』 (서울: 낮은울타리, 1998), 45.

349) 손석원, "한국교회와 다문화사회", 『聖潔神學硏究』 第19輯 (2009년 12월), 142.

350) Sherwood G. Lingenfelter & Marvin K. Mayers, *Ministering Cross-Culturally: An Incarnational Model for Personal Relationships* (Grand Rapids: Baker Book House, 1986), 17. 미국의 예배는 어떤 특별한 상황에서 생겨났는데 그것은 교회 건물과 좌석의 배치, 설교강단, 찬송, 성경봉독, 설교, 헌금, 기도 등이 모두 그러한 상황 가운데에서 나온 산물이다. 예배에 대한 사회적 조직도 목회자, 음악가, 안내자, 가족별 좌석 배치와 활동계획을 포함한다. 예를 들면, 사우디아라비아에 갔다고 한다면, 예배의 상황은 엄청나게 달라지는데 신발을 벗는 것과 무릎을 꿇는 것, 그리고 부복하는 것과 기도하는 것 등이 예배의 기본 요소일 것이다. 이러한 관점은 미국교회에 들어가는 무슬림이 거기서 예배하고 행해지는 것을 이해하지 못한다는 것이다. 또한 그러한 상황에서 남녀가 함께 앉아 있는 것을 보면, 그것을 성적인 행위로 해석한다는 것이다. 다시 말하면, 그 사람이 자신의 문화에서의 자신의 경험과 비교하여 평가하는 것이다.

술적, 경제적, 사회적, 정치적, 종교적, 예술적 행위 형태를 산출해 낸다. 따라서 문화는 끊임없이 변하는 환경을 수용함으로써 존속할 수 있다.[351] 종교개혁 이후 지속적인 성경에 대한 탐구와 알곡과 가리지에 대한 검토가 계속되어 왔다. 특히 초자연적이고 초문화적인 준거의 틀이 있었다면 사람들은 상이한 역사적 시기와 문화를 극복할 수 있었을 것이다. 따라서 상이한 시기에 세계관들을 비교하고, 양자 사이를 번역하므로 이러한 준거의 틀은 시간과 문화를 초월하여 성경의 메시지를 해석하고 적용할 수 있는 상당히 다듬어진 해석학적 다리를 제공할 것이다.[352]

신적 계시로서 성경은 어떤 특정한 문화를 초월한 선험적 근거를 가진다. 이것을 설명해 주는 것이 바로 '하나님의 감동으로'(God-breathed)란 용어이다(딤후 3:16). 이렇게 성경에서 선포된 메시지는 그 속성상 보편적이고 영원한 타당성을 가지도록 의도되었다. 성경은 구원에 이르는 한 가지의 길을 제시할 뿐만 아니라 무엇을 어떻게 행할 것인지에 대한 하나님 뜻의 충족한 원천이다(행 4:12; 딤후 3:16-17).[353] 성경의 메시지는 문화와 역사적 시대와 관계없이 모든 인류를 위한 것이다. 하나님의 구원은 유대인과 그의 자손들에게만 약속된 것이 아니라 그들과 멀리 떨어진 모든 사람들에게도 약속된 것이다. 이러한 성경의 기원과 목적은 초자연적이고 초문화적인 준거 틀을 통해서 역사적 시기와 문화를 초월하여 이해하고 의사소통을 할 수 있다.[354]

---

351) Paul G. Hiebert, *Cultural Anthropology* (Philadelpia: Lippincott, 1976), 25.

352) Paul G. Hiebert, *Critical Contextualization* (California: Fuller Theological Seminary, 1986), 13.

353) William J. Larkin, *Culture and Biblical Hermeneutics: Interpreting and Applying the Authoritative Word in a Relativistic Age* (Grand Rapids: Baker Book House, 1988), 191-192.

354) William J. Larkin, *Culture and Biblical Hermeneutics: Interpreting and Applying the Authoritative Word in a Relativistic Age*, 192.

그러므로 영적 종교현상에 있어서 문화에 대한 성경의 이해와 문화, 그리고 하나님과의 관계에 대한 탐구는 특정문화, 상대주의의 지배를 받는 문화를 포함하여 그러한 문화 속에서 성경이 가지는 권위의 성격을 분명히 하는 데 필수적인 것이다. 또한 성경의 초문화적 준거 틀과 문화에 관한 권위 있는 메시지를 이해하기 위해서 인간 문화에 대한 성경의 태도를 발견할 수 있기 때문이다.[355] 그래서 문화를 초월하여 복음을 전하도록 명령하신 하나님의 지상 대명령은 초문화적으로 규범적 형태인 세례를 제시한다. 다시 말하면, 모든 족속을 제자로 만들기 위하여 하나님의 백성의 입회식인 세례를 받아야 했다(마 28:19 – 20).

유진 나이다(Eugene Nida)와 찰스 크래프트(Charles H. Kraft)의 상대주의는 초문화적 진리와 문화적 표현 사이를 구별 지으며 초문화적으로 규범적인 형태를 범주로 인정하지 않았다. 크래프트는 세례의 의미를 입회식으로 바르게 문화적으로 해석하지만 만일 현대인의 다른 입회식이, 세례가 신약시대의 사람들에게 준 효과와 동일한 효과를 현대인들에게 준다면 이러한 입회식을 상징하는 다른 형태들이 왜 시행될 수 없는지 그 이유에 대해서 알지 못한다.[356] 그러나 이러한 문화 상대주의 개념은 혐오적인 민족 우월주의를 물리치기 위해 문화인류학자들과 선교신학자들에 의해서 발전되어 왔다.

성경은 인간을 하나님의 피조물로 다루거나 혹은 구속받은 인간으로서의 그리스도인으로 다룸으로써 계속해서 문화와 인종과 민족 우

---

355) William J. Larkin, *Culture and Biblical Hermeneutics: Interpreting and Applying the Authoritative Word in a Relativistic Age*, 192.

356) Charles H. Kraft, *Christianity in Culture* (New York: Orbis Books, 1979), 332.

월주의적인 구별의식을 제거한다. 그래서 이방인을 위한 유대 사도인 바울은 이러한 문화 상황화의 원리에 기초하여 스토아학파와 에피쿠로스학파 출신의 아테네 사람들에게 알아들을 수 있도록 복음을 증거 할 수 있었던 것이다(행 17:26-31).[357]

이러한 관점에서 사도 바울은 이방인 세계에 복음을 전할 때 모든 가능한 상황화된 방법들을 동원했다. 특히 사도 바울은 그의 청중들의 수준에 맞추어 메시지를 전달했다. 그렇지 않으면 그의 메시지가 청중들에게 전혀 다른 나라의 이야기로 들릴 수 있기 때문이다. 사도 바울이 현지 문화의 상황화의 원리를 사용함으로써 모든 사람들이 그의 메시지를 이해할 수 있었다.[358]

첫째, 일신론자를 위한 상황화 메시지이었다. 사도 바울이 회당을 방문할 때 만난 청중들은 구약에 대해 지식이 있는 유대인들과 하나님을 경외하는 이방인 신자들이었다. 그러므로 사도 바울은 그들의 히브리 역사의 문화적 상황화를 사용하여 메시지를 전하였다. 예를 들면, 회심 바로 직후에 다메섹 회당에서 행한 사도 바울의 첫 메시지는 '예수님은 하나님의 아들'이라는 말이 시편 2:7에서 나오는 '메시아'와 동일한 것임을 증거 하는 것이다(행 9:20).[359]

둘째, 다신론자를 위한 상황화 메시지이었다. 루스드라의 청중들은 일신론자들과는 다른 문화를 가진 완전한 다신론자들이었다. 제우스 신당의 제사장과 군중들이 사도 바울과 바나바에게 제사하려고 할

---

357) William J. Larkin, *Culture and Biblical Hermeneutics: Interpreting and Applying the Authoritative Word in a Relativistic Age*, 200.

358) David J. Hesselgrave, *Planting Churches Cross-Culturally* (Grand Rapids: Baker Book House, 1980), 207-208.

359) Charles W. Carter and Ralph Earle, *The Acts of the Apostles* (Grand Rapids: Zondervan Publishing House, 1978), 130.

때, 사도 바울은 앉은뱅이를 고친 것은 사람이 아니라 하나님이라고 강조하면서 설교했다(행 14:15 – 17).[360] 사도 바울은 빌립보에서 점하는 노예 여종으로부터 귀신을 쫓아내었다. 이러한 영적 종교현상으로 인해 사도 바울과 실라는 매를 맞고 옥에 갇혔으나 이 일로 빌립보에 복음이 널리 전파되었다(행 16:16 – 21).

마지막으로 셋째, 범신론자를 위한 상황화 메시지이었다. 범신론적으로 기울었던 아테네 철학자들을 위해 사도 바울은 '알지 못하는 신'의 제단과 같은 현지 문화의 상징과 헬라의 시, 그리고 우상을 사용하여 그의 메시지를 전달하였다(행 17:23, 17:28 – 29).[361] 사도 바울은 자신의 청중들인 에피쿠로스학파와 스토아학파 철학자들의 마음을 꿰뚫고, 그들의 문화 상황화에 맞게 적절한 메시지를 제시하였다. 그러한 메시지에서 사도 바울은 철학의 세 가지 기본적인 질문에 답하기도 하였다. 첫째는 '어디서'라는 모든 사물의 기원에 대하여 해답을 주었다. 둘째는 '무엇'이라는 모든 사물의 본성에 대하여 해답을 주었다. 셋째는 '어디로'라는 모든 사물의 종말에 대하여 해답을 주었다(행 17:24 – 43).[362] 이러한 세 가지 질문은 철학자들로서는 도저히 대답할 수 없는 것들이었다. 사도 바울이 하나님의 말씀으로 모든 것을 창조하신 인격적이고 지고하시고 초월적이신 하나님을 소개함으로써 철학자들이 그동안 헛되게 찾아왔던 기원의 문제에 해답을 주었던 것이다. 사도 바울은 현지 문화를 접하면서 사람들과 다른 세계관을 가지고 논쟁하지 않았다. 그는 현지 사람들의 문화적 상황들을

---

360) Frederick F. Bruce, *The Book of The Acts*, 292.

361) David J. Hesselgrave, *Planting Churches Cross – Culturally*, 208.

362) Charles W. Carter and Ralph Earle, *The Acts of the Apostles*, 259 – 263.

이해하고 그들의 지식 구조 안으로 들어가서 효과적으로 복음을 전파하였다.

하나님은 자신의 백성들을 향하여 영적 종교현상에서 나타나고 있는 거짓된 종교적 중심을 예수 그리스도의 이름으로 바꾸고, 세상의 문화 가운데 있는 하나님의 므범 된 문화를 하나님의 계시와 진리인 말씀으로 분별하여 살아가도록 촉구하고 계신다.363) 하나님은 결코 인간의 문화를 떠나서 하나님의 나라에서 혼자 활동하시는 분이 아니시다. 하나님은 그 당시 인간들이 당면하고 있는 영적 종교현상의 상황과 문화, 그리고 역사의 현장에서 우상숭배와 비인간적인 문화를 개혁하셨다.364) 이처럼 영적 종교현상에서 문화 상황화의 원리가 얼마나 중요한지를 성경선교신학을 구성하고 있는 성경적 평가를 통해 알 수가 있다.

영적 종교현상의 시간과 장소에 대한 사례를 평가해 보자면, 시간의 경우는 주로 3일, 5일, 7일, 15일, 21일, 새벽과 밤에 기도하는 시간을 가졌다. 그리고 절기의 경우는 성탄절과 축제를 통하여 영성을 강화했던 것으로 나타났다. 물론 영적 종교현상에 대한 거룩한 시간은 다 일치하는 것은 아니지만 이런 거룩한 시간을 통해 영성을 강화했던 사례를 볼 때, 한국교회는 영적 종교현상의 시간을 더욱더 강화해야 한다.

거룩한 장소의 경우는 산, 영의 공간, 굴, 기도원, 가정, 성전 등으로 구분하여 그에 따른 사례의 현상들을 살펴볼 때, 이러한 영적인

---

363) William J. Larkin, *Culture and Biblical Hermeneutics: Interpreting and Applying the Authoritative Word in a Relativistic Age*, 222.

364) 노윤식, 『종교현상학 이론과 실제』, 107.

장소가 성스럽게 여긴다고 해서 성스러운 장소는 아니다. 예수 그리스도의 성령이 어떤 장소에 함께하시든지 그곳이 영적 종교현상의 장소가 될 수 있다. 물론 이러한 장소를 무리한 숭배의 대상으로 보는 입장은 매우 적절하지 못하다. 그러나 어떠한 장소라도 예수 그리스도의 보혈의 피로 말미암아 깨끗하게 씻은 후에 사용하여 영적 종교현상의 장소로 의미 있게 활용해야 한다.

특히 한국의 70%가 산으로 되어 있는 산의 문화와 함께 굴과 기도원, 그리고 한국의 많은 교회의 문화적 상황은 빼놓을 수 없는 기독교 문화로 지난 100년 동안 내려오고 있다. 이러한 한국 문화적 상황에서 한국교회가 성장했던 것은 부인할 수 없을 것이다.[365]

거룩한 상징인 물의 경우는 사례 현상을 통하여 평가해 볼 때, 무안단물은 두드러진 현상으로 질병을 치료해 준다고 주장한다. 또한 성수는 타락한 인간이 거룩한 혈통에 참여할 수 있다고 한다. 그러나 성경은 물과 성수가 치료하는 것이 아니라 "나사렛 예수 그리스도의 이름으로 일어나라"라고 선포할 때 질병을 고치는 것이다(행 3:6).[366] 그리고 하늘에 대한 지나친 신비주의 강조는 기독교의 진리를 근본적으로 훼손하는 위험성을 가지게 된다. 물론 체험적인 신앙은 필요하지만 성경에 근거한 체험이어야 한다. 성경 말씀보다 인간의 체험을 더 중시하거나 의존하게 되면 우상화에 빠질 수 있다. 따라서 성경을 능가하거나 하나님의 역사를 외면하는 신비주의 체험은 위험하고 공허할 뿐일 것이다.

---

365) 김동규, 『영산의 성령운동 이해』 (파주: 한국학술정보, 2009), 163-166.

366) "베드로가 이르되 은과 금은 내게 없거니와 내게 있는 이것을 네게 주노니 나사렛 예수 그리스도의 이름으로 일어나 걸으라 하고"(행 3:6).

따라서 과거나 현재, 그리고 미래에도 선교사와 목회자들이 직면한 도전은 자신들이 활동하고 있는 지역 주민들의 마음과 문화 상황화에 잘 어울릴 수 있도록 생각하는 원리를 배워야 한다. 예수님도 자신의 생애와 활동에서 그 예로 보이고 있다. 이미 예수님은 당시의 문화 상황화 속에서 성장하였고, 주변 사람들에게 공통되는 모든 학습과 사회적 활동에 참여했다는 점이다.[367] 예수님은 이러한 관점에서 너무나 평범했기 때문에 주변 사람들이 그의 가르침과 사역을 받아들이기를 거부했던 것으로 보였다(마 13:54-58).

2. 성경선교신학적 계시의 원리를 통한 평가

성경선교신학적 계시의 원리란 성경을 유일한 하나님의 계시로 보고, 예수 그리스도를 곧 하나님 계시의 실현으로 보는 것을 말한다.

성경에서 계시란 어떤 일련의 비밀적인 진리를 뜻하는 하나님의 사역이 아니라 하나님의 자기 노출을 의미한다. 기독교 신학은 모든 계시를 처음부터 하나님의 초초의 노출로 자기 자신이라는 사실로 보았다.[368] 하나님의 자기 계시는 어떻게 구체적으로 설명될 수 있는가에 대한 어떤 방법에 의해서도 확실해질 수 없다. 그러나 하나님의 자기 계시 문제는 신학적으로 입증될 수 있다고 해도, 그것은 성경적 증언의 기초 위에서 확증되어야 한다. 이러한 주장은 기독교적 편견이 아니라 이것은 오히려 계시에 관해 논할 때, 성경은 신학이 관련

---

367) Sherwood G. Lingenfelter & Marvin K. Mayers, *Ministering Cross-Culturally: An Incarnational Model for Personal Relationships*, 61-62.

368) Wolfhart Pannenberg, 『역사로서 나타난 계시』, 전경연·이상점 역 (서울: 대한기독교서회, 1979), 10.

을 갖는 그 사건이 근본적으로 증거 하는 사실을 인식하도록 한
다.369) 초기 이스라엘 민족의 전통은 하나님의 출현에 대해 언급하고
있는데, 하나님의 출현은 그들을 예배 장소가 될 만한 곳으로 인도하
거나 어떤 중요한 소식을 전하는 것이다. 그러나 출현했다고 해서 결
코 하나님의 본질이 계시된 것은 아니다. 따라서 구약성경에서 보도
하는 하나님의 출현은 그 자신을 계시하는 것으로 해석해서는 안 될
것이다. 이렇게 성경에서 하나님의 자기 계시에 관한 용어상의 표현
을 쓸 수 없다는 사실을 확인할 수 있다.370) 성경은 기록된 하나님의
말씀이다.

이러한 관점에서 성경 계시의 원리에 관한 7가지 이해가 필요하다.371)

첫째, 성경적 중언에서의 하나님의 자기 계시는 신의 현현(顯現)이
라는 의미의 직접적 형태가 아니라 간접적 형태이다. 이것은 하나님
의 역사행위에 의해서 발생한 것이다.372)

둘째, 계시는 시초부터 완전히 이해되지 않고 계시 역사의 종말에
이르러 완전히 이해된다.373)

---

369) Wolfhart Pannenberg, 『역사로서 나타난 계시』, 15.

370) Wolfhart Pannenberg, 『역사로서 나타난 계시』, 16.

371) Wolfhart Pannenberg, 『역사로서 나타난 계시』, 115-144.

372) 구약성경에 의하면, 계시에 대한 결정적 통찰력은 이스라엘 민족의 전통에서 발견된다. 이러한 전통에서
는 하나님의 역사행위를 통해 하나님을 이해할 수 있다. 이스라엘의 제의 및 예배장소와 밀접히 연결되
어 있는 하나님의 출현에 대한 초기 전통은 하나님께서는 그의 역사행위 안에서 계시된다는 사상에 의
해서 억제되고 대치되었다. 이러한 사상은 고대 이스라엘이 하나님의 최초 구원행위로 취급했던 출애굽
과 가장 뚜렷이 연결되어 있다. 이사야는 세상의 모든 사건에서 그러한 표현들을 보았다(사 6장). 하나님
의 영광의 표현은 대체로 그의 행위, 특히 이스라엘의 출현과 관계있는 역사적 행위와 결속되어 있다.
하나님께서 그의 역사행위를 통해 영광을 받으신다는 것은 그 행위 속에서 그의 신성의 간접적 계시를
지적하는 표현임이 분명하다(출 16:6). 이러한 점에서 현재적 사실을 구원과 심판 안에서 미래적으로 표
현하는 묵시적 희망 역시 분명히 자신을 계시하시는 하나님의 일이다. 따라서 묵시신학에서 하나님의 영
광의 계시는 종말사건까지 계속되며, 여기에서 선택의 구원이 계시된다. 사도 바울에게서 하나님의 영광
은 단연 십자가에 달리신 분으로 선포된 예수 그리스도의 생애 안에서 보았다(고후 4:6). 하나님은 예수
그리스도의 생애 안에서 간접적으로 계시된 것이다.

373) 계시와 역사의 종말은 간접적으로 연결되어 있는데, 그것은 바로 신의 간접적 자기 계시로부터 나온다.

셋째, 신성의 특수한 표시와는 달리 역사적 계시는 볼 눈을 가진 사람에게는 모두 개방되어 있다. 이러한 역사적 계시는 우주적인 성격을 지닌다.[374]

넷째, 하나님의 신성의 우주적인 계시는 이스라엘 역사에서는 아직 실현되지 않고, 나사렛 예수의 생애에서 비로소 실현되었다. 모든 사건의 종말은 예수님의 생애 안에서 이해된다.[375]

다섯째, 예수 그리스도 사건은 이스라엘의 하나님의 신성을 고립된 사건으로 계시하지 않았다. 오히려 그것은 이스라엘과 함께하실 하나님의 역사의 일부분이다.[376]

여섯째, 이방 기독교의 비유적 계시 개념의 형식에는 예수가 당한 운명 안에 있는 하나님의 종말론적 자기변호의 우주성이 구체적 표

이러한 전제가 없이 계시는 이해할 수 없다. 하나님의 계시는 현재적 역사사건의 일정한 목표라는 사실이다. 그리고 하나님의 신성은 단지 그 사건이 일어난 후에야 인식될 수 있다. 따라서 계시를 역사의 종말에 두는 것은 계시의 간접성에 그 근거가 있다. 하나님의 표현을 역사의 종말에 설정하는 것은 성경적 하나님이 이른바 그 자신의 역사를 가진다는 것을 의미한다. 그러나 역사의 종말은 예수 그리스도의 생명 안에서 하나의 이야기로서 결정적으로 경험된다.

374) 일반적으로 계시는 인간의 자연적 눈으로 감지할 수 없고, 비밀의 매개체를 통해서만 인식될 수 있는 사건으로 생각해 왔다. 그러나 하나님의 행동 속에 있는 성경적 하나님의 계시는 비밀스럽거나 신비한 사건이 아니다. 계시를 자연적 인식과 비교하고 대립시키는 생각은 역사적 계시를 영지주의적 비밀 지식으로 왜곡시키는 위험에 처하게 된다. 예수 그리스도의 선포는 그 선포를 듣는 사람에 대하여, 하나님께서는 나사렛 예수 그리스도의 생애 안에서 모든 사람들에게 계시되었다는 사실을 표현하셨다.

375) 이스라엘 역사에서 하나님은 자신을 모든 사람의 하나님으로 증명하시지는 않았다. 단지 하나님은 이스라엘의 하나님으로만 나타내셨다. 하나님께서는 이스라엘에 약속한 땅을 수여하심으로써 이스라엘의 눈에 자신이 강력한 하나님임으로 증명하셨다. 역사의 완성은 이미 예수 그리스도 안에서 시작되었다는 의미에서만 하나님께서는 그의 생애에서 최종적으로 완전히 계시된다. 물론 하나님은 그리스도 이후의 사건에서도 활동하시며 거기서 자신을 노출하신다. 그러나 이것도 근원적으로 새로운 활동이 아니라 이미 예수 그리스도의 생애에서 계시된 것이다.

376) 예수 그리스도의 길과 그의 생애의 계시적 의미는 먼저 이스라엘 역사 및 그 전통의 관점에서 이해된다. 예수 그리스도의 아버지는 구약성경과 예언자들의 하나님이셨다. 그리고 예수 그리스도가 해석했던 그 율법의 하나님이셨다. 이것은 예수 그리스도와 예언자의 자기 이해 사이의 연결이다. 이러한 확신은 예수 그리스도를 세례 요한과 연결시킨다. 예수 그리스도와 세례 요한을 구별하는 것은 예수 그리스도의 행동으로 하여금 세례 요한의 활동을 넘어서는 외침이 되게 하는 것은 예수 그리스도가 임박한 종말을 선포하는 데 있어서 회개를 불러일으키는 심판을 선포한 것이 아니라 그 자신이 종말론적 구원임을 나타낸 것이다. 예수 그리스도의 부활의 의미는 예수 그리스도의 생애와 더불어 종말이 시작되고 하나님께서 예수 그리스도 안에 자신을 나타내셨다는 것이다.

현으로 나타난다.[377]

마지막으로 일곱째, 말씀은 약속과 예언, 그리고 보도로서의 계시와 관련된다.[378]

따라서 창세기 12:1-3에 의하면, 하나님께서 아브라함을 부르신 것은 믿음의 결단을 요구하시는 하나님의 명령과 하나님의 약속으로 이스라엘을 통한 전 인류를 위한 하나님의 구원계획이다. 이것은 하나님의 계시가 아니라 하나님 자신의 성취를 위한 첫걸음으로 아브라함을 부르신 것이다. 출애굽기 3:2에 의하면, 모세의 불붙은 떨기나무 사건에서 들려오는 하나님의 음성은 모세로 하여금 이스라엘의 지도자로 세우기 위한 하나님의 계획을 알게 하셨다. 즉 하나님 계획의 계시이다. 이것은 계시가 아니라 계시와 관련된 것이다. 출애굽기 20:1-17에 의하면, 십계명은 하나님의 백성으로서의 삶을 위한 하나

---

377) 이스라엘 하나님의 계시가 종말론적 성격을 지니고 있다는 것은 전 인류가 공동체로의 전환을 요구한다. 그래서 이방인에게 복음은 예수 그리스도 사건의 종말론적 성격에 따르는 필연적 결과로 보이게 되었다. 이러한 언급은 이방 세계에 이스라엘 하나님의 우주적 신성을 선포하는 것은 참된 신의 형태에 대한 철학적 질문을 회피할 수 없는 것이다. 이것은 이미 고대 교회의 선교적 상황에서 예수 그리스도 안에 계시된 하나님의 우주성을 증명하는 기준으로 사용되었다. 따라서 성경적 계시 이해는 예수 그리스도의 생애, 즉 그의 선포와 십자가, 그리고 부활에 집중된다. 그것은 하나님께서 예수 그리스도의 생애 안에서 하나님은 자신을 하나님으로 세우셨기 때문이다. 또한 성육신의 사상은 하나님의 계시 과정의 움직임을 표시하며, 예수 그리스도 한 사람 안에서 그 계시가 성취되었다는 것을 나타낸다. 이러한 개념은 하나님께서 이질적인 위엄으로부터 예수 그리스도의 사건 안에 계시된 하나님의 도래에로 향한 발전이다. 성육신의 진술은 이스라엘의 계시 역사상 하나님에 대한 최후의 요약이다.

378) 여기서 약속으로서의 하나님의 말씀에서 이스라엘은 주어진 역사사건 안에 있는 하나님의 자기 변화를, 아직도 미래에 있는 바로 그 약속과 위협의 말씀에 대한 확증으로서 경험하였다. 그러나 예언의 말씀은 선포의 수단이지 하나님의 자기변호 자체는 아니다. 만약 그 말씀이 환상과 청취에서 발견된다면 그 말씀은 하나님의 직접적 자기 노출로서 이해될 수 없다. 예언으로서의 하나님의 말씀에서 구약성경은 하나님의 신성 및 표현된 그의 자기변호를 인식하는 데 이스라엘 민족의 율법이 전제된다는 사실을 보여 주었다. 율법과 계명은 하나님의 자기변호의 결과이다. 그래서 그것 자체는 계시의 성격을 갖고 있지 않다. 선포로서의 하나님의 말씀에서 신약성경은 하나님의 말씀을 명칭보다 압도적인 의미로 사도적 선언의 말씀이다. 사도들의 메시지는 하나님의 말씀으로 불린다. 왜냐하면 그 메시지는 예수 그리스도의 출현을 통하여 결정적으로 효력을 발생했기 때문이다(갈 1:12, 15; 살전 2:13). 사도들의 메시지는 인간의 노력으로 되는 것이 아니라 하나님 자신에 의거한다. 선포는 도전 또는 외침이라는 형식적인 성격에 의거한 독자적인 계시언어가 아니다. 이러한 관점에서 교회의 선포는 특수한 계시언어의 성격을 가지고 있지 않다. 사건으로서의 설교는 그 자체로서 계시가 아니라 계시역사의 보도이며 역사 속에 내포되어 있는 사실에 대한 언어적 표현이다.

님의 의지에 대한 표현이다. 그래서 십계명을 계시로 보는 것은 신학적인 관점에서 무리가 있다. 예언자들의 경우, 예언의 의미는 보도의 의미이다. 예언은 하나님의 역사에 계획을 알리는 것이지 엄밀하게 계시의 표현을 쓰면 안 된다. 또한 요나 1:1-2에 의하면, 하나님은 예언자인 요나에게 계시하신 것이 아니라 자신의 계획에 대한 하나님 자신을 노출하신 것이다.

그래서 히브리어 구조에서 관련된 동사의 어근을 살펴보면, 계시(revelation)는 70인 역에서 גָּלָה(가라)를 헬라어에서는 반드시 ἀποκαλύπτειν(아포칼륍테인)이라 해석한다. 이러한 계시에 대한 해석은 신학적인 것이 아니라 일상적인 의미에서 '노출시키는 것'(to expose), '베일을 벗기는 것'(to unveil)을 말한다. 즉 엄격한 의미에서 계시는 하나님의 자기 노출로 이해할 수 있다.[379] 그래서 구약성경에서 계시는 다양한 자기표현의 방법 혹은 하나님의 자기 선포에서 말한다. 하나님께서 '자신을 나타내신다'(manifests himself)는 가장 원시적이고 본래적인 용법은 하나님의 그러한 출현을 표시하는 것인데, 그것은 원래 한정된 장소와 관련되어 있다. 예를 들면, 출애굽기 3:2에 모세가 갔던 떨기나무 장소는 신적인 것의 출현에 의한 거룩한 장소이다.[380] 이러한 장소는 원래적 형태에 있어서 제의적인 장소의 원인론이 되기 때문이다.[381] 이 원인론의 형태는 직통계시가 아니라 하나님의 나타나심으로 환상을 받은 인간이 그것에 대한 반응으로서 단을 쌓는 것에서 파악해야 한다.

---

379) Wolfhart Pannenberg, 『역사로서 나타난 계시』, 30-32.
380) "여호와의 사자가 떨기나무 가운데로부터 나오는 불꽃 안에서 그에게 나타나시니라 그가 보니 떨기나무에 불이 붙었으나 그 떨기나무가 사라지지 아니하는지라"(출 3:2).
381) Wolfhart Pannenberg, 『역사로서 나타난 계시』, 31.

그리고 사실 모세에게 준 토라의 수여 사건은 단 한 번 일어난 하나님의 의지의 전수로 이해해야 한다. 토라는 하나님이 자신을 인간들 앞에 계시하는 기능을 가진 것이 아니라 도리어 인간들을 향한 하나님의 의지로서 하나님 앞에서의 완전한 의를 계시할 기능을 가졌다. 그러나 토라는 그것이 아무리 하나님의 토라로서 역사의 계속과 결말을 입증할지라도 계시의 성격을 결코 갖는 것은 아니다.[382] 그래서 하나님의 계시는 특수한 인간이나 집단에 의해 주도되거나 특별한 전제로 이해해서는 안 된다. 이와 관련해서 인식형식은 분명히 하나님에 의해 공인된 구두 선언이다.[383]

하나님은 처음에 인간을 언어를 사용할 수 있는 존재로 창조하셨다. 언어는 하나님의 뜻을 전하기도 하고 축복하지만 저주하는 하나님의 도구가 될 수 있다. 하나님은 언어를 자기 자신의 적절한 매개체로 사용하셔서 여러 세대에 걸쳐 지속되게 약속과 언약적인 의미를 맺으셨다. 특히 하나님은 아브라함의 언약의 영원한 징표에 대하여 언어를 통해 아브라함에게 계시하셨다. 이러한 형태는 그 이후 족장들에게 계속되어서 하나님은 언약의 약속들을 이삭에게 재확인시켜 주셨다(창 26:1-5). 또한 언약과 약속이 야곱의 여행 가운데 그와 함께하리라는 확정은 하나님의 구두적인 전달이었다(창 28:12-15).[384]

이러한 직접적인 하나님의 구두 전달은 모세에게 더욱 강화되어 하나님과 모세와의 의사소통에 새로운 국면이 되었고, 처음의 구두 전달은 성문화된 형태로 주어졌다는 것이다(출 31:18). 이렇게 기록된

---

382) Wolfhart Pannenberg, 『역사로서 나타난 계시』, 59-62.

383) Wolfhart Pannenberg, 『역사로서 나타난 계시』, 52-54.

384) William J. Larkin, *Culture and Biblical Hermeneutics: Interpreting and Applying the Authoritative Word in a Relativistic Age*, 223-224.

계시는 언약을 맺고 준수하는 데 있어서 매우 적절한 것이다. 계시는 하나님으로부터 인간의 언어를 통해 들리며, 선지자는 동일한 메시지를 다윗에게 전했고, 다윗은 그 메시지를 하나님의 참된 말씀으로 받아들였다. 이렇게 구약의 공통적인 증거는 하나님께서 인간의 언어를 통해서 의사 전달을 하신 것이다.[385] 뿐만 아니라 신약성경 역시 하나님의 계시는 구두적이고 명제적이며, 인간의 언어를 사용하여 대개 전달자를 통해 주어진다는 사실을 증거 한다. 하나님께서 이러한 특정한 전달자로 성육신하신 독생자 예수 그리스도를 통해서 말씀하셨다.[386]

성경선교신학적 계시의 원리는 궁극적으로 하나님의 자기 계시로서 예수님의 계시에 근거하여 평가된다. 즉 하나님의 자기 계시는 예수님의 인격과 말씀, 그리고 사역과 운명 안에서 하나님 자신을 우리에게 인식시켜 알게 하셨다는 것이다. 이러한 성경선교신학적인 평가를 통해 하나님 자신을 이해하는 유일한 방법이 될 뿐만 아니라 하나님께서 원하시는 삶의 방식을 가르쳐 줄 것이다.[387] 이렇게 예수 그리스도 안에서 하나님의 자기 계시는 자신의 뜻과 사랑, 그리고 의와 진노의 계시로써 그 특징이 규정된다. 이러한 하나님의 자기 계시 내용의 다양성은 하나님 자신에 대한 것뿐만 아니라 인간의 본질과 미래, 그리고 인간이 생활 속에서 마땅히 따라야 할 윤리적 태도와 생활의 모범들을 제시한다.[388]

초대교회는 하나님의 직접적인 말씀인 구두 계시와 사도들을 통한

---

385) William J. Larkin, *Culture and Biblical Hermeneutics: Interpreting and Applying the Authoritative Word in a Relativistic Age*, 223-226.

386) William J. Larkin, *Culture and Biblical Hermeneutics: Interpreting and Applying the Authoritative Word in a Relativistic Age*, 226-227.

387) 임낙형, 『복음주의 기독교윤리학 I 』(안양: 도서출판 잠언, 2001), 59.

388) 임낙형, 『복음주의 기독교윤리학 I 』, 59.

메시지에 의해서 경험하였다. 또한 하나님께서는 사도 바울과 베드로에게 직접 말씀하셨다(행 9:4, 10:13, 18:9 - 10). 하나님께서는 창세기부터 요한계시록까지 인간의 언어를 사용하셔서 여러 가지로 말씀하셨다.[389] 따라서 영적 종교현상에 있어서 계시는 예수 그리스도의 선포된 메시지를 통해서 완성되었다. 기독교는 예수 그리스도를 통해서 하나님의 계시가 완성되었기 때문에 더 이상 계시가 필요 없다고 믿고 있다(히 1:1 - 2).[390]

영적 종교현상의 경험에 대한 사례를 평가해 보자면, 놀라움과 두려움, 그리고 기쁨과 전도 열정, 영감, 환상과 환청, 회심, 입신 등으로 구분할 수 있는데 이러한 경험들을 계시와 연결하고 있다. 물론 경험적인 계시가 중요하지만 예수 그리스도가 곧 계시이다.

환상의 경우에 무엇을 보았는지가 중요하지만 환상의 내용이 무엇인지가 더 중요하다. 즉 그 의미가 무엇이며, 환상의 목적이 무엇인지가 중요하기 때문이다. 성경에서 하나님이 보여 주신 이러한 환상들의 특징을 살펴보면, 분명한 목적이 있는데, 그것은 예수 그리스도를 통한 인간구원에 있다.[391]

물론 하나님을 믿는 사람들에게 하나님은 다른 방편들과 함께 종종 환상이라는 방법을 사용하기도 하셨다. 또한 신약시대를 거쳐 현대에 이르기까지 종종 환상을 보았다는 사람들을 만나게 된다. 그들에게 임한 환상들이 거룩하신 영에 의하여 주어진 것일 수도 있음을

---

389) William J. Larkin, *Culture and Biblical Hermeneutics: Interpreting and Applying the Authoritative Word in a Relativistic Age*, 227.

390) "옛적에 선지자들을 통하여 여러 부분과 여러 모양으로 우리 조상들에게 말씀하신 하나님이 이 모든 날 마지막에는 아들을 통하여 우리에게 말씀하셨으니 이 아들을 만유의 상속자로 세우시고 또 그로 말미암아 모든 세계를 지으셨느니라"(히 1:1 - 2).

391) 소윤정, 『꾸란과 성령』, 127.

거부하지는 않아야 한다. 그러나 그러한 환상을 성경처럼 여겨서는 안 된다. 왜냐하면 하나님의 말씀인 성경 기록은 이미 종료되었기 때문이다.[392] 이러한 영적 종교현상의 형태론을 통해 살펴본 사례 연구에서 영적인 체험은 경험할 수 있지만 신비주의로 나가서는 안 될 것이다.[393]

독생자이신 하나님 아들의 계시는 요한복음 1:18에 의하면, "본래 하나님을 본 사람이 없으되 아버지 품속에 있는 독생하신 하나님이 나타내셨느니라"는 경우에만 쓸 수 있다. 예수 그리스도만이 계시로 그가 하나님의 이해이다. 말씀이 곧 예수 그리스도이시기 때문에 예수 그리스도의 성육신은 하나님의 자기 계시인 것이다.

요한복음 20:28에 의하면, 예수님을 향하여 "도마가 대답하여 이르되 나의 주님이시요 나의 하나님이시니이다"라고 말한 것은 하나님의 자기 계시를 의미한다. 즉 예수님은 곧 하나님의 자기 계시인 것이다. 그래서 요한복음은 예수님의 자기 계시를 말하는 책이다. 본질적으로 처음부터 그분이 하나님이셨고, 그 하나님이 나타나신 것이다. 그러한 사실을 도마가 깨달았을 뿐만 아니라 고백하였다. 그래서 하나님의 자기 계시인 것이다.

골로새서 1:15에 의하면, "그는 보이지 아니하는 하나님의 형상이시오, 모든 피조물보다 먼저 나신 이시니"라는 것은 예수님만이 하나님의 자기 계시인 것이다. 빌립보서 2:6에 의하면, "그는 근본 하나님의 본체시나 하나님과 동등됨을 취할 것으로 여기지 아니하시고"는

---

392) 최병규, 『상담을 통해 본 이단의 모습』, 18.

393) 신비주의란 성경 말씀보다 환상이나 예언, 입신, 쓰러짐, 천국과 지옥의 경험 등 영계의 초월적인 신비체험에 더 비중을 두거나 확신을 갖는 태도를 말한다.

사람의 모양으로 나타나신 하나님의 자기 계시이다.

따라서 사례 연구의 경우에 환상을 통한 치료는 사람을 치료하는 하나님 능력의 표현이다. 그래서 사례 연구를 통해 예수 그리스도에게 해당하는 용어보다 능가하는 것처럼 보이기 때문에 신비주의로 분류할 수밖에 없다.

3. 성경선교신학적 진리의 원리를 통한 평가

성경선교신학적 진리의 원리란 성경의 기준을 가지고 참된 진리가 무엇인지, 거짓된 진리가 무엇인지를 정확하게 구별하는 방법을 말한다.

사람들은 보통 많은 사람들이 모이는 교회가 좋은 곳, 즉 진리라고 생각하는 경향이 있다. 그만큼 인정한다고 보기 때문에 믿을 만한 곳이라고 생각한다. 물론 사람들이 많이 모이는 교회도 있지만 반드시 그런 것만은 아니다. 이것은 매우 위험한 생각으로, 교회는 사람의 수가 중요한 것이 아니라 예수님의 진리가 전파되고 있는지가 더 중요한 것이다.[394]

진리에 관한 성경적 개념은 첫째, 진리는 개인과 일들과 행위에 부여된 특성이나 상태를 말한다.[395] 하나님은 정의에 대해서 진리의 하나님이시며, 유일하신 참하나님으로 진리의 원천이 되신다. 성경은 시종일관 하나님을 열방의 우상과 거짓 신들과 대조되는 참된 하나님으로 묘사하고 있다.[396]

---

394) 국제종교문제연구소, "큰믿음교회 대처 노하우", 『현대종교』 통권 423호 (2010, 4월), 65–66.

395) John V. Dahms, "The Nature of Truth", JETS 28(1985), 455–466, William J. Larkin, Culture and Biblical Hermeneutics: Interpreting and Applying the Authoritative Word in a Relativistic Age, 231, 재인용.

396) William J. Larkin, Culture and Biblical Hermeneutics: Interpreting and Applying the Authoritative Word in a

둘째, 진리는 또한 하나님의 말씀 가운데 거하신다. 구약성경과 신약성경은 모두 하나님의 구두전달이 진실하다고 주장한다. 인간의 말 역시 진실할 수 있지만 법정의 문맥에서 모세는 어떤 보고나 구두 증언이 사실인지 검사해 보아야 한다고 지시하고 있다(신 13:14, 17:4). 그 외에 성경은 참되고 성실한 행위를 요구한다.[397]

셋째, 진리는 개인의 말이나 행위 가운데 거할 수 있기 때문에 진리에 대한 성경의 이해에 관한 모든 분석은 반드시 고려해야만 한다. 제자들에게 자신이 길이요 진리요 생명이라는 것이 무엇을 의미하는지 설명하는 가운데 예수님께서는 그들에게 이러한 말씀은 자신의 것이 아니라 그 안에 살아 계시는 성부 하나님으로부터 온 것이라는 사실과 이런 말씀을 믿음으로 성부 하나님을 보게 된다고 하는 사실을 말씀하셨다.[398] 따라서 진리인 성경은 참된 예언과 거짓 예언을 구별하는 시험으로 이러한 기준을 결코 피할 수 없다.

그래서 영국 노팅험대학교(Nottingham University)의 신학부 교수 안토니 시슬톤(Anthony C. Thiselton)과 미국 휘튼대학(Wheaton College)의 신약신학 교수 앨런 존슨(Alan F. Johnson)은 진리에 대한 성경적 개념에 대하여, "일치 이론을 훨씬 능가해야만 한다."라고 주장하였다.[399] 일치 이론을 포괄적인 것으로 만들기 위해서 실재에 대한 일치가 진리에 대한 폭넓은 의미의 기초를 제공하고 의미의 모든 국면들을 결

Relativistic Age, 231 – 232.

397) William J. Larkin, *Culture and Biblical Hermeneutics: Interpreting and Applying the Authoritative Word in a Relativistic Age*, 232.

398) William J. Larkin, *Culture and Biblical Hermeneutics: Interpreting and Applying the Authoritative Word in a Relativistic Age*, 232.

399) Anthony C. Thiselton, *The Tow Horizons* (Grand Rapids: Eerdmans, 1980), 411 – 415. William J. Larkin, *Culture and Biblical Hermeneutics: Interpreting and Applying the Authoritative Word in a Relativistic Age*, 236. 재인용.

속시키는 일치된 개념이라는 사실을 보여 줄 필요가 있다.

시슬톤은 폭넓은 의미를 확보하기 위해서 진리는 단지 한 개념이 아니라 다섯 가지 개념을 다음과 같이 포함해야 한다고 주장하였다.[400]

첫째, 진리가 어떻게 사실과 성실성을 포함하는지를 살펴보아야 한다.[401] 둘째, 진리가 그리스도의 복음인데 진리에 대한 일치 이론에 포함시킬 수 있다.[402] 셋째, 진리가 실제적인 것인지 혹은 일치하는지를 살펴보아야 한다.[403] 넷째, 진리가 드러나는지를 검토해 보아야 한다.[404] 마지막으로 다섯째, 진리가 정당성을 증거 하는지를 살펴보아야 한다.[405]

---

400) Sherwood G. Lingenfelter & Marvin K. Mayers, *Ministering Cross-Culturally: An Incarnational Model for Personal Relationships*, 62-63.

401) 성실한 개인과 하나님은 말과 일치하는 행위를 드러내며 일관성을 가지고 정직하게 일한다는 사실을 보여 준다(왕하 22:7; 시 25:10). 성실성은 진리에 대한 보증이지만 진리 그 자체는 아니다.

402) 복음은 신화가 아니라 진리이신 하나님으로부터 온 메시지라고 주장하는 것이다. 왜냐하면 복음은 하나님과 구원을 알 수 있는 유일한 참된 길이기 때문이다. 다시 말하면, 복음은 영적 사실에 대한 지식을 제공해 줄 뿐만 아니라 그러한 사실을 믿을 때 자유함을 준다(요 8:31-34, 44-47). 이러한 영적 사실은 성육하신 하나님의 아들을 나타내는 것으로, 성자는 성부로부터 온 메시지를 전달하고 세상의 죄를 대속하기 위하여 죽으셨으며, 복음은 이러한 실재적 사건들에 대해 진리를 말한다.

403) 어떤 것을 참된 것으로 입증하기 위해서는 일치 이론에 의지해야만 한다. 요한의 언어는 비유적이지만 동시에 문자적인 언어로 이런 점을 분명히 한다. 예를 들면, 예수님께서는 요한복음 6:32-33에서 자신을 세상에 생명을 주기 위해 하늘에서 온 참된 양식이라고 말씀하셨는데 이러한 비유 속에는 광야생활의 만나와 대조를 이루는 일치가 내재해 있다는 것이다. 다시 요한복음 전체를 보면, 예수님께서는 자신에 대하여, '선한 목자'(Good Shepherd), '생명수'(the Living Water), '생명의 떡'(the Bread of Life), 그리고 '포도주'(the Vine)로 표현하셨는데 이 모든 것은 자신에 대한 진리를 전달해 주는 의미심장한 것이다. 예수님께서 이러한 대상물들을 선택하신 이유는 그의 진리를 듣는 모든 사람들에게 친근한 유대인 문화의 실제적인 것들이기 때문이다. 영적 진리를 가르치기 위해서 예수님이 사용하신 방법은 당시 실제적인 사건과 일치하는 문제를 야기하는 것이었다.

404) 드러나는 것으로서의 진리는 별도의 검토를 필요로 하지 않는다. 그 형태는 사실들, 즉 속임과 대조되는 영적 사실들에 대한 일치 형태로 성령을 진리의 영으로 언급하거나 성령의 증거를 진리로 언급하는 것이다(요 8:44-45, 14:17, 15:26, 16:13; 요일 4:6, 5:6).

405) 증거에 대한 정당성으로서의 진리는 다시 구두 서술과 사건, 그리고 상황의 일치를 가정한다. 진리라는 것은 정당성과 부당성을 구별하는데 증거의 정당성은 동일한 사건에 대한 여러 목격자들의 일치를 통해서 결정된다(요 8:17). 이렇게 결정되는 것은 어떤 사건이 발생했다는 것과 그것에 대한 정당한 설명은 그 사건의 성격에 관해 일치하는 증인들에게서 나오는 보고들로 구성하는 것이다. 예를 들면, 유대 지도자들과 계속적인 논쟁 속에서 예수님은 자신에 관한 증거를 정당화시켜 주는 모세의 법칙을 따랐으며, 또 다른 증인으로 세례 요한을 인용했다는 것이다(요 5:31-32, 8:13-14).

따라서 영적 종교현상의 형태론에 있어서 진리에 대한 성경적 개념을 통해 그러한 형태들이 하나님의 말씀인 진리로 객관적이고 절대적인지를 물어보아야 한다. 오늘날 하나님의 계시인 진리의 절대성은 역사적 상대주의와 대조를 이루지만 성경 전체를 통해 일관되게 나타난다는 것이다. 이러한 진리가 오랜 시간에 걸쳐 계시된 하나님의 절대성으로 하나님의 약속과 예언, 그리고 율법을 위하여 명백하게 주장되었다. 이것은 예수님의 성육신을 통해서 위와 아래, 땅과 하늘 사이의 간격을 메웠고, 모든 장애물을 완전히 제거하였다.[406] 하나님은 계시된 진리가 인간의 언어를 통해서 전달되기를 원하신다. 그렇기 때문에 인간과 하나님의 관계성에 있어서 언어의 속성에 대한 성경적 견해를 고찰하는 것은 매우 중요한 것이다.[407]

진리를 표현하는 말과 글에 대한 사례 현상을 평가해 보자면, 기도의 경우에 "오, 주 예수여!"를 주문처럼 반복해서 외우며, 이것을 부르면 구원을 받는다고 한다. 또한 국내외에서 손수건을 얹고 기도한다든지 안수받은 손수건을 가지고 기도하면 질병이 치료되고, 귀신이 나간다고 한다.[408]

---

406) William J. Larkin, *Culture and Biblical Hermeneutics: Interpreting and Applying the Authoritative Word in a Relativistic Age*, 237 – 241.

407) William J. Larkin, *Culture and Biblical Hermeneutics: Interpreting and Applying the Authoritative Word in a Relativistic Age*, 242.

408) 합동신학대학원대학교 조직신학 교수 이승구는 손수건 기도의 현상에 대하여, "우리는 언제나 사도와 오늘날 사역자들의 차이를 분명히 해야 한다. 사도 시대에 이와 비슷한 일이 있었지만 그에 근거해서 오늘날도 그와 같은 일이 있다고 해서는 안 된다. 사도 시대의 이적과 교회 시대의 이적은 다른 것이기 때문이다. 사도 시대에는 주께서 사도들의 말씀을 확증해 주는 사도적 이적을 주셨지만, 우리 시대의 이적은 첫째, 하나님께서 원하시는 때에, 둘째, 우리들의 기도에 대한 응답으로 일으켜 주시는 것이다. 이 두 가지를 늘 기억하면 좋겠다. 진정한 그리스도인들은 '기적, 기적' 하면서 기적을 추구하며 다니지 않는다. 주를 신뢰하고 살아가는 주의 백성들에게 주님께서 필요하시면 그 백성의 기도에 대한 응답으로 기적을 베풀어 주시기도 하는 것이다. 한국교회의 모든 성도들이 이상한 사람들과 이상한 집회에 참여하지 말고 가장 정상적인 교회 생활을 제대로 해 가는 교회의 성원들이었으면 한다."라고 지적하였다. 따라서 만민중앙교회의 손수건 기도집회는 예수 그리스도를 전하는 거룩한 예배로 드려져야 하는데 이

방언의 경우, 사람이 사람에게 줄 수 있다고 말하며, 가장 위대한 직분이 방언을 받는 것으로 보았다. 방언은 연습으로 가능하며, 방언을 통해 각색 질병도 치료된다고 말한다. 그리고 방언을 받지 못한 목회자는 가짜라고 말하였다.

설교의 경우, 전혀 원고가 준비되지 않고 준비 없이 하는 새로운 패러다임을 즉흥설교라고 말하며, 이것을 하나님이 주신 은사와 일종의 예언으로 본다는 것이다. 이런 즉흥설교를 들을 때, 하나님의 강한 임재를 느낀다고 한다. 또한 설교를 들을 때 질병을 치료받는다고 말한다.

부적의 경우, 이러한 부적들을 떼어 낸 후에 눈의 통증이 사라졌으며, 이것을 제거한 후 질병이 사라졌다고 한다.

이러한 경우들을 통하여 목회자는 성도들에게 주시는 하나님의 말씀을 말이나 글로 전달할 필요가 있다. 그러한 전달에 있어서 주의할 것은 말과 글 자체가 성스러운 것이 아니다. 그것은 하나님 진리 말씀과 글이 하나님 진리 말씀을 포함하기 때문에 성스럽다는 것을 인식시켜야 한다. 그래서 말과 글에 대한 사례를 통해 말과 글, 그 자체를 숭배하는 우상숭배를 배격해야 한다.[409] 기독교의 참된 진리의 권위는 존 웨슬리(John Wesley)가 진술한 대로 성경에 두어야 하며, 성경에 쓰인 말씀 외에는 어떤 권위도 인정하지 않아야 한다.[410] 이러한 복음주의 입장에 있어서 성경선교신학은 종교 경험을 강조하지만 성경 외에 계시의 경험은 용납하지 않는다. 왜냐하면 진리는 성경을 통

재록 목사의 개인적인 능력에 초점이 맞춰지는 집회로 전락하고 있다. 김정수, "이단, 이것이 알고 싶다!: 만민중앙교회 손수건 집회", 59.

409) 노윤식, "한국 토착종교와 기독교 선교전략", 31.

410) 목창균, 『현대 복음주의』, 321.

해서 이루어지고 경험을 통허 확인되어야 하기 때문이다.

4. 성경선교신학적 해석학의 원리를 통한 평가

성경선교신학적 해석학의 원리란 성경 안에 있는 다양한 문화적 상황들을 인식할 뿐만 아니라 성경해석의 과정에 해석자의 상황들을 매우 중요하게 고려하는 접근방법을 말한다.

성령의 감동을 인정하지 않는 성경 해석자들은 성경을 인간의 책이요 역사적인 산물로 여겨 하나님의 감동이 있을 수 없으며, 초자연적인 진리를 말할 수 없다고 한다. 그러나 성경은 하나님의 말씀으로 살아 있고, 강력하여 영감을 주는 말씀으로 간주한다(히 4:12; 벧전 1:23).411)

그리고 앨런 존슨(Alan F. Johnson)과 고든 피(Gordon Fee) 등 여러 학자들의 경우는 성경 속에 나타난 문화적 요소가 존재하고 있다고 가정한다. 성경은 하나님께서 명령하신 어떤 문화적 요소들을 직접 적용하는 것에 대해 완전한 권위를 가진다. 또한 시간적 시기와 사람들 사이의 역사적이고 문화적인 차이점을 잘 알고 있었다는 사실이다. 그래서 사도 바울은 갈라디아 5:14를 레위기 19:18에서 구약의 도덕적인 명령의 자료들로 적용하였다.412)

---

411) William J. Larkin, *Culture and Biblical Hermeneutics: Interpreting and Applying the Authoritative Word in a Relativistic Age*, 267. 성결대학교 조직신학 교수 성기호는 성경에 대하여, "성경을 기록한 저자들에게는 성령의 감동이 주어져 하나님의 계시를 전달함에 있어서 잘못이 없도록 하셨다. 성령께서 성경의 저자들에게 감동을 주셨지만 그들이 기록한 성경은 어느 부분까지 하나님의 영감이 미치고 있는가 하는 영감의 범위에 대하여 다양한 논의가 있다. 그러나 성경 저자들이 남긴 원본은 없어지고 원본을 손으로 베껴 쓴 사본(寫本)들만 전해지고 있는 중에 베껴 쓰던 사람들의 실수로 잘못된 부분이 있고, 원문 성경을 자기들의 글로 번역해 놓은 역본에는 오류가 있을 수 있다. 그러나 하나님의 영감으로 기록된 성경 원본 즉 히브리어와 아람어로 기록한 구약성경과 헬라어로 쓰인 신약성경의 원문에는 기록의 잘못이나 진리 전달에 있어서 오류 없는 완전한 하나님의 말씀이다. 이런 의미에서 성경 무오설이 주장되는 것이다."라고 주장했다. 성기호, 『이야기 신학』 (서울: 국민일보, 1997), 45.

따라서 많은 선교사와 목회자들, 그리고 평신도 사역자들이 어떤 문제든지 해석학적 관점 없이 영적으로만 판단하려는 경우가 있다. 이러한 문제 때문에 문화적 차원을 간과하는 잘못을 범하는 경향이 있는데 그것은 자신들의 견해에 주관적으로 쉽게 성경을 인용할 수 있다. 그러나 다른 방식에 대한 성경의 선례가 있다는 것과 성경의 지지를 받을 수 있다는 성경에 대한 증거에는 눈이 어둡다는 것이다.[413]

성경선교신학적 관점을 가지고 성경에 나오는 영적 종교현상의 사례라 할 수 있는 엔돌의 무당과 가나안 종교, 그리고 바알 숭배 등에 대해 성경선교신학적 해석학 측면으로 적절하게 제시하고 있다.[414]

---

412) William J. Larkin, *Culture and Biblical Hermeneutics: Interpreting and Applying the Authoritative Word in a Relativistic Age*, 277-278. "온 율법은 네 이웃 사랑하기를 네 자신같이 하라 하신 한 말씀에서 이루어졌나니"(갈 5:14). "원수를 갚지 말며 동포를 원망하지 말며 네 이웃 사랑하기를 네 자신과 같이 사랑하라. 나는 여호와이니라"(레 19:18).

413) Sherwood G. Lingenfelter & Marvin K. Mayers, *Ministering Cross-Culturally: An Incarnational Model for Personal Relationships*, 79. 대전신학대학교 조직신학 교수 허호익은 성경과 계시에 대하여, "성경이 계시의 완결이며, 성경과 그리스도 외에 직접적인 계시는 없다."라고 강조하였다. 국제종교문제연구소, "큰 믿음교회 대처 노하우", 65. 이러한 관점에서 그리스도인에게 있어서 영적 종교현상의 무기인 성경에 대하여 비록 이단으로 결의되지 않은 곳이라도 선교사들과 목회자들, 그리고 성도들의 분별과 세심한 주의가 필요하며, 하나님이 그리스도인들에게 주신 유일한 계시인 성경으로 돌아가야 할 것이다.

414) 아가페성경사전 편찬위원회 편, 『아가페성경사전』(서울: 아가페출판사, 1991), 1192. Edward F. Murphy, *The Handbook for Spiritual Warfare*, 253-254. John W. Reed & Eugene H. Merrill, 『룻기, 사무엘상하』, 문동학 역 (서울: 도서출판 두란노, 1994), 112. 사울은 엔돌을 방문하여 신접한 자인, 즉 무당을 시켜 사무엘의 영을 불러내라고 요구하였다. 이러한 경우 하나님께서 사무엘을 나타나게 하셨는데 무당조차 놀랐다(삼상 28:7-12). 사무엘이 나타나자 깜짝 놀랐던 엔돌의 무당은 이 일은 자기가 한 것이 아니라 하나님이 하셨다는 것을, 그리고 사울이 변장을 하고 밤중에 찾아온 사람인 것을 금방 알 수가 있었다(신 18:10-11). 구약성경에 나타난 이러한 무당이야기는 한국교회에서 무당과 굿, 그리고 점쟁이 등의 옛 구습을 벗어 버리고 기독교로 개종한 많은 사례들을 찾아볼 수 있다. 이러한 상황적 이해의 관점에서 영적 종교현상에 대한 성경선교신학적 해석은 엔돌의 무당을 통해 영적 종교현상의 효과적인 선교적 교훈을 얻을 수 있다. 이스라엘의 역사 가운데 가나안 종교와의 영적 종교현상은 가장 큰 종교적 충돌이었다. 이러한 영적 종교현상의 도전들이 여호와 신앙에 침식해 들어왔다. 성경선교신학적인 관점에 있어서 가장 중요한 것은 다른 신들에 대한 영적 종교현상의 논쟁일 것이다. 타 종교의 신들에 대하여 성경은 하나님과 이방신들 사이의 영적 종교현상이다. 엘리야는 바알 종교에 맞서 도전한 영적 종교현상의 첫 번째 선지자였다. 엘리야는 살아 계신 하나님의 능력을 보여 주었다. 여호와 하나님께서는 의도적으로 비를 내리지 않으셨으며, 바알 신이 주관하는 자연 순환주기를 멈추게 하신 것이다. 그리고 바알 종교 선지자들과 능력대결을 벌이셨는데 결국 엘리야가 영적 종교현상에서 승리하였다(왕상 17장~18장). 이러한 영적 종교현상의 승리는 하나님이 바알 신들을 섬기는 것에 대하여 반대하실 뿐만 아니라 바알 종교의 체제로 되어 있는 모든 사회 구조에 도전하는 영적 종교현상의 실제 사역을 승인하셨다는 것을 의미했다(왕상 18:18-40). 그리고 하나님은 이스라엘 백성들이 바알을 따라 현상 유지를 목

성경선교신학적 영적 종교현상의 실제 전략에서 다루어질 내용은 먼저 해석학이 요구된다. 그것은 과거의 성경 본문을 오늘날 성경선교적인 삶과 연결시키는 과제를 갖기 때문이다.[415] 최근 성경에 대한 선교신학적 접근이 보다 심도 있게 진행되고 있어서 선교적인 해석학(missional hermeneutics)이라는 표현이 등장하였다. 프린스턴신학교(Princeton Theological Seminary)의 선교신학 교수 데릴 구더(Darrell L. Guder)는 선교적인 해석학의 필요성에 대하여, "대부분의 선교신학자들이 인식하고 있으며, 선교적인 해석학의 발전을 위해서 선교학자뿐만 아니라 성서학자들의 적극적인 협조와 도움으로 가능할 것이다." 라고 주장하였다.[416]

성경선교신학적 해석학은 해석의 과정 속에서 상황의 접근을 매우 중요시 여기며, 성경 안에 있는 다양한 문화적 상황을 인식할 뿐만 아니라 성경해석의 과정에서 해석자의 상황을 매우 중요하게 고려하는 접근방법이다. 이러한 해석은 모든 해석자가 자신의 영적 종교현상에서 삶의 자리를 벗어나 완벽한 객관적인 관찰자가 결코 될 수 없다는 객관성의 인식에서 비롯된 것이다.[417] 이러한 성경선교신학적 해석학은 본문의 뜻을 정확하게 해석하려는 석의(exegesis)만으로 만족하지 않고, 의도적으로 성경 본문과 하나님의 선교 안에서 신앙 공동체로서 교회의 사명과 사명에 대한 분별력이 교회의 목적에 자리 잡게 하는 데 있다.[418]

적으로 살아가기보다는 하나님의 뜻을 실현해 나가기를 원하셨다.

415) 박종석, 『성서적 신앙공동체 교육』 (파주: 한국학술정보, 2010), 25.

416) Darrell L. Guder, *Missional Church: A Vision for the Sending of the Church in North America* (Grand Rapids: Eerdmans, 1998), 11.

417) 박보경, "선교적 해석의 모색", 『선교신학』 제18집 (2008, 4월), 95.

사람과 공동체의 사례에서 성경선교신학적 해석학의 평가를 해 보자면, 너무 인간을 신성화시키고, 너무 영적으로 판단하여 신성화시키는 문제를 해석학의 관점에서 바로잡아야 할 것이다.

사도행전 13:6에서 사도 바울은 유대인 거짓 선지자요 마술사로 알려진 바예수(Bar-Jesus)가 바로 마귀가 장난한 것으로 보았다.[419] 그래서 사도 바울은 성령의 능력으로 바예수가 더 이상 장난치고 공격하지 못하게 부와 권세를 누리지 못하도록 눈을 어둡게 하여 완전히 제압해 버렸다.[420] 물론 바예수의 능력이 사탄으로부터 온 것이라는 주장에 대하여 반대를 제기할 수 있지만 사도 바울은 바예수가 '마귀의 지식'이며, '모든 의의 원수'라고 부르고 있다(행 13:10). 사도 바울은 바예수가 '주의 길을 굽게 하려고' 애쓰는 자라고 책망하였다. 바예수가 귀신 들렸다는 것은 분명하며, 그는 속기도 했지만 속이기도 하였다(고후 4:3-4; 요일 4:1-6; 딛 3:3; 딤후 3:13).[421]

성경선교신학적 관점에서 사도행전 주석을 쓴 선교사 토머스 워커(Thomas Walker)는 바예수에 대하여 말하기를, "그의 뒤에 놓여 있던 어둠의 세력들은 복음이 펼쳐지는 것을 방해하기 위하여 필사적이었다."라고 하였다.[422] 바예수는 하나님의 신앙과 이교를 적당히 혼합

---

418) Michael Barram, "*The Bible, Mission, and Social Location: Toward a Missional Mermeneutic*", (January 2007), 57-58. 교회의 사명은 나가서 전하는 것만이 선교가 아니라 마태복음 28:18-20에서 주님의 지상 명령의 이해에서, 이제까지 19절의 '가라'에만 너무 강조한 나머지 선교가 나가는 것으로 오해되었다. 그러나 이러한 선교 명령은 선교적인 해석학의 관점으로 18절의 주님의 권위가 주어지는 것과 20절에 주님이 함께하는 것과 연결되어 해석해야 한다는 것이다. 노윤식, 『새천년 성결선교신학』, 16.

419) 바예수는 박수무당으로 '바'(bar)와 구원자를 뜻하는 '예수'가 결합된 단어이다. 다시 말하면, 실제 이름이 아니라 유대인 사회에서 스스로 구원자의 아들로 행세해 온 거짓 선지자요 마술사로 통하는 인물이었다.

420) 목회와신학 편집부, 『사도행전 어떻게 설교할 것인가』 (서울: 두란노아카데미, 2003), 262-263.

421) Edward F. Murphy, *The Handbook for Spiritual Warfare*, 322.

422) Thomas Walker, *The Acts of the Apostles* (Chicago: Moody, 1965), 285.

한 기만과 악의 영적 왕국을 대표하는 혼합주의자이다. 그는 하나님과 하나님의 백성과 하나님의 진리를 모욕하였다. 바예수는 그의 주인인 마귀처럼 의의 천사로 가장하고 있는 것이다(고후 11:13-15). 바예수는 총독이 하나님에게서 멀어지게 하기 위해 의도적으로 하나님의 진리를 왜곡하고 비뚤어지게 하였다.[423] 영국의 복음주의 신학자인 존 스토트(John R. W Stcott)는 바예수와 같은 사람에 대하여 말하기를, "회심하도록 하는 대신에 영적으로 타락하도록 만드는 죄를 지었다."라고 하였다.[424]

따라서 영적 종교현상의 형태론에 나타난 사람과 공동체의 사례에서 목회자와 공동체는 바예수처럼 신비주의 체험이나 환상과 계시, 그리고 꿈을 통해서 하나님의 뜻을 해석할 수 있다. 또한 자신들의 기도를 하나님의 말씀과 하나님의 섭리보다도 더 우위로 여긴다. 이것은 영적 종교현상에 대한 므지로 자신들이 영적 종교현상의 한복판에 있음을 알지 못하고, 공격받고 있다는 것조차 의식하지 못하고 있는 것이다. 이것을 비판할 수 있는 영적 종교현상의 무기가 성경선교신학이다.

물론 목회자는 성스러운 전문가로 대변하지만 기적을 일으키는 어떤 주인공이 아니라 기독교 영성에 있어서 하나님의 신적인 능력을 매개하는 영적인 전문가로 보아야 한다. 더 나아가 성경공부 혹은 설교 중심의 지적인 활동이 아니라 영적인 성장을 위해서, 다시 말하면 개인적 성결의 추구와 완전한 사랑, 그리고 예수 그리스도를 본받는

---

423) Edward F. Murphy, *The Handbook for Spiritual Warfare*, 322-324.
424) John R. W Stott, 『사도행전 강해: 땅 끝까지 이르러』, 정옥배 역 (서울: 한국기독학생회출판부, 1992), 259.

삶을 위한 친밀한 친교, 간증, 권면, 격려의 활동이 되어야 한다. 그리고 목회자의 직분이 예수 그리스도의 종이기에 성스러운 것이다. 그 자체가 성스러운 것이 아님을 중요하게 인식해야 할 것이다.[425]

공동체의 경우, 가정에서 가정예배와 성찬식을 통해 치유받은 영적인 경험들이다. 한국교회는 가정예배를 장려하기도 하며, 구역예배를 돌아가면서 가정에서 드린다. 이것은 가정이 의식주를 하는 곳이 아니라 하나님이 거하시는 공동체가 되고, 하나님을 예배하는 공동체가 될 수 있다는 종교현상학적 의미를 부정할 수 없는 것이다.[426] 그래서 교회와 그리스도인들은 베드로전서 5:8-9에서 지적한 대로 영적 종교현상에서 믿음의 선한 싸움을 하여야 할 것이다.[427]

5. 성경선교신학적 성령의 원리를 통한 평가

성경선교신학적 성령의 원리란 다양한 역사와 문화의 상황 속에서 성경을 해석할 뿐만 아니라 해석자가 진리와 오류를 똑바로 분별하여 적용하도록 지속적인 역할을 수행하는 방법을 말한다.

하나님의 계시를 수여하는 데 있어서 성령은 본질적인 역할을 수행한다. 이러한 성령의 행위를 영감(靈感)이라고 부른다.[428] 기독교는 성경을 하나님의 영감으로 기록된 것으로 믿고 있다. 영감은 성경 저

---

425) 노윤식, "한국 토착종교와 기독교 선교전략", 31.

426) 노윤식, 『새천년 성결선교신학』, 90-91.

427) "근신하라. 깨어라. 너희 대적 마귀가 우는 사자 같이 두루 다니며 삼킬 자를 찾나니. 너희는 믿음을 굳건하게 하여 그를 대적하라. 이는 세상에 있는 너희 형제들도 동일한 고난을 당하는 줄을 앎이라"(벧전 5:8-9).

428) William J. Larkin, *Culture and Biblical Hermeneutics: Interpreting and Applying the Authoritative Word in a Relativistic Age*, 287.

자들의 마음속에 임하는 성령의 초월적인 감화를 말한다. 이러한 영감의 주된 목표는 하나님의 뜻을 성경 저자들이 바르게 표현하게 하는 일이다. 영감은 하나님의 계시가 올바르게 기록되도록 인도하시는 성령의 역사라고 말할 수 있다. 그래서 성경은 인간이 쓴 책이 아니라 기록자가 하나님의 감동과 성령의 인도하심으로 쓴 것이다(딤후 3:16). 그러므로 성령의 인도하심의 역사는 성령을 기록하는 사람들과 함께했다고 보고, 더 나아가 성령의 역사하심과 도우심은 계시의 말씀을 기록하는 저자만 아니라 하나님의 말씀을 읽고, 가르치는 사도와 오늘날 성경을 읽는 모든 사람에게도 계속된다고 보는 것이다.[429]

또한 성령은 다양한 역사와 문화의 상황 속에서 성경을 해석하고 적용하도록 지속적인 역할을 수행한다. 사도 바울은 에베소 성도들이 지혜와 계시의 정신을 가지도록 하기 위하여 그들이 마음의 눈을 떠서 부르심의 소망이 무엇인지, 나중에 그들에게 주어질 하나님의 영광의 풍성함과 현재 그들이 스유한 부활의 권세의 위대함이 무엇인지 알도록 기도했다(엡 1:17-19; 고전 2:9-10). 이러한 구절을 보면, 그 어떤 것도 성령의 일하심과 성경을 연관시킨 것은 없지만 성경의 내용과 목적은 사람을 구원하는 데 지혜로운 것이기 때문에 그리스도인들이 예수 그리스도를 통한 구원의 유익에 대해 말해 줄 수 있는 유일한 방법을 연구할 때 성령의 조명은 그들에게 적용된다고 결론을 내리는 것은 합당한 것이라고 할 수 있다. 이러한 성령의 조명은 성경을 적용하는 성도들을 인도한다.[430]

---

429) 예성신학정립 편찬위원회, 『예성신학의 이해와 신조해설』(안양: 성결대학교 출판부, 2010), 93-94.

430) William J. Larkin, *Culture and Biblical Hermeneutics: Interpreting and Applying the Authoritative Word in a Relativistic Age*, 287-289.

그러나 결국 의사 전달의 과정은 해석자인 인간에게 초점을 맞추는 것이다. 이러한 인식의 주체라고 할 수 있는 인간에 대해 분석할 필요가 있다. 성경은 인간의 마음의 가장 깊은 곳에까지 이르는 죄의 영향을 묘사해 준다. 다시 말하면, 마음의 완악함, 즉 불신앙은 유대인이든, 이방인이든 간에 그 마음에 무지함의 수건을 씌우기 때문에 복음을 이해할 수도 없고 받아들일 수도 없는 것이다(고후 3:14, 4:4; 엡 4:18).[431]

따라서 영적 종교현상에 있어서 성령은 해석자가 진리와 오류를 바로 분별하도록 진리를 왜곡하고 분열시키려는 치명적인 문화적 영향을 피하도록 인도하신다. 그리고 성령은 해석자인 자신의 사회적 상황 속에서 성경의 의미를 바르게 적용하도록 인도하신다. 성령은 해석학적 다리를 위한 필수 불가결한 부벽(扶壁)이며, 그 다리를 통해서 전달된 진리를 보전하고, 그 메시지가 현대의 문화적 상황 속에서 작용할 수 있는 방법을 보여 주는 중요한 역할을 한다는 것이다.[432]

불과 안수의 사례에서 성경선교신학적 성령의 원리로 평가해 보자면, 거룩한 행동인 불의 경험에 대한 경우, 뜨거운 불이 들어오는 경험을 통해 시력을 되찾았고, 어떤 경우는 성령의 불이라고 말하면서 쥐를 죽이는 경험도 했다고 한다. 또 불의 경험을 통해 입신한 아이의 몸에서 영이 빠졌나왔다든지 혹은 지옥을 경험했다는 것이다.

물론 기독교는 불의 사용보다는 성령의 불이라는 표현으로 사용되고 있다. 그래서 부정적인 영성을 예수 그리스도의 보혈로 제거하여

---

431) William J. Larkin, *Culture and Biblical Hermeneutics: Interpreting and Applying the Authoritative Word in a Relativistic Age*, 293–294.

432) William J. Larkin, *Culture and Biblical Hermeneutics: Interpreting and Applying the Authoritative Word in a Relativistic Age*, 303.

적극적으로 기독교가 수용하여 죄를 태우는 정화 행위나 촛불을 켜는 희생 예배 등으로 적용할 필요가 있을 것이다.[433]

안수의 경우, 무안으 짠물이 단물로 변한 것과, 대표적인 안수로 사우나 안수, 십자가 안수, 생기 안수, 코 안수, 기관지 안수, 기름 안수 등을 통해 각종 질병이 치료된다고 한다. 그리고 안수를 할 때 사람들이 쓰러지는 현상들도 있으며, 배와 눈을 찌르며, 소금을 넣은 밀가루로 안수하는 등 여러 종류의 안수 사례 현상을 보았다.

안수는 하나님의 능력과 성령의 은혜가 전달되는 중요한 종교적 행동이다. 이러한 종교적 행동은 구약의 이스라엘 민족과 신약의 교회들에 있어서 일반적인 행동이었다.[434] 모세의 경우, 여호수아에게 안수함으로 그의 직임식을 통해 이양하였다(민 27:18). 예수님과 열두 제자들은 안수하여 병든 자를 고쳤다(막 5:23).

이러한 성경선교신학적 성령의 원리를 통해 평가를 함에 있어서 긍정적인 면과 부정적인 견에 성령의 역사가 왜곡된 경우가 많다. 따라서 영적 종교현상에 대한 것을 성령의 원리로 바로잡아야 할 것이다.

6. 요약

지금까지 영적 종교현상의 형태론에 대한 사례를 중심으로 성경선교신학적 평가에 대하여 살펴보았다. 첫째, 성경선교신학적 문화 상황화의 원리를 통한 평가, 둘째, 성경선교신학적 계시의 원리를 통한 평가, 셋째, 성경선교신학적 진리의 원리를 통한 평가, 넷째, 성경선

---

433) 노윤식, "한국 토착종교와 기독교 선교전략", 29.
434) 노윤식, 『새천년 성결선교신학』, 98.

교신학적 해석학의 원리를 통한 평가, 마지막으로 다섯째, 성경선교
신학적 성령의 원리를 통한 평가 등으로 나누어 보았다.

이러한 성경선교신학적 원리의 이해를 가지고 영적 종교현상의 형
태론을 평가하면 잘못된 영적 종교현상에 대한 오류의 주장에 대하
여 시정할 수 있는 적합한 평가가 될 것이다.

제5장

결 론

지금까지 이 연구는 영적 종교현상의 형태론과 그에 대한 사례를 중심으로 해서 성경선교신학적인 평가에 대하여 다섯 가지로 살펴보았다.

　첫째, 성경선교신학적 문화 상황화의 원리를 통한 평가에서는 영적 종교현상의 시간과 장소, 그리고 물에 대하여 살펴보았다. 어떤 시간과 장소 대상이라도 예수 그리스도의 보혈의 피로 말미암아 깨끗하게 씻은 후에 정결하게 사용하여 영적 종교현상에서 의미 있게 활용해야 할 필요가 있다. 그런데 이들에 대한 지나친 신비주의 강조는 기독교의 진리를 근본적으로 훼손하는 위험성을 가지게 된다. 물론 체험적인 신앙은 필요하지만 성경에 근거한 체험이어야 한다. 성경 말씀보다 인간의 체험을 더 중시하거나 의존하게 되면 우상화에 빠질 수 있다.

　둘째, 성경선교신학적 계시의 원리를 통한 평가에서는 영적 종교현상의 경험에 대하여 살펴보았다. 사례를 통하여 나타난 놀라움과 두려움, 그리고 기쁨과 전도 열정, 영감, 환상과 환청, 회심, 입신 등으로 구분하였는데 이러한 경험들을 계시와 연결하고 있었다. 물론 영적 경험도 중요하지만 그것을 계시 자체인 예수 그리스도와 동일시해서는 안 될 것이다.

셋째, 성경선교신학적 진리의 원리를 통한 평가에서는 진리를 표현하는 말과 글에 대하여 살펴보았다. 목회자는 성도들에게 주시는 하나님의 말씀을 말이나 글로 전달할 필요가 있다. 그러나 주의할 것은 말과 글 자체가 성스러운 것이 아니라 하나님의 진리의 말씀과 글이 하나님의 진리의 말씀을 포함하기 때문에 성스럽다는 것을 인식시킬 필요가 있다. 아울러 말과 글에 대한 그 자체를 숭배하는 우상숭배를 배격해야 할 것이다.

넷째, 성경선교신학적 해석학의 원리를 통한 평가에서는 사람과 공동체에 대하여 살펴보았다. 너무 인간이나 공동체를 신성화하고, 너무 영적으로 판단하는 문제를 해석학의 관점에서 바로잡아야 한다.

마지막으로 다섯째, 성경선교신학적 성령의 원리를 통한 평가에서는 불과 안수에 대하여 살펴보았다. 성경선교신학적 성령의 원리를 통해 영적 종교현상의 사례를 평가해 보면, 긍정적인 면과 부정적인 면에서 성령의 역사가 왜곡된 경우가 많았다. 따라서 영적 종교현상에 대한 것을 성경선교신학적인 성령의 원리로 바로잡아야 할 것이다.

이 연구는 영적 종교현상의 형태론과 성경선교신학적 평가에 대한 연구를 마치면서 몇 가지 제언을 하고자 한다.

첫째, 영적 종교현상의 형태론에 대한 바른 이해는 신비주의로 나가면 안 될 것이다. 신비주의자들은 환상과 묵시, 그리고 그 외에 신비주의에 대한 내용들을 예수 그리스도와의 신비로운 연합의 가시적인 경험으로 보는 경우가 있다. 이러한 관점은 마치 신비주의를 기독교 신앙의 본질적인 것으로 강조하는 데 문제가 있는 것이다. 또한 이것을 모든 그리스도인들에게 강요함은 신앙의 독선이요, 신비주의로 인해 기독교의 불건전한 모습을 드러내는 결과를 초래하게 된다. 따라서 신앙의 영적 체험은 인정하지만 신비주의로 나가면 안 된다는 사실이다.

둘째, 영적 종교현상의 형태론은 성경과 계시, 그리고 진리가 중심이 되어야 할 것이다. 성경은 영적 종교현상의 형태론의 원천이요 규범이며, 영적 종교현상에 있어서 신앙의 척도요 표준이다. 오늘날 지역 교회나 선교현장은 성경의 권위가 심각한 도전을 받고 있는 것이 사실이다. 그래서 성경과 계시, 그리고 진리를 위한 영적 종교현상은 앞으로 계속되어야 한다. 이러한 영적 종교현상은 성경선교신학적 관점에서 강조할 뿐만 아니라 바른 이해를 가지고 선교 현장을 통해 전파하여 영적 종교현상에서 승리해야 할 것이다.

셋째, 교회는 예언이나 입신 등 영적 현상에 대하여 지도 방법론을 제시해야 할 것이다. 교회는 변승우와 큰믿음교회, 이초석과 예수중심교회, 이재록과 만민중앙교회 등에서 나타나는 종교적 현상을 영적 종교현상의 형태론을 통하여 객관적으로 분석하고, 성경선교신학적 평가를 통하여 성도들을 지도해야 할 것이다. 그래서 성도들을 복음의 본질과 능력이 현상적인 감정주의보다는 성경에 근거할 수 있도록 지도해야 할 것이다. 즉 성도들에게 예언과 입신은 단순히 어떤 현상적인 것만을 가지고 판단하는 것이 아니라 삶 가운데서 예수 그리스도와의 지속적인 관계 속에서 추구해야 함을 가르쳐야 한다. 그래서 믿음의 사람들은 성령의 역사를 통하여 갈라디아 5:22−23에 나타난 성령의 아홉 가지 열매가 있어야 한다. 그리고 이 영적인 결과물로 성도 간의 교제와 연합을 이어야 한다. 하나님의 진정한 예언과 입신은 어떤 방법론이나 현상론으로 사람을 모으는 것에 집중하는 것이 아니라 예수 그리스도의 권세와 성령의 능력을 통하여 다른 사람들을 섬기는 모습으로 나타나야 할 것이다.

마지막으로 넷째, 교회는 영적 체험을 한 사람들에게 성결의 복음을 삶의 자리와 세계로 전하는 선교로 연결할 수 있도록 지도해야 할 것이다. 영암 김응조 목사는 재림의 환상을 본 후에 자신이 재림의 주님을 영접하기에 너무나 누추하다는 사실을 깨닫고 철저히 회개함으로 성결의 은혜를 체험하였다. 세계 선교역사를 살펴보면, 존 웨슬리(John Wesley)의 성결 체험은 미국 선교로 이어져 세계적인 감리교단을 창설했으며, 아울러 성결의 복음을 온 세계에 전하게 되었다. 따라서 교회는 영적 체험을 한 성도들이 하나님께서 명령하신 온전한 구원의 삶을 체험적으로 살도록 기도하여야 하며, 성결의 신앙을 고백하도록 성경을 가르쳐 구체적으로 성결하신 예수님을 닮아 갈 수 있도록 훈련해야 한다. 21세기 영적 종교현상에서 세계를 향해 선교하는 한국교회가 이러한 성경선교신학적인 평가로 기독교의 영성, 곧 성결의 복음을 온 세계로 전파해야 할 것이다.

참고문헌

1. 국문도서

강남대학교 신학대학 편.『종교와 영성』. 서울: 한들출판사, 1998.

김동규.『영산의 성령운동 이해』. 파주: 한국학술정보, 2009.

김성욱.『하나님의 백성과 선교』. 서울: 기독교문서선교회, 1998.

김성태.『현대 선교학 총론』. 서울: 도서출판 이레서원, 1999.

김인서.『김인서 저작전집 제5권』. 서울: 신망애출판사, 1976.

김영재.『기독교회사』. 서울: 도서출판 이레서원, 2000.

김예식.『생각을 바꾸기를 통한 우울증 치료: 인지치료의 목회상담 적용』.
　　　　서울: 한국장로교출판사, 1998.

김원형 · 남승규 · 이재창.『인간과 심리학』. 서울: 학지사, 2003.

김　진.『종교란 무엇인가』. 울산: 울산대학교 출판부, 2008.

노윤식.『성경에 선교가 있는가』. 서울: 한들출판사, 2005.

＿＿＿.『새천년 성결선교신학』. 안양: 성결대학교 출판부, 2001.

＿＿＿.『종교현상학 이론과 실제』. 서울: 한울림, 2000.

노길명 공저.『문화인류학의 이해』. 서울: 일신사, 1998.

대전광역시 기독교연합회 이단사이비대책위원회.『우리시대의 이단들』.
　　　　서울: 도서출판 두란노, 2007.

라준석.『좋으신 성령님』. 서울: 도서출판 두란노, 2007.

류재하 · 백수복.『성결교회 인물 예화집』. 서울: 도서출판 예찬사, 2008.

명성훈.『부흥뱅크』. 서울: 규장문화사, 1999.

목창균.『현대 복음주의』. 서울: 황금부엉이, 2005.

목회와신학 편집부.『사도행전 어떻게 설교할 것인가』. 서울: 두란노아카데
　　　　미, 2003.

민경배.『한국기독교회사』. 서울: 대한기독교서회, 1972.

민성길.『최신정신의학』. 서울: 일조각, 2004.

박용천.『한국교회와 정신건강: 정신의학 분야에서 본 정신건강의 실태』.
　　　　서울: 장로회신학대학교 출판부, 1998.

박두병.『알기 쉬운 일반정신의학』. 서울: 도서출판 하나의학사, 1996.

박윤수.『치유상담의 이론과 실제』. 서울: 도서출판 경성기획, 1994.

박종석.『성서적 신앙공동체 교육』. 파주: 한국학술정보, 2010.

박현순.『공황장애』. 서울: 학지사, 2000.

변승우.『교회가 변하면 세상이 변한다!』. 서울: 큰믿음출판사, 2010.

_____.『그 시에 주시는 그 말을 하라』. 서울: 큰믿음출판사, 2009.

_____.『다림줄』. 서울: 큰믿음출판사, 2007.

_____.『대부흥이 오고 있다!』. 서울: 은혜출판사, 2006.

_____.『사도와 선지자들을 잡는 위조 영분별』. 서울: 큰믿음출판사, 2008.

_____.『지혜와 계시의 영』. 서울: 큰믿음출판사, 2007.

_____.『특별히 예언을 하려고 하라!』. 서울: 은혜출판사, 2006.

_____.『특별히 예언을 하려고 하라!(개정판)』. 서울: 큰믿음출판사, 2010.

배본철.『배본철 교수의 52주 성령학교』. 서울: 문서선교 성지원, 2005.

백낙준.『한국개신교사』. 서울: 연세대학교 출판부, 1973.

서정범.『무녀별곡 1』. 서울: 한나라, 1992.

_____.『무녀별곡 3』. 서울: 한나라, 1993.

성기호.『이야기 신학』. 서울: 국민일보, 1997.

소윤정.『꾸란과 성령』. 서울: 기독교문서선교회, 2009.

손석원·김오복.『현대 사회복지선교의 이해』. 군포: 도서출판 잠언, 2005.

손에스더.『내가 본 하늘나라』. 서울: 큰믿음출판사, 2010.

송주한.『선교지에서의 영적 전투 체험기』. 서울: 도서출판 예찬사, 2009.

신상언.『이제는 문화 패러다임입니다』. 서울: 낮은울타리, 1998.

심수명.『인격치료』. 서울: 학지사, 2004.

아가페성경사전 편찬위원회 편.『아가페성경사전』. 서울: 아가페출판사, 1991.

안점식.『세계관과 영적 전쟁』. 서울: 죠이선교회출판부, 1995.

양창삼.『세계종교와 기독교』. 파주: 한국학술정보, 2008.

예성신학정립 편찬위원회.『예성신학의 이해와 신조해설』. 안양: 성결대학
　　교 출판부, 2010.

옥한흠.『전쟁을 모르는 세대를 위하여』. 서울: 국제제자훈련원, 2003.

유화자.『영적 전쟁과 치유』. 서울: 기독교개혁신보사, 2005.

유해석.『우리 곁에 다가온, 이슬람』. 서울: 생명의말씀사, 2009.

윤춘병.『한국 감리교회 부흥운동사』. 서울: 기독교대한감리회 전국부흥단, 2001.

이덕주.『한국교회 처음이야기』. 서울: 홍성사, 2006.

이만홍.『아스피린과 기도』. 서울: 도서출판 두란노, 1991.

이대복. 『이단종합연구』. 서울: 기독교이단문제연구소, 2000.
_____. 『통일교 원리비판과 문선명의 정체』. 서울: 큰샘출판사, 1999.
이재록. 『나의 삶 나의 신앙(1)』. 서울: 크리스챤신문사, 2008.
이종규. 『질적 연구방법론』. 서울: 교육과학사, 2006.
이찬영. 『韓國基督敎會史總攬』. 서울: 새순출판사, 1987.
이현모. 『현대선교의 이해』. 대전: 침례신학대학교 출판부, 2000.
이현주. 『이상 행동의 심리학』. 서울: 대왕사, 1978.
임낙형. 『복음주의 기독교윤리학 I 』. 안양: 도서출판 잠언, 2001.
전요섭. 『부정적인 감정 45가지 심리치료와 회복을 위한 심리상담 - 마음다
　　　　스리기』. 서울: 룬란출판사, 2007.
차준희. 『기도의 법칙』. 서울: 교회성장연구소, 2010.
채기은. 『한국교회사』. 서울: 기독교문서선교회, 1978.
채은수. 『통문화 상담』. 서울: 총신대학교 선교대학원, 1996.
최병규. 『상담을 통해 본 이단의 모습』. 서울: 은혜출판사, 2006.
최영길. 『이슬람문화의 이해』. 서울: 도서출판 신지평, 1997.
한상복 공저. 『문화인류학개론』. 서울: 서울대학교 출판부, 1986.
한상인. 『족장시대의 고고학』. 서울: 도서출판 학연문화사, 1996.
홍성철. 『사도 바울 그의 정사와 권세』. 서울: 은혜출판사, 2007.

2. 영문도서

Anderson, Neil T. *The Bondage Breaker*. Eugene: Harvest House, 1990.
_____. *Victory over the Darkness*. California: Regal Books, 1990.
_____. & Warner, Timothy M. *The Beginner's Guide to Spiritual Warfare*
　　　　California: Regal Books, 2000.
Arnold, Clinton E. *Ephesians: Power and Magic*. Cambridge: Cambridge University Press, 1981.
Bradshaw, Bruce. *Bridging the Gap: Evangelism, Development and Shalom*. Monrovia:
　　　　MARC, 1993.
Capps, Walter H. *Religious Studies: The Making of a Discipline*. Minneapolis: Fortress
　　　　Press, 1995.
Carter Charles W. and Earle, Ralph. *The Acts of the Apostles*. Grand Rapids: Zondervan
　　　　Publishing House, 1978.
Davis, John J. *Foundations of Evangelical Theology*. Grand Rapids: Baker Book House, 1984.
Eliad, Mircea. *Shamanism: Archaic Techniques of Ecstasy*. New York: Bollingen Foundation, 1964.

_____. *The Sacred and the Profane: The Nature of Religion.* New York: Harper, 1956.

Green, Michael *I Believe in Satan's Downfall.* Grand Rapids: Eerdmans, 1981.

Guder, Darrell L. *Missional Church: A Vision for the Sending of the Church in North America.* Grand Rapids: Eerdmans, 1998.

Heiler, Friedrich. *Erscheinungsformen und Wesen der Religion.* Stuttgart: W. Kohlhammer Verlag, 1961.

Hesselgrave, David J. *Planting Churches Cross –Culturally.* Grand Rapids: Baker Book House, 1980.

Hiebert, Paul G. *Anthropological Reflections on Missiological Issues.* Grand Rapids: Baker Books, 1994.

_____. *Cultural Anthropology.* Philadelpia: Lippincott, 1976.

_____. *Critical Contextualization.* California: Fuller Theological Seminary, 1986.

Hiebert, Paul G. Shaw, R. Daniel. Tienou, Tite. *Understanding Folk Religion.* Grand Rapids: Baker Books, 1999.

Jones, L. Bevan. *The People of the Mosque.* Calcutta: YMCA Publishing House, 1939.

Kraft, Charles H. *Christianity in Culture.* New York: Orbis Books, 1979.

Larkin, William J. *Culture and Biblical Hermeneutics: Interpreting and Applying the Authoritative Word in a Relativistic Age.* Grand Rapids: Baker Book House, 1988.

Lewis T. & Lewis, B. *Missionary Care* Pasadena: William Carey Library, 1992.

Lingenfelter Sherwood G. & Mayers, Marvin K. *Ministering Cross –Culturally: An Incarnational Model for Personal Relationships.* Grand Rapids: Baker Book House, 1986.

MacKenzie, Peter. *The Christians: Their Practices and Beliefs.* Nashville: Abingdon Press, 1988.

Murphy, Edward F. *The Handbook for Spiritual Warfare.* Tennessee: Thomas Nelson Publishers, 1992.

Neill, Stephen. Anderson, Gerald H. Goodwin, John. *Concise Dictionary of the Christian World Mission.* Nashvill: Abingdon, 1971.

Richardson, Don. *Eternity in Their Hearts.* Ventura: Regal Books, 1984.

Rommen, Edward. *Spiritual Power and Missions.* Pasadena: William Carey Library, 1995.

Saussy, Carroll. *The Gift of Anger: A Call to Faithful Action.* Kentucky: Westrminster John Knox Press, 1995.

Schlier, Heinrich. *Principalities and Power in the New Testament.* New York: Herder and Herder, 1961.

Taylor, William. *Global Missiology for the 21st Century.* Grand Rapid: WEF, 2000.

Thiselton, Anthony C. *The Tow Horizons*. Grand Rapids: Eerdmans, 1980.

Tippett, Alan R. "The Evangelisation of Animists", in *The Earth Hear His Voice*. World Wide Publications: Minneapolis, 1975.

Vaux, Roland de. *Ancient Israel: Its Life and Institutions*. London: Longman & Todd Ltd, 1961.

Wagner C. Peter. & Pennoyer, F. Douglas. *Trends and Topics in Teaching Power Evangelism: in Wrestling with Dark Angels*. Ventura: Regal Books, 1990.

_____. *Signs and Wonder Today*. Altamonte Springs: Creation House, 1987.

Walker, Thomas. *The Acts of the Apostles*. Chicago: Moody, 1965.

Warner, Timothy M. *Spiritual Warfare*. Illinois: Crossway Books, 1991.

Wimber, John. *Power Evangelism*. Sar. Fransico: Harper and Row, 1986.

3. 번역도서

Augsburger, David W. 『문화를 초월하는 목회상담』. 임헌만 역. 서울: 도서출판 그리심, 2005.

Bakers, William. 『부정적 감정을 치유하는 자기 고백 워크북』. 김재서 역. 서울: 도서출판 예찬사, 1994.

Banks, Robert. 『바울의 공동체 사상』. 장동수 역. 서울: 한국기독학생회출판부, 2007.

Capps, Donald. 『인간 발달과 목회적 돌봄』. 문희경 역. 서울: 도서출판 이레서원, 2001.

Collins, Gary R. 『뉴 크리스천 카운슬링』. 한국기독교 상담 & 심리치료학회 역. 서울: 도서출판 두란노, 2008.

Cosgrove, Mark P. 『분노와 적대감』. 김만풍 역. 서울: 도서출판 두란노, 1997.

Eliade, Mircea. 『샤마니즘: 고대적 접신술』. 이윤기 역. 서울: 까치글방, 2003.

Gleiman, Henry. 『심리학』. 장현갑·안신호·이진환·신현정·정봉교·이광오·도경수 공역. 서울: 시그마프레스, 1999.

Gowan, Donald E. 『구약 예언서 신학』. 차준희 역. 서울: 대한기독교서회, 2004.

Joyce Meyer. 『슬픔대신 화관을』. 최기운 역. 서울: 베다니출판사, 1997.

Kraft, Charles H. 『능력 그리스도교』. 이재범 역. 서울: 도서출판 나단, 1992.

_____. White, Tom, Murphy, Ed & Others, 『영적 전투에서 승리하라』. 장미숙 역. 서울: 도서출판 은성, 1995.

MacArthur, John. 『진리전쟁』. 신성욱 역. 서울: 생명의말씀사, 2007.

Mccurry, Don. 『무슬림은 무엇을 믿는가?』. 주지현 역. 고양: 도서출판 예수전도단, 2008.

Mondin, Battista. 『인간: 철학적 인간학 입문』. 허재윤 역. 서울: 서광사, 1996.

Moreau, A. Scott. Corwin, Gary R. McGee, Gary B. 『21세기 현대 선교학 총론』. 김성욱 역. 고양: 크리스챤출판사, 2009.

Myers, David G. 『심리학의 탐구』. 김유진 · 민윤기 역. 서울: 시그마프레스, 2007.

Narramore Bruce & Counts, Bill. 『죄책감으로 고통 받는 이를 위하여』. 권명달 역. 서울: 보이스사, 1994.

Osborne, Grant. 『에베소서 주석』. 전광규 역. 서울: 한국성서유니온선교회, 2001.

Paden, William E. 『비교의 시선으로 바라본 종교의 세계』. 이진구 역. 서울: 도서출판 청년사, 2004.

Pannenberg, Wolfhart. 『역사로서 나타난 계시』. 전경연 · 이상점 역. 서울: 대한기독교서회, 1979.

Parshall, Phil. 『무슬림 전도의 새로운 방향: 상황화에 대한 복음주의적 접근』. 채슬기 역. 서울: 도서출판 예루살렘, 2003.

Reed John W. & Merrill, Eugene H. 『룻기, 사무엘상하』. 문동학 역. 서울: 도서출판 두란노, 1994.

Pocock, Michael. Rheenen, Gailyn Van. McConnell, Douglas. 『변화하는 내일의 세계선교』. 박영환 · 백종윤 · 전순재 · 김영남 역. 인천: 도서출판 바울, 2008.

Rommen Edward & Netland, Harold. 『기독교와 타종교』. 정흥호 역. 서울: 도서출판 서로사랑, 1998.

Pruyser, Paul W. 『생의 진단자로서 목회자』. 이은규 역. 서울: 도서출판 동서남북, 2000.

Stott, John R. W. 『사도행전 강해: 땅 끝까지 이르러』. 정옥배 역. 서울: 한국기독학생회출판부, 1992.

Swartley, Keith E. 『인카운터 이슬람』. 정옥배 역. 고양: 도서출판 예수전도단, 2008.

Thompson Bruce & Thompson, Barbara. 『내 마음의 벽』. 허광일 역. 서울: 도서출판 예수전도단, 1993.

Tournire, Paul. 『죄책감과 은혜』. 추교석 역. 서울: 한국기독학생회출판부, 2001.

Wagner, C. Peter. 『교회성장원리』. 권달철 역. 서울: 생명의말씀사, 1989.

_____. 『여신과의 영적 대결』. 권지영 역. 서울: 쉐키나 출판사, 2008.

Wagner, William. 『이슬람의 세계 변화 전략』. 노승현. 서울: APOSTOLOS PRESS, 2007.

Weiten, Wayne. 『심리학』. 김시업 역. 서울: 문음사, 1994.

Wilber Ken. 『통합심리학』. 조옥경 역. 서울: 학지사, 2008.

4. 학위논문

강명국. "1907년 대부흥운동이 한국교회의 신앙양태 형성에 끼친 영향."『박사학위논문』안양: 성결대학교 신학전문대학원, 2007.

김용태. "삼중기도를 통한 영적 전투."『박사학위논문』광주: 호남신학대학교 목회전문대학원, 2007.

김호환. "Unio – mystica의 관점에서 본 Charismatic Spirituality에 대한 통시적 공시적 연구."『박사학위논문』양평: 아세아연합신학대학교 대학원, 2006.

이영택. "영적 전쟁의 통합적 이해와 실천적 접근."『박사학위논문』부천: 서울신학대학교 신학전문대학원, 2007.

윤석호. "영적 전쟁: 가계에 흐르는 저주론에 대한 선교문화인류학적 비판."『박사학위논문』양평: 아세아연합신학대학교 대학원, 2006.

조광성. "전략적 수준의 영적 전쟁에 대한 연구."『박사학위논문』부천: 서울신학대학교 신학전문대학원, 2004.

최종인. "도시교회의 특수선교 전략에 관한 연구: 평화교회를 중심으로."『박사학위논문』부천: 서울신학대학교 신학전문대학원, 2005.

함영옥. "영성교육 프로그램 개발에 관한 연구."『박사학위논문』양평: 아세아연합신학대학교 대학원, 2007.

5. 학술논단

강병호. "포르투갈 사역브고(1)."『한국 선교사 사역 현장 보고서』(2000, 2000년 세계선교대회 선교전략회의 자료집).

강승삼. "영적 전쟁의 신학적인 기초와 실재."『세계선교』제28호 1996. 10월.

김문수. "태국 사역보고(2)."『한국 선교사 사역 현장 보고서』(2000, 2000년 세계선교대회 선교전략회의 자료집).

김정수. "이단, 이것이 알고 싶다: 만민중앙교회 손수건 집회."『현대종교』통권 415호 2009년. 7/8월.

국제종교문제연구소. "큰믿음교회 대처 노하우."『현대종교』통권 423호 2010년. 4월.

노윤식. "기독교 선교의 영적 전쟁 연구 방법론."『聖潔神學研究』第19輯 2009년. 12월.

_____. "선교현장의 영적 전쟁에 대한 선교신학적 고찰."『論文集: 神學·自然科學篇』제32호 2003년. 12월.

_____. "성결의 복음을 전하는 성결 문화 전도 시스템."『성결』통권 481호 2010년. 7월.

_____. "20세기 부흥운동과 선교."『선교신학』제16집 2007년. 10월.

_____. "한국 토착종교와 기독교 선교전략."『선교신학』제13집 2006년. 11월.

_____. "현대 한국 교회 성장에 대한 종교현상학적 이해."『한국기독교신학 논총』제20집 2001년. 4월.

박보경. "선교적 해석의 모색."『선교신학』제18집 2008년. 4월.

서종대. "정사와 권세의 본질에 대한 선교학적 고찰."『기독신학저널』제5권 2003년. 11월.

손석원. "한국교회와 다문화사회."『聖潔神學硏究』第19輯 2009년. 12월.

이승연. "바로알자 큰믿음교회."『현대종교』통권 423호 2010년. 4월.

이영희. "내 마음을 아는 자 누구인가?."『신앙계』통권 463호 2005년. 10월.

이종우. "한국장로교와 감리교의 초기 선교정책의 비교연구."『선교와 개혁』제3권 2006년. 11월.

인터콥. "복음에 급속히 반응하고 있는 드루즈 민족."『개척정보』제263호 2010년. 2월.

임열수. "좋으신 하나님에 대한 조 목사의 신학이 목회 사역에 끼친 영향."『2005 영산국제신학심포지엄』2005년. 5월.

옥성득. "평양대부흥운동과 길선주 영성의 도교적 영향."『한국 기독교와 역사』제25호 2006년. 9월.

채은수. "영적 전쟁."『세계선교』제28호 1996년. 10월.

Barram, Michael. "*The Bible, Mission, and Social Location: Toward a Missional Mermeneutic.*" January. 2007.

Dahms, John V. "*The Nature of Truth.*" JETS 28. 1985.

Dean S. Gilliland, "*Phenomenology as Mission Method.*" Missiology: An International Review, Vol. Ⅶ, No.4. Oct. 1979.

Derouin Anne and Bravender, Terrill. "*Living on the Edge: The Current Phenomenon of Self-Mutilation in Adolescents.*" The American Journal of Maternal Child Nursing 29. January-February 2004.

6. 신문

국민일보 2005년 1월 10일자 신문.
국민일보 2007년 4월 1일자 신믄.
만민뉴스 2000년 3월 5일자 신믄.
만민뉴스 2000년 3월 19일자 신문.
만민뉴스 2001년 12월 16일자 신문.
만민뉴스 2004년 6월 20일자 신문.
만민뉴스 2004년 8월 15일자 신문.
만민뉴스 2006년 5월 14일자 신문.
만민뉴스 2006년 11월 26일자 신문.
만민뉴스 2007년 4월 22일자 신문.
만민뉴스 2007년 12월 16일자 신문.
만민뉴스 2008년 1월 27일자 신문.
만민뉴스 2009년 1월 11일자 신군.
만민뉴스 2009년 1월 25일자 신군.
만민뉴스 2009년 10월 18일자 신문.
만민뉴스 2010년 2월 14일자 신군.
만민뉴스 2010년 3월 7일자 신문.
만민뉴스 2010년 3월 28일자 신문.
만민뉴스 2010년 5월 2일자 신문.
만민뉴스 2010년 6월 13일자 신문.
만민뉴스 2010년 6월 20일자 신문.
만민뉴스 2010년 7월 18일자 신문.
만민뉴스 2010년 7월 25일자 신문.
만민뉴스 2010년 8월 8일자 신문.
예수중심교회 교회신문 2007년 6월 3일자 신문.
예수중심교회 교회신문 2008년 8월 17일자 신문.
예수중심교회 교회신문 2009년 9월 6일자 신문.

7. 인터넷

국민일보. "최근 방한한 美 내적 치유 전문가 찰스 크래프트 박사". http://news.-
　　　kukinews.com/article/view.asp?page=1&gCode=kmi&arcid=0000765640&cp=du.

교회와신앙. "교계·선교". http://www.amennews.com/news/articleView.html?idxno=6207.

_____. "교계·선교". http://www.amennews.com/news/articleView.html?idxno=10415.

만민중앙교회. "간증". http://www.manmin.or.kr/KOREAN/05_POWER/power_content.-
　　　asp?id=225&cat=testimony&page=1.

_____."간증". http://www.mar.min.or.kr/KOREAN/05_POWER/power_content.a-
　　　sp?id=468&cat=testimony&page=4.

_____. "간증". http://www.manmin.or.kr/KOREAN/05_POWER/power_content.-
　　　asp?id=494&cat=testimony&page=1.

_____. "간증". http://www.manmin.or.kr/KOREAN/05_POWER/power_content.-
　　　asp?id=495&cat=testimony&page=1.

_____. "간증". hhttp://www.manmin.or.kr/KOREAN/05_POWER/powercontent.-
　　　asp?id=496&cat=testimony&page=1.

부흥과 개혁사 홈페이지. "송인규 교수의 한국교회 신앙진단: 방언에 대한
　　　소고". http://rnrbook.com/board/board.php?pagetype=view&num=2086&board-
　　　=board14&block=0&gotopage=1&search=&s_check=.

브리태니커. "가정". http://enc.daum.net/dic100/contents.do?query1=b01g0609a.

_____. "정신의학". http://enc.daum.net/dic100/contents.do?query1=b19j1259a.

_____. "typology". http://enc.daum.net/dic100/contents.do?query1=b17a1901a.

서울 큰믿음교회 카페. "가정에서 드리는 성찬식". http://cafe.daum.net/Bigchurch.

_____. "김옥경 전도사님의 간증 모음". http://cafe.daum.net/Bigchurch.

_____. "방언인가, 마귀의 음성인가?". http://cafe.daum.net/Bigchurch.

_____. "서원기도에 대해서". http://cafe.daum.net/Bigchurch.

_____. "손수건의 기름부음". http://cafe.daum.net/Bigchurch.

_____. "새방언을 주셨어요". http://cafe.daum.net/Bigchurch.

_____. "이상한 소리는 마귀들이 내는 건가요?". http://cafe.da-
　　　um.net/Bigchurch.

_____. "우유알레르기를 깨끗이 치유 받았어요". http://cafe.da-
　　　um.net/Bigchurch.

_____. "전화위복(轉禍爲福)의 하나님". http://www.jcc.tv/html/-
　　　paper.html?sec=confession&no=222&search=밤에.

_____. "찰리 로빈슨 목사 초청 한국 능력전도 대성회". http://cafe.-daum.net/Bigchurch.

_____. "치유기도 받으러 가는 중에 치유되었어요". http://cafe.-daum.net/Bigchurch.

_____. "7년 동안 사모했던 방언이 터졌습니다". http://cafe.daum.net/Bigchurch.

_____. "할렐루야! 잔 생거 목사님이 내일 주일 낮 예배(오전 11시) 때 서울 큰믿음교회에서 전 지교회(광주) 동시 생방송으로 특별 치유성회를 인도합니다!". http://cafe.daum.net/Bigchurch.

_____. "할렐루야! 충치 8개가 치료되었습니다". http://cafe.daum.-net/Bigchurch.

위키백과. "심리학". http://ko.wikipedia.org/wiki/%EC%8B%AC%EB%A6%AC%ED%95%99.

_____. "이기심". http://enc.daum.net/dic100/contents.do?query1=10XX355506.

_____. "정신의학". http://ko.wikipedia.org/wiki/%EC%A0%95%EC%8B%A0%EC%9D%98%ED%95%99.

예수중심교회. "기도는 저축하는 것이랍니다". http://www.jcc.tv/html/paper.html?sec=confession&no=321&search=부활절.

_____. "기형아인 우리 아기를 고쳐주셨어요!". http://www.jcc.tv/html/-paper.html?sec=confession&no=128&search=테이프.

_____. "노숙자에게 삶의 소망을 주신 하나님". http://www.jcc.tv/html-/paper.html?sec=confession&no=172&search=놀라움.

_____. "네가 믿으면 기적을 보리라". http://www.jcc.tv/html/paper.html?sec=confession&no=436&search=회개.

_____. "믿음은 바라는 것의 실상이었습니다". http://www.jcc.tv/html-/paper.html?sec=confession&no=244&search=산에서 기도

_____. "영적 체험이 중요합니다". http://www.jcc.tv/html/paper.html?sec=confession&no=455&search=방언.

_____. "우리 가족의 병을 고치신 하나님". http://www.jcc.tv/html/-paper.html?sec=confession&no=357&search=회개.

_____. "죽음의 문턱을 넘게 하신 하나님!". http://www.jcc.tv/html/paper.-html?sec=confession&no=197&search=불.

_____. "제3의 삶을 주셨습니다". http://www.jcc.tv/html/paper.html?sec=-confession&no=486&search=회개.

_____. "하나님을 체험했습니다". http://www.jcc.tv/html/paper.html?sec=confession&no=435&search=기쁨.

_____. "하늘에는 영광, 땅에는 평화로다". http://www.jcc.tv/html/paper.html?sec=kyodan&no=357&search=성탄절.

진주 갈릴리교회. "덤으로 사는 생명: 양인구 장로". http://galileech.org/bbs/zboard.php?id=freeboard&no=438.

최정만. "선교란 무엇인가?". http://christiantoday.co.kr/view.htm?code=oc&id=150503.

현대종교. "지방교회". http://www.hdjongkyo.co.kr.

UN. "World Population Prospects". http://www.un.org/esa/population/unpop.htm.

이수환 ————————————————

성결대학교 졸업(신학사, B.A.)
총신대학교 대학원 졸업(선교학석사, M.A.)
한세대학교 신학대학원 졸업(목회학석사, M.Div.)
계명대학교 연합신학대학원 수학(신학석사, Th.M.)
성결대학교 신학전문대학원 졸업(신학석사, Th.M.)
성결대학교 일반대학원 졸업(철학박사, Ph.D.)
한국복음주의선교신학회 회원
한국디아스포라선교회 회원
한국다문진흥원 서기
한국성결선교학회 회장
한국세계선교협의회 국제문화예술기구(TCI) 전문이사
고천성결교회 수석 부목사
미국 웨스턴커버넌트대학교 대학원 외래교수(선교학)
성결대학교 외래교수(선교학)

『인도네시아 순다족 문화권에서의 선교전략 — 영적 전쟁을 중심으로 —』(총신대학교, 1997)
『타문화권 선교에서의 영적 전쟁 전략』(한세대학교, 1998)
『영적 전쟁을 통한 세계선교에 관한 연구』(한세대학교, 2000)
『선교를 위한 영적 전쟁에 대한 연구』(성결대학교, 2005)
『영적 종교현상의 형태론과 성경선교신학적 평가』(성결대학교, 2010)
『성결클릭』(한국성결교회연합호 공저)
『선교와 영적 전쟁』(2006)
『선교와 미디어』(2006)
『성경을 보면 선교가 보인다』(2008)
『전문인 선교론』(2009)
『21세기 선교와 종교현상학』(2011)
『선교와 영적 전쟁(개정판)』(2011)
『전문인 선교론(개정판)』(2011)
외 다수

이메일: soo-hwanlee@hanmail.net
트위터 : www.twitter.com/soohwan22
페이스북 : www.facebook.com/sochwan22

개정판

21세기 선교와 종교현상학
Phenomenology of Religion for the Christian Missions in the 21th Century

초 판 인 쇄 | 2011년 3월 15일
초 판 발 행 | 2011년 3월 15일
개정판 발행 | 2011년 8월 28일

지 은 이 | 이수환
펴 낸 이 | 채종준
펴 낸 곳 | 한국학술정보㈜
주　　소 | 경기도 파주시 교하읍 문발리 파주출판문화정보산업단지 513-5
전　　화 | 031) 908-3181(대표)
팩　　스 | 031) 908-3189
홈 페 이 지 | http://ebook.kstudy.com
E - m a i l | 출판사업부　publish@kstudy.com
등　　록 | 제일산-115호(2000. 6. 19)

ISBN　　978-89-268-2512-9 93230 (Paper Book)
　　　　978-89-268-2513-6 98230 (e-Book)